扫码了解

探讨人类历史
预见智能未来

故事、骰子和会思考的石头

[美]拜伦·里斯（Byron Reese）——著

桥蒂拉 娜塔西亚——译

STORIES, DICE,
AND ROCKS THAT THINK
How Humans Learned to See the Future—and Shape It

中国出版集团
中译出版社

Copyright © 2022 by Duneroller Publishing, LLC.
Published by arrangement with Folio Literary Management,
LLC and The Grayhawk Agency, Ltd.
Simplified Chinese translation copyright © 2024
by China Translation & Publishing House.
ALL RIGHTS RESERVED
著作权合同登记号：图字 01-2024-0771 号

图书在版编目（CIP）数据

故事、骰子和会思考的石头 /（美）拜伦·里斯
(Byron Reese) 著；桥蒂拉，娜塔西亚译 . -- 北京：
中译出版社，2024.8（2025.3 重印）
书名原文：Stories,Dice,and Rocks That Think：
How Humans Learned to See the Future—and Shape It
ISBN 978-7-5001-7844-6

Ⅰ.①故… Ⅱ.①拜…②桥…③娜… Ⅲ.①社会学
—研究 Ⅳ.① C91

中国国家版本馆 CIP 数据核字（2024）第 074959 号

故事、骰子和会思考的石头
GUSHI、TOUZI HE HUI SIKAO DE SHITOU

著　　者：[美] 拜伦·里斯（Byron Reese）
译　　者：桥蒂拉　娜塔西亚
策划编辑：于　宇　华楠楠
责任编辑：于　宇　龙彬彬
文字编辑：华楠楠
营销编辑：马　萱　钟筏童

出版发行：中译出版社
地　　址：北京市西城区新街口外大街 28 号 102 号楼 4 层
电　　话：（010）68002494（编辑部）
邮　　编：100088
电子邮箱：book@ctph.com.cn
网　　址：http://www.ctph.com.cn

印　　刷：三河市国英印务有限公司
经　　销：新华书店
规　　格：710 mm×1000 mm　1/16
印　　张：19.5
字　　数：224 千字
版　　次：2024 年 8 月第 1 版
印　　次：2025 年 3 月第 2 次印刷

ISBN 978-7-5001-7844-6　　　　定价：79.00 元

版权所有　侵权必究
中译出版社

序　言

在过去几个世纪里，人类一直在玩一场存在主义的"疯狂填词"游戏，试图给一个看似很简单的句子填空："人类是唯一_____的生物。"人类"会制造工具""会使用语言""有意识""能自主取火""有文化""会思考"，以及［按照马克·吐温（Mark Twain）的说法］"会脸红或需要脸红"。但是，每当"是什么让人类独一无二"这个问题出现新答案时，有人就会立刻跳出来反驳它，并表明人类真的没有什么特别之处——人类只是另一种动物而已。

但常识告诉我们，这本身就是无稽之谈。显然，人类与这个星球上的其他生物截然不同。谁能否认这一点呢？人类是地球上最卓越的生命形式，让其他生物望尘莫及。环顾四周，青铜时代的海狸在哪里？铁器时代的鬣蜥在哪里？工业化前的草原土拨鼠呢？你见过企鹅诗人吗？见过野鸡哲学家吗？或者鸭嘴兽剧作家？不，你没见过，因为它们不存在。我们的星球上居住着两种生物：人类，以及一大群与人类如此不同，但与人类只有最微小的重叠也会引起我们好奇的生物。

我不是瞧不起动物。毫无疑问，它们和我们一样能感受到疼痛，它们的痛苦和我们的一样真实。因为它们能感知痛苦，它们理应得到法律保护。此外，我并不是说它们没有情感，更不是说它们没有意识。也许它们有，但我只对动物的认知感兴趣，我相信它与人类的认知完全不同。这种差异就包含了上述令人费解的问题的答案：如果人类和动物是同一类生物，只是物种不同，为什么现在人类与它们会有如此大的差异？

很明显，并不是我们的身体让我们出类拔萃。我们有和动物一样的身体。当然，不可否认，它们具有特别长的寿命和惊人的自我修复能力，但这并不是我们与其他动物的区别所在。区别在于我们的思想。我们思想的某些特性使我们与动物如此不同，相比之下，我们几乎可以被称为"外星人"。我认为是我们被赋予了暂时的心理可塑性，这使我们的思想能够自由地穿越时间，不受此时此地的束缚。我们的思想毫不费力地从现在流向过去，再流向未来。我们可以记住昨天发生的事情，并用它来推测明天可能发生的事情；我们可以回忆童年，思考老年。我们可以想象许多种不同的未来，预测可能发生的事情，并尝试对其进行干预。我们是未来的建筑师，是我们命运的塑造者。地球上的其他生物甚至不知道有未来或过去；撇开本能行为不谈，动物生活在时间之外。但我们知道这一点是有代价的，因为它揭示了我们的死亡性。正如散文家豪尔赫·路易斯·博尔赫斯（Jorge Luis Borges）所言："除了人类之外，一切生物都能永生，因为它们不知道死亡是什么。"

曾经有一段时间，我们人类，或者说人类还是看起来像动物的时候,也不知道有未来或过去。我们是如何从那样一个起点发展到能够思考未来、影响未来,最终也许能掌控未来的?本书第一章讲的是,我们是如何发展出具备心智时间旅行(心理穿越)能力的。第一章的故事开始于遥远的过去,探索几千年前我们如何以心智构建的语言形式获得思考的能力,然后我们将其转化为口语形式,以便与他人交流。这种心理语言变成我们头脑中的声音,我们用它来想象未来的故事——在我们的头脑中运行事件可能发展的不同场景,以此来了解事件展开的方式。后来,我们也开始将这些内部想象的场景外化到口语中,把我们想象的故事讲给彼此听。在我们成为故事讲述者之前,我们是故事的思考者。

改变我们的东西(咬我们的放射性蜘蛛①)十分罕见,但我们是幸运的,因为被咬的是我们而非其他生物。所以青铜时代的海狸已经灭绝了,而我们继续繁衍。大约在 5 万年前,当我们拥有了精神上的超能力时,我们完全成了"我们",开始拥有我们的语言、艺术、音乐和所有其他东西。有了这些新能力,我们可以利用过去想象多种未来,并预测其中哪一种会发生。这让我们在进化的一瞬间掌握了地球。有了这些新能力,我们发明了农业,建造了城市,创造了文字,建立了国家,探索了世界。

但我们想要更多。我们想将预测系统化,把它从一门艺术变成一门科学。我们完成了这一目标。但这样做需要对"现实的本质"及对"未来为何会以这种方式展开"有新的理解。这就是本书第二章要讲的故事。它始于 1654 年的法国,当时两位数学家通过通信

---

① 来自《超凡蜘蛛侠》(*The Amazing Spider-Man*),讲述了漫威壁虎超级英雄的起源故事。漫画中,彼得·帕克(Peter Parker)被一只放射性蜘蛛咬到,从而获得了力量。——译者注

发明了我们现在所说的概率论。有了它,我们就有了一门预见未来的科学,我们用它来构建现代世界。从平凡的气象学到奇异的量子物理学,它成为十几门科学的基石。社会学家用它来创造人口统计学,生物学家用它来开创医学研究。它成为金融业、保险业、资本市场以及整个世界经济的基础。从库存水平到消费者需求,所有的商业活动都基于概率来预测。几乎所有复杂的现代世界,都建立在预见未来的科学之上。

从创造概率论科学到我们的智力(我们的智力是多么惊人)所能达到的生物学极限,已经过去了三个世纪。于是,我们开始建造比我们更能运用科学的机器。截至1954年,本书所述的第二章就落下了帷幕,那个时代我们启动了第一台全晶体管计算机。

本书第三章始于一个所有事件都疾风迅雷般发展的世界。基于晶体管的计算机能力迅速增长,我们发明了一门叫作"人工智能"的科学,其明确的目标是教会新机器如何像我们一样思考。我们希望凭借它们闪电般的速度解决超出我们能力范围的概率问题,让我们能够更加准确地预测未来。与此同时,我们开始将电子传感器连接到计算机上,让它们能够看到和听到这个世界,并与之互动。它们将收集无尽的数据,人们相信,到目前为止,所有这些数据,再加上近乎无限的处理能力,能赋予我们像眼下观察现实一样准确的能力来观察未来。如果我们能做到这一点,我们将成为命运真正的主人。

我们正生活在本书第三章所要讲述的故事的开端,但也许我们已经能够很好地预见未来,足以自信地预测这一部分的故事将如何发展。但我不想在序言中破坏结局,所以让我们采纳路易斯·卡罗(Lewis Carroll)的建议,从头开始。给自己倒杯饮料,坐好,放松,因为我有个故事要告诉你。

目 录

第一章
故事：现代世界是如何形成的

第一节　200万年前的故事　/ 003

第二节　成为人类　/ 007

第三节　觉醒　/ 017

第四节　你脑海中的那个声音　/ 023

第五节　语言的起源　/ 026

第六节　口语　/ 031

第七节　非人类语言　/ 039

第八节　觉醒是如何发生的　/ 051

第九节　我们告诉自己的故事　/ 062

第十节　什么是故事　/ 066

第十一节　讲故事　/ 085

第十二节　为什么要讲故事　/ 093

第十三节　故事的时间线　/ 095

第十四节　原型故事 / 108

第十五节　讲故事的 20 个目的 / 116

第十六节　新超有机体 / 139

第二章
骰子：我们如何预测未来

第一节　可预见的未来 / 143

第二节　点数分配的问题 / 156

第三节　1654 年之前我们知道什么 / 164

第四节　看透未来 / 173

第五节　数值现实 / 177

第六节　决定论的极限 / 182

第七节　随机性的奇迹 / 185

第八节　概率思维 / 192

第九节　许多可能的未来 / 197

第十节　概率论引爆全世界 / 200

第十一节　死亡和税收 / 204

第十二节　法律 / 209

第十三节　数据 / 217

第十四节　这正常吗 / 222

第十五节　优生学 / 228

第十六节　下一件大事 / 234

第三章
会思考的石头：人工智能如何帮助人类

第一节　进步 / 241

第二节　瞧瞧这奇迹 / 247

第三节　人工智能101 / 254

第四节　数码镜像 / 263

第五节　恐惧 / 270

第六节　遥远的未来 / 280

结　语 / 283

致　谢 / 285

索　引 / 287

第一章

故事：现代世界
是如何形成的

第一节　200万年前的故事

我们是如何开始思考未来的？我们是如何回忆过去并提前计划未来的？我们是如何开始用语言思考，然后说出我们的想法的？我们是如何发展出能让我们想象多种不同未来的心理故事的？

这些问题的答案就是关于我们如何成为这个星球上与众不同的生物的故事。无论你多么看重猿猴、海豚、蜜蜂或蚂蚁，毫无疑问，人类作为一个物种，远远超过它们。想想所有人类的成就：我们建造的纪念碑、我们创造的伟大艺术、我们建造的城市、我们练就的技术；看看我们的法律法规、我们的政府制度、我们的科学成就，以及我们最伟大的英雄们的功绩，还有哪些物种有这样的成就？哪怕有百万分之一这样的成就？

以海狸为例。海狸建造了相当不错的水坝，但它们与自古以来海狸建造的水坝都相同。它们没有增加水力发电的能力，也没有进步到开始使用水泥。海狸甚至不知道为什么要建大坝。如果你把一段潺潺流水的录音放在田野里（在没有水的地方），海狸碰巧经过，它会本能地在录音设备上筑起一道堤坝。

想知道是什么让我们如此特别，那我们的故事就要从200万年前说起——远在人类出现在地球上之前。在接下来的几章中，我们将从那个时代穿越到大约5万年前。那时，像你我这样的生物已经诞生，似乎是凭空出现的——有思想、语言、故事、艺术、音乐、文化和技术的生物。

从大约 200 万年前到大约 10 万年前，一种叫作直立人（直立猿人）的物种在世界各地漫游，遍及非洲、欧洲和亚洲。无论以何种标准衡量，直立人都是一个成功的物种，持续生存和繁荣了 200 万年，是迄今为止比我们人类存活时间长 10 倍的物种。但是长寿和成功并不一定与智力和能力相关。细菌愚蠢至极，但它们比我们所有人活得都久。委婉地说，我不认为直立人是特别聪明的生物。在今天，它可能被认为是一种特别有天赋的类人猿。

但直立人是工具使用者，是阿舍利手斧的创造者。这样的手斧看起来像一个泪滴形状的大箭头。当直立人出现时，我们在化石记录中看到手斧的出现，当直立人消失时，手斧就消失了。这些工具使用了 200 万年，在三大洲发现了数十万件这样的工具。这样的工具实在太多了，你可以在 eBay 网上花 100 美元购买一个百万年前使用过的工具。

这是否意味着直立人至少有一点进步？不。事实上，我认为这些斧头就是直立人心智能力缺陷的明证。虽然随着时间的推移，它们显示出了一些进步，但并没有那么多。如果把相隔 100 万年的两把斧头并排放在桌子上，你分不出哪把是新的。就连专家们也把这些斧头的年代确定为 50 万年前。这怎么可能呢？怎么可能有一种工具被使用了大约 8 万代，却从未得到改进变得更好？让我再强调一遍——8 万代！一代又一代。没有改变！一直以来没有任何一个直立人看着他们的手斧思考，"你知道吗，如果……这样会更好地工作"。直立人看上去不像人类，更像海狸，只是在各个时代建造了一个基本的水坝。

事实上，在一篇名为《阿舍利手斧：更像鸟的歌声而不是披头

第一章 故事：现代世界是如何形成的

士的曲调？》的文章中①，作者就提出了这样一个例子。他们探索出手斧甚至不是文化物品，而是基因物品的想法。他们指出，如果制造斧头的知识一直流传下来，那么这么长时间内没有变化是不可能的。想想"传声筒"游戏，当第一个人在第二个人耳边悄声细语一番，第二个人把听到的内容重复给第三个人……十几个人之后，信息的内容就变得一团糟。如果直立人只是简单地模仿创造它父亲的斧头，情况就会有所不同。经过8万代之后，即使没有创新，也不可避免产生偏差。据估计，每一次复制与上一次的差异约为3%。随着时间的推移，每复制一次，变化将增加一些。因此，副本之间的差异只会越来越大。此外，在几十万年的时间里，相隔数千英里②发现的斧头之间的相似性表明，直立人可能完全有天生的能力来制造这个物体。即使在猎物、气候或地形不同的地区，它们仍然制造相同的工具，用就像鸟类建造相同巢穴的方式——唯有鸟类知道如何建造巢穴。所以，即使我们认可直立人制造手斧的技术，也不代表这就是它们发明的，就像鸟儿知道如何建造它们独特的巢穴却不知如何发明它们一样。它们甚至不明白为什么要制造这样的工具，就像海狸不理解它正在播放流水声的录音机上建造大坝一样。我知道这很难理解，那是因为我们有真实的思想，而直立人没有。

我承认，不少学者会质疑我对直立人智力的评估。但仔细想想，用20年作为一代人的期限，那么从莱特飞行器到登月之间的时

---

① 雷蒙德·柯比（Raymond Corbey）的文章，于2016年发表在《进化人类学：问题，新闻和评论》杂志上。柯比认为，手斧形式实际上并不只是文化传播，而且至少部分是遗传文物。——译者注

② 1英里≈1.609千米。——译者注

间只有3代，从电话的发明到iPhone的出现，已经过去了7代，从第一枚硬币出现，到今天庞大的、相互关联的金融体系的形成，经过了125代，最后，从第一个文字刻在软黏土上到威廉·莎士比亚（William Shakespeare）戏剧的诞生，经历了250代人的时间。像我们这样的生物怎么可能经历了8万代却没有明显的技术进步呢？它们没有进步，因为它们和我们一点儿都不像。

我知道这听起来就像我和直立人有仇一样，就好像我小时候被直立人欺负过一样。我强调这一点，是为了将我们与所谓的原始人类区分开来。它们并不会经过漫长而稳定的发展逐渐变成人类。绝对不会。我有8万个充分的理由证明这一点。如果它们逐渐变成人类，我们就会从它们的工具中看到这一点。

不，把人类变成现在这个样子的事情发生在眨眼之间，而不是千百万年之后。我们很快就会看到，曾经考古记录中并没有人类这样的物种。然后，在一瞬间，人类这样的物种就形成了，成为完全的人类。事实上，这种变化如此戏剧性，它可能只是在历史上某个时间、某个日期发生在某个人身上。我们可能都是那个幸运个体的后代。这是我们的下一站。

第二节　成为人类

5万年前，或者可能是几千年前，考古记录表明，人类发生了一些戏剧性的、前所未有的事情。一种完全变革性的东西，在眨眼间赋予了人类技能、艺术、音乐、想象力、创造力、语言、故事和对未来的概念。本节将列出我们所知道的事实以及基于事实所提出的问题，下一节将尝试理解这一切。

如果我们以直立人近200万年来缺乏技术进步而对直立人的智力进行判断，那么在考古记录中究竟要寻找什么才可以让人类被识别为"我们"？复杂的口头传播或讲故事这样传统的证据会很好，但口头传播不会留下化石。在录音发明之前，所有的声音都是转瞬即逝的，存在于瞬间，然后消失得无影无踪。意大利发明家古列尔莫·马可尼（Guglielmo Marconi）相信声波永远不会完全消失，只要有足够灵敏的设备，就可以按照他的愿望听到登山宝训。但是我们缺乏这样的设备，我们对于像我们这样的人第一次出现的时间的最佳替代指标将是技术的快速进步以及代表艺术的出现，也就是描绘某物的艺术，而不是简单的几何图形。如果你发现了一个刻有奇幻虚构生物的雕刻或者一张描绘狩猎场景的绘画，你可以确定它对制作者来说有着特殊的意义。那里蕴藏一些故事。那些创造这些作品的人会说话、有想象力。如果你发现这样的艺术作品使用了复杂的技术，那么你可能会突然发现一位同道中人。

在大约5万年前，这种艺术的证据是不存在的。5万年后，我们在洞穴艺术的形式中大量看到它，除了南极洲以外的每个大陆都发现了它。西欧尤其盛行，从4万年前到12 000年前，数百个装饰华丽的洞穴可以追溯到我们现在所说的旧石器时代晚期[①]。

你认为这种艺术是如何发展和成熟的？人们可能认为4万年前的艺术是由简笔画组成，然后随着时间的推移，逐渐出现了一些更复杂的东西。但事实并非如此，因为它似乎从一开始就已经完整地呈现出了它的艺术性。正如沃纳·赫尔佐格（Werner Herzog）在拍摄法国南部肖维岩洞[②]的纪录片时所述的那样："人们所谓的绘画和艺术的原始起源并非我们。艺术一直都在那里，就好像突然出现一样，而且十分完整。这令人感到惊讶，我们明白，现代人的灵魂以某种方式苏醒了。"艺术评论家约翰·伯格（John Berger）将肖维岩洞拍摄团队与文艺复兴时期的艺术家正面地进行了比较，他似乎同意这一点，并写道："显然艺术并不是一开始就是笨拙的……从一开始就有一种优雅。这就是谜团，不是吗？"确实如此，我们很快就会看到。

我们先来探索肖维岩洞。1994年，肖维岩洞被与它同名的洞穴学家让-玛丽·肖维（Jean-Marie Chauvet）发现，其中包含一些前史时期的绘画，其美丽程度无与伦比。我的意思不是说"哇，这些

---

① 12 000年之后，最近一次冰河时代结束，我们进入了新石器时代，那时我们采用农业耕种，驯养动物，建造永久性城市，传播到美洲，并大致安定下来，形成今天的生活模式。洞穴艺术，不知为何失去了意义，古老的洞穴被遗忘，等待被重新发现。——作者注

② 肖维岩洞（Chauvet Cave，又译"萧韦岩洞"），是位于法国东南部阿尔代什省的一个洞穴，因洞壁上绘有上千幅史前壁画而闻名，岩画经证实可追溯至距今36 000年前，为人类已知最早的史前艺术。——译者注

漂亮的画作都是来自如此早期的人类"。我的意思是，按照今天的任何标准，它们依然非常漂亮。简直就是一个动物园！这些绘画展示了400多种动物，包括洞熊、猛犸象、狮子、犀牛和马。它们不是作为相同基本模式的复制品，而是具有独特魅力的个性动物，因为没有更好的词，所以我们用"个性"一词来表示。可以将它们追溯到大约4万年前，是我们所知道的最古老的洞穴壁画之一。

画作技艺精湛。洞穴墙壁本身的轮廓被加工成动物的结构。它们被涂在通过打磨之后精心准备的墙壁上。有些动物被描绘成8条腿，其中4条腿不太明显，手电筒闪烁的光照向它们，会给人一种动物在奔跑的错觉。

肖维岩洞的伟大之处在于它保持得足够原始，这要归功于一场雪崩封闭了入口，岩洞就像图坦卡蒙[①]的坟墓一样被封闭起来了。所以它的内部没有受到破坏，以至于你仍然可以在洞穴地板上的尘土中看到脚印。正如其中一位发现者后来写道："一切都是那么美好，就像刚刚完成的画作一般。时间仿佛静止了。"

大约在工匠们忙于在7 000英里外婆罗洲岛上的肖维岩洞绘画时，其他工匠正以类似的风格在鲁邦·杰里吉·萨利赫[②]的洞穴墙壁上绘画一种迄今为止仍在婆罗洲游荡的牛的图像。这里距离那

---

① 图坦卡蒙（Tutankhamun）是古埃及新王国时期第十八王朝的一位法老。他原来的名字叫图坦卡吞，意思是"阿吞的形象"，后改为图坦卡蒙，意思是"阿蒙的形象"，这也说明了他的信仰从崇拜阿吞神转向崇拜阿蒙神。父亲阿肯那顿曾经进行过一次宗教改革，树立阿吞为主神，削减寺庙，减少崇拜的神，甚至逐渐走向一神教，以削弱传统宗教祭司势力。——译者注
② 鲁邦·杰里吉·萨利赫（Lubang Jeriji Saleh）是印度尼西亚婆罗洲岛偏远丛林中的桑库利郎-孟加里哈特地质公园（Sangkulirang-Mangkalihat）喀斯特地区的石灰岩溶洞群。在2018年的出版物中，一组研究人员宣布在40 000年前的洞穴壁画中发现了当时已知的最古老的具象艺术作品。——译者注

里几百英里，需要穿过印度尼西亚苏拉威西岛上80英里的望加锡海峡。洞穴内有描绘大型猪形生物的艺术作品，经证实比肖维早5 000年。

没有人能完全确定如何理解所有这些艺术在如此迥异的地方同时出现。《婆罗洲旧石器时代洞穴艺术》描述了鲁邦·杰里吉·萨利赫的发现，其中作者写道："类似的洞穴艺术传统似乎几乎同时出现在欧亚大陆的最西端和最东端。这究竟是巧合——是由于相隔甚远的地区的文化融合、独特的欧亚人口大规模迁移——还是其他原因，我们仍不得而知。"

我们可以相信，未来将会发现更多具有艺术气息的洞穴，因为考古学实际上是一个新领域。第二次世界大战（以下简称"二战"）前，世界上只有一百多名考古学家。现如今已成千上万。

旧石器时代晚期的洞穴艺术十分神秘。最重要的是，这些画作通常不在洞穴入口附近，而是深入洞穴——长达1英里，并且难以到达。我们经常在人们从未居住过的洞穴中发现艺术，因此洞穴艺术不是住宅中的装饰。同样令人费解的是，那些没有画在洞壁上的物体，比如树木、湖泊、云彩、太阳、火，或者任何你能想象到的对生活在28 000年历史跨度中的人类来说更有意义的事物。最令人不解的是，人类几乎从未被描绘过。艺术家的画作多半为动物，不同洞穴内的物种也各不相同。有的洞穴以猎物为主题，而其他洞穴完全以捕食者为主题。法国东部拉斯科洞穴中的绘画描绘了600多种不同的动物形象，其中一半是马，却一只驯鹿都没有，而驯鹿本应是艺术家生物画的主要来源。在拉斯科，马出现的概率也比任何其他生物都高。达勒姆大学旧石器时代考古学教授保罗·佩蒂特（Paul Pettitt）推测原因："尽管很难证明，但马很可能在某种图腾或宇宙观上具有重要意义。"他补充说："马似乎是从岩石里蹦出来的，那里仿佛是它们的诞生之地。"

除了动物之外，还有两种事物几乎构成了这一时期的所有洞穴壁画。其中第一种是抽象符号。我们已知的所有洞穴中使用的通用符号相对较少。我们无法破译它们的含义，因此不得不提出怀疑。第二种是手印。通常是手的轮廓，并非完全的手印，将颜料通过空心的鸟骨吹到一个人的手上，然后压在洞壁上产生。当手被挪开时，剪影仍然存在①。手印随处可见，从澳大利亚到亚洲到欧洲，甚至到美洲。通常，它们是男性、女性和儿童，包括非常年幼的孩子的手印，左手的数量很多，这表明这些人中的大多数（但不是全部）都是右撇子。也经常有很多手印似乎缺少所有或部分手指。旧石器时代的生活对手指有那么苛刻吗？或者，正如一些人所猜测的，这些手印是手语，而不是来自缺少手指的人。在广阔的地域和相同跨度的时间内，如此普遍地出现手印，尤其是反手印，是一件很奇怪的事情。而且承载这些手印的墙壁分散在世界各地，看起来却相差无二，如此一来，我们未解的谜团又增加了。而且，许多洞穴都只有手印作为装饰，这也是一大谜题。

洞穴艺术另一个令人费解的方面是，在同一洞穴中，所表现的绘画时代截然不同。肖维画作相隔 5 000 年，而位于西班牙的阿尔塔米拉洞②的画作则跨越 15 000 年。是什么原因导致这些早期人类

---

① 由于这种技术，科学家希望他们可以从色素中残留的唾液里提取 DNA，这将告诉我们更多关于是谁制造它们的信息。——作者注
② 阿尔塔米拉洞（Cueva de Altamira）位于西班牙北部的坎塔布里亚自治区首府桑坦德市以西 30 千米的桑蒂利亚纳戴尔马尔小镇。洞内有距今至少 12 000 年以前的旧石器时代晚期的人类原始绘画艺术遗迹。石洞壁画绘有野牛、猛犸等多种动物。——译者注

回到同一个地方，归隐在山林深处数百代？这似乎是一种原始的行为，就像太平洋鲑鱼被迫返回它们出生的地方繁殖一样。

最后，旧石器时代晚期，人们使用的技术非常复杂。一个很重要的事实是，艺术家的野心很大。从采用的技术和所需的高级规划这两个方面可以看出他们的雄心壮志。他们研制的画作使用阴影创造立体感，并描绘了肌肉张力等精细细节。各种动物的眼睛清晰地注视着其他不同的动物群。拉斯科洞窟[①]的工匠使用常见的颜料，如粉笔、木炭和彩色黏土，但他们也使用了一种不常见的深黑色矿物，称为"黑锰矿"。这是惊人的，因为该矿物的最近来源距离拉斯科150多英里。为了将它用作颜料，它必须从在超过1 600华氏度[②]的大火中燃烧后的矿石中被提取。考虑到这个，他们虽然有充足的黑色来源——木炭，但对他们来说还不够黑，所以他们费尽心思来制作更深的黑色颜料。拉斯科的工匠将滑石粉等增量剂添加到油漆中从而使其膨胀，同时添加动物脂肪等黏合剂以使其更好地黏附在墙壁上。此外，许多洞穴的天花板上都挂着艺术品，远远超出了人类的触及范围，因此必须建造某种脚手架进入这些地方。通常，艺术家在开始绘画之前，会在墙上勾勒出一个大致的轮廓，以便将构图画下来。

那么所有这些艺术意味着什么？我们永远无法知道真相，但人们总是尝试猜测。一些人认为它类似于宗教文本，其运作方式与通过彩绘玻璃窗向不识字的中世纪基督徒讲述他们信仰的核心故事的

---

① 拉斯科洞窟（Grotte de Lascaux）位于法国多尔多涅省蒙蒂尼亚克镇的韦泽尔峡谷，内有著名的石器时代洞穴壁画。1979年，拉斯科洞窟同韦泽尔峡谷内的许多洞穴壁画一起被选为世界遗产。——译者注
② 华氏度，是指用来计量温度的单位，华氏度 = 32 + 摄氏度 × 1.8。——译者注

方式相同。其他人则将其视为对狩猎动物的致歉，或祈求成功狩猎，或男孩的入会仪式，或促进生育的仪式，或试图吸收动物的力量，或是一种促进团体合作的公共活动形式，例如石器时代阿米什人①建造谷仓。还有一些猜测，认为这些绘画是受药物影响引起的幻觉，就像在完全黑暗中服用某种药物时产生幻觉一样。有人认为这些画包含后代生存所需的信息，甚至不同动物的配对记录了不同部落之间的联盟，例如史前喷气机和鲨鱼之间的休战。解读艺术的尝试有时会呈现出类似于品茶的氛围。细致的研究记录了洞穴中不同动物的确切位置，相信可能存在可以发现和解释的潜在模式。

在发现了许多宏伟洞穴的法国，学者倾向于将艺术视为根本上的宗教，经常将洞穴本身称为大教堂、小教堂和神社。法国史前学家吉恩·克洛特斯（Jean Clottes）可以说是世界上最杰出的洞穴艺术权威，他告诉《纽约客》（New Yorker）："所有人都同意这些画在某种程度上具有宗教色彩。我自己不是信徒……但智人是一种具有灵性的物种。相对而言，创造信仰体系（该体系能影响自然）这种能力更适合被视为人类的特点，而不是制作工具这种能力。萨满教是狩猎采集社会中最普遍的信仰体系。"然而，艺术本身没有任何东西需要宗教解释。它大部分只是对动物的绘画，所以更深层次的含义无疑是一种猜测，尽管不见得就是错误的。另一位杰出的法国史前学家诺伯特·奥祖拉特（Norbert Aujoulat）并没有声称自己知道艺术的含义，他说："我已经盘点了 500 个洞穴，根据我自己的

---

① 阿米什人（Amish）是基督新教重洗派门诺会中的一个信徒分支（又称"亚米胥派"），阿米什人拒绝汽车及电力等现代设施，而且过着简朴的生活。阿米什人起自于 1693 年由雅各·阿曼（Jacob Amman）所领导的瑞士与阿尔萨斯之重洗派的分裂运动；追随阿曼的教徒便被称为"阿米什人"。——译者注

经验——你看得越多,理解得就越少。"

"洞穴艺术"一词甚至可能用词不当。它可能根本不被视为艺术。贾马克·海沃特（Jamake Highwater）在他的《原始心灵》(*The Primal Mind*) 一书中坚持认为,虽然现代意义上的艺术创作是一种"复杂的、理想化和概念化的行为",但对于原始人来说,"经验和表达之间的关系一直如此直接和自发,以至于他们通常没有一个关于艺术的词"。尽管海沃特一直称自己是切罗基人后裔,但后来发现,他实际上有着东欧犹太人血统,他的真名是杰基·马克斯（Jackie Marks）,但"没有关于艺术的词"这个观点引起了广泛的共鸣,并继续发展。至今依然如此。在《帖瓦语中没有关于艺术的词——只有意义》一文中,格雷格·隆沃尔夫（Gerg Lonewolf）解释说:"在非印度语中,我是一名艺术家。在帖瓦人的世界里,他们说我'是一个非常成熟的人,知道很多事情'。"所以古人可能认为他们的画不是那么漂亮,而是有用。

洞穴绘画并不是历史上此时诞生的唯一艺术。从考古发现来看,人口遍布全世界的智人似乎同时获得了其他创造能力。在德国南部,许多洞穴为我们展示了智人最古老的几件作品,其中包括最古老的人类形象——霍尔·费尔斯（Hohle Fels）的维纳斯,一个用象牙雕刻的丰满女人;最古老的动物形态雕塑,一个带有狮子头的男人的身体,被称为"史前狮子人雕像";还有最古老的乐器,一些由秃鹰骨头、天鹅骨头和象牙制成的长笛。所有这些发现都可以追溯到大约40 000年前。

关于长笛,在霍尔·费尔斯洞穴中发现的长笛值得进一步探索。它看起来非常现代。它是一种五孔长笛,五个音符组成了我们所说的五声音阶,广泛应用于古代和现代音乐,包括弗雷德里克·肖邦（Frédéric Chopin）和泰勒·斯威夫特（Taylor Swift）的作品，这两个人通常不会被联系在一起。

为什么我们在许多其他基本技术（例如带孔的针和弓箭）之前获得了长笛？为什么音乐对今天的我们有如此深远的影响？认知心理学家史蒂芬·平克（Steven Pinker）也认为这是一个谜。在他所著的《心灵的运作方式》（How the Mind Works）一书中，他指出："就生物学的因果关系而言，音乐是无用的。"他总结道："音乐似乎是一种纯粹用来愉悦的技术，是一种我们通过耳朵摄入的消遣药物的混合物，我们享受音乐的同时，它也在刺激我们大脑中的大量愉悦回路。"另一种理论假设我们学习音乐中的模式时，大脑不断尝试预测接下来会出现的模式。当我们判断正确时，我们会得到一点儿内啡肽的奖励。如果这种理论是真的，那么它巧妙地指出了我们得出的结论：学会音乐的时间段就是我们学会预测未来的时候。

在艺术和音乐出现的同时，技术创新也迅猛发展。新技术被用来制造工具，工具本身也变得更加专业。鹿角、象牙和骨头越来越多地被用来制作更复杂的工具和首饰。我们经常发现这一时期的文物是由多种材料制成的，这些材料的来源地广泛且分散，技术种类繁多。

我们尚未提出的问题是，我们为什么要创作艺术和音乐？它的生存价值是什么？为什么我们会进化成热爱艺术和音乐以及创造它们的人？为什么摇滚明星都有追星族？杰弗里·富兰克林·米勒（Geoffrey Franklin Miller）是进化心理学家，也是《求偶思维》（The Mating Mind）的作者，他认为人文学科作为一个整体，可以用性选择而不是自然选择来解释。他说，实际上，你掌握电吉他会让人们想要和你认识。学者已经多次测试了这个假设。在一项研究中，一名拿着吉他的男子向女性询问她们的电话号码，然后在没有吉他的情况下再次进行同样的尝试。在另一个案例中，女性被要求分别评价有吉他和没有吉他的男人的吸引力。第三个案例是向陌生人发送在线好友请求，所得结果根据头像中是否有吉他而有所不同。一次又一次，吉他从根本上提高了成功率。

米勒指出，奢侈品是由它们的高成本定义的，因此消费它们的人表示，与在一元店购物的人相比，他们是更好的配对对象。米勒把它比作孔雀的尾巴，他解释说："这不仅仅是性选择的随机结果。它在那里是因为它很昂贵，这意味着只有那些健康、强壮的孔雀才能负担得起携带这些尾巴。"

他继续提出艺术、音乐、幽默、讲故事和其他所有东西都是一样的。精通这些技能需要大量的时间和精力，但掌握这些技能对生存没有好处。米勒总结道："那些投入最多精力、最多维护时间、最多基因来培养性状的人，将吸引最多的配偶……艺术、音乐和创造力是被设计出来的，作为适应度指标存在。"

根据考古证据，从解剖学上讲现代人类已经存在了超过25万年，但是没有代表性艺术是存在了25万年的，也没有存在20万年、15万年、10万年、7万年的。然后，突然之间，出现了鲁邦·杰里吉·萨利赫和肖维。那个时刻与直立人在200万年里只会磨石相比，差异再明显不过了。技术同时出现，艺术完全成型，这一事实表明发生了一些戏剧性的事情。

第三节 觉醒

回顾一下，从解剖学上讲，现代人类大约有 25 万年的历史。但在精神上，情况就有所不同。完全现代人类（FMH）似乎是最近才出现的，也许仅 5 万年前，这个日期之后的丰富的具象艺术和在那之前它的完全缺乏就证明了这一点。

这种导致完全现代人类突然而戏剧性的心理成熟的变化已经被广泛观察了几十年，它有许多不同的名称。贾德·戴蒙（Jared Diamond）称之为"大跃进"。哈拉瑞（Harari）将其称为"认知革命"。这种突然而剧烈的心智成熟用人类学术语来说，可以称之为"行为现代性"，但它也被称为"象征性思维革命""创造性革命""旧石器时代晚期革命""人类革命"，甚至是"真正成为人类"。

我们该怎么称呼它？我曾希望以所有这些名称的首字母缩略词的形式构建一个术语，但它们的 20 个前导字母只提供一个元音，一个"u"，所以我决定选择一个更具诗意的术语——"觉醒"。

"觉醒"是一个巨大的谜团，也许是所有谜团中最大的一个，因为它讲述了我们如何成为现代人类的故事。我们想回答两个问题，首先，它在何时何地发生的；其次，它是如何发生的。回答"如何发生"这个问题是最繁重的工作：它是如何看似同时在多个地方发生的？怎么这么突然？而且，最具挑战性的是，它到底是怎么发生的？我们将在这里解决第一个问题，并在接下来几节中解决第二个问题。

第一个问题，它是在何时何地发生的。这个问题没有一致的答案，但相互矛盾的理论层出不穷，每个理论都引发了一个新问题。首先，"5万年前"可能不是正确的数字。我使用它是因为它与我们最古老的代表性艺术品最为接近，这并不意味着旧艺术不存在。新的"最古老"的文物经常被发现，所以它可能是6万年前或10万年前。

鉴于所有这些，让我们检查五个"何时何地"组合并判断它们的相对优点。

（一）非洲（10万年前）

人们普遍认为，智人起源于非洲，可能在今天的南非和纳米比亚边界附近。非洲的遗传变异比地球上任何其他地方都多，如果人类这样的物种起源于那里，那么就是人们预期的结果，因为世界上其他地方都是由孤立的支系人口组成的。我们有充分的证据表明，生物学上的现代人类在5万到10万年前之间集体迁移出非洲①。如果觉醒发生在我们离开非洲之前，那么为什么这么多文化在相似的时间产生类似的艺术的问题就会消失：当人类离开非洲时，带着这种文化。然而，这一理论存在一个缺陷：没有证据表明非洲的完全现代类型人类比世界其他任何地方都早。你可能认为最古老的洞穴艺术会出现在那里，而不是出现在亚洲，最古老的象牙雕刻人物也

---

① 据信，数百万年来非洲发生过多次迁移活动：一些人迁往欧洲，后来演变成尼安德特人，另一些人则遍及南亚。我对"当我们离开非洲时"这个短语的使用强调了"我们"——那些已经或将要成为完全现代人类的人。——作者注

会出现在那里，而不是出现在欧洲。

事实上，在非洲发现的最古老的无可争议的代表性艺术要年轻得多——在纳米比亚的阿波罗 11 号洞穴中发现了约 3 万年前的洞穴壁画。对于为什么在非洲没有发现更早的代表性艺术这个问题，科学家已经提供了许多解释。它们都是似是而非的，但肯定不是令人信服的，因为它们大多是猜测。有一种理论认为，存在这样的艺术，只是还没有被发现。鉴于非洲此类实地工作相对缺乏，这可能是真的。另一种说法是，非洲洞穴艺术是在洞穴避难所（即极浅的洞穴）中创作的，由于暴露在自然环境中，所以它们早就消失了。

但即使这是真的，这个时间顺序仍然存在问题：如果觉醒的发生早于 10 万年前，在我们离开非洲之前，那么世界上任何地方都没有超过 5 万年的艺术？如果我们在肖维岩洞、鲁邦·杰里吉·萨利赫之前 5 万年以完全现代人类的身份分散在世界各地，那么从那时起，在非洲或其他任何地方的所有画作在哪里？为什么我们在 5 万年前后才出现数百个具有代表性艺术的洞穴，而在此之前就没有吗？

（二）非洲（5 万年前）

我们没有文物来证明早于 5 万年前就存在的代表性艺术，所以让我们使用 "5 万年前" 这个时间并以非洲为起点。但这也行不通，因为我们有充分的证据表明此时完全现代人类散布在欧洲、亚洲和澳大利亚。这也不能解释为什么非洲最古老的文物比其他地方更年轻。

但是，或许你会说："生物学上的现代人类在 10 万年前离开非洲时还不是完全现代人类。然后，大约 5 万年前，在非洲，觉醒发生了，几乎立刻，那些完全现代人类开始充满渴望地看着地平线，想知道在它之外会发现什么。然后，他们前往欧洲、亚洲和澳大利亚。"如果是这样的话，这个理论值得一探。

（三）欧洲（5 万年前）

觉醒会发生在欧洲而不是非洲吗？虽然这样可以解释那里发现的大量文物及其精湛的艺术，但我们也必须拒绝这一理论，因为我们在多个遥远的地方都有类似的艺术，这些艺术早于欧洲艺术数千年。

我之所以把这种可能性包括在内，是因为它曾经被普遍认为是真实的，因为我们在整个西欧都发现了宏伟的艺术，而在其他任何地方都没有。人们猜测，尼安德特人的 DNA 被引入我们的基因组，通过偶然的方式使我们以一种新的特殊方式改变，即"觉醒"。鉴于我们所知道的，这种观点当然是可以理解的，而且欧洲的彩绘洞穴数量仍然比其他任何地方都多得多。但是亚洲洞穴艺术的年代是无可争议的，比欧洲早了几千年。

（四）随时随地（5 万年前）

这个理论的优势在于它与考古证据最匹配。类似的、完全成熟的艺术似乎同时出现在人口稠密的世界中。然而，这个理论甚至无法解释同时出现完全成熟的艺术的可能性。千里相隔，水路宽阔，互不联系的民族，怎么能一下子同时觉醒？

也许考古记录只是被扭曲了。想想看，5万年前正值冰河的鼎盛时期，冰川覆盖面积十分广阔，以至于海洋比今天浅了400英尺①，这意味着陆地面积比现在要大得多。但即使是400英尺也无法腾出足够的土地来连接亚洲和澳大利亚，但我们有充分的证据表明此时那里有人类。根据这些事实，我们能得出什么结论？那时我们已经能够航海，熟练到可以穿越公海到达澳大利亚②。如果我们是生活在沿海地区的海洋人，那么这可能会进一步解释世界部分地区早期洞穴艺术和文物的匮乏。文物就在那里，仅在水下400英尺。乘船旅行也可以解释此时世界人口的增长迅速以及遥远地方的相似文化等。问题是没有直接的证据证明这一点，也没有证据说明我们是如何在4万年后突然失去建造这种船只的能力。

（五）未知，但逐渐演变和传播（10万年前）

也许并没有所谓的"大爆炸"，只是在某种突然的、幸运的变异中产生了拥有全部超能力的人类。也许我们在5万年左右的时间里"慢慢地"进化。或许在10万年前或更早的时候，人类开始慢慢觉醒，而在这个过程中，经过数万年，肖维岩洞和鲁邦·杰里吉·萨利赫最终形成了。

尽管这听起来很合理，但它并不完全符合之前的证据。我们的创造力不是逐渐开花结果的，而是呈爆发性的。一开始，我们没有

---

① 1英尺 ≈ 0.3048米。——译者注
② 澳大利亚是否对古代水手可见，或者他们是否可以通过从一个可见的岛屿跳到下一个岛屿来到达那里是有争议的。由于心理和技术原因，这种差异是实质性的。无论如何，航程大约是50或60英里。——作者注

岩洞简笔画，我们一无所有——然后不知从何而来，我们就有了辉煌。

所有这一切的原因在于，我们根本不知道觉醒究竟是什么时候发生的，或者根本不知道它在哪里发生。幸运的是，为了了解它是如何发生的，我们不需要知道它发生的时间和地点。这就是接下来几节我们要探索的。

第四节　你脑海中的那个声音

像觉醒这样戏剧性的事情是如何发生的？要回答这个问题，我们必须将觉醒归纳为最本质的特征。虽然它的考古指标是技术和代表性艺术，但这些只是人类认知发生进一步根本性变化的碎片。显然，创作肖维和鲁邦·杰里吉·萨利赫的人的想法与直立人不同。

我认为觉醒的核心是语言的形成。我认为在此之前我们没有语言。相反，在觉醒之前我们是动物，陷入永恒的现在。语言是使我们的认知与动物不同的明显标志。我们将很快探索动物语言，但所有人都同意人类的语言能力属于人类自己。

当我们探讨语言起源这个问题时，需要一定的谦逊，因为没有人真正知道。直到最近，这个问题在科学界几乎都是禁忌，因为人们认为这个问题无法以科学的角度来陈述。许多人认为这是正确的。然而，现在语言学家却不这么认为，并相信有真实的证据至少可以让我们做出有根据的猜测。人们试图将这些证据的碎片拼凑起来以得出预测。这些碎片包括基因组学、考古发现、进化模型、脑科学，以及现代语言之间的差异。

我们为什么要创造语言？它的初始功能是什么？一种常见的理论是，我们发明了语言，我们可以借此交换社会信息，即"八卦"。支持这一观点的论据是根据不同的消息来源——我们40%—80%的谈话都是关于其他人的行为的。我不觉得这个逻辑特别有说服力。

这类似于说我们发明了智能手机，所以我们可以玩宝可梦GO手机游戏。这可能是我们可以用智能手机做的事情，但这与创造它们没有任何关系。其他人则认为，我们创造语言是出于其他目的，例如传达信息和协调行动。

但这些只是语言的使用，而不是出现的原因。为什么首先创建它？尽管我们认为语言主要是一种交流工具，但这并不是它的主要功能。它的主要功能是思想。在我们可以与任何人交流之前，我们必须用语言进行思考。它从根本上说是一种内在的心理结构，是我们思考和推理的方法。就是你脑海中的那个声音。使用语言与他人交流只是用语言思考的副产品。在下一章，我们将探讨我们是如何发出声音的，但现在，我们将语言视为完全内在的。

法国诺贝尔奖获得者弗朗索瓦·雅各布（François Jacob）在其著作《可能与现实》(*The Possible and the Actual*)中强调了语言的内部起源故事，他写道："语言作为个人之间交流系统的作用是次要的……使其独特的语言性质与其说是它在传达行动指令中的作用，不如说是它在象征和调用认知图像中的作用。"他补充说："人类语言的多功能性也使它成为发展想象力的独特工具。它允许符号的无限组合，因此可以在精神上创造可能的世界。"这句话的最后两个词——"可能的世界"，包括"未来"。

如果你仔细想，思考可能是你使用语言最多的事情。我们大多数人都在使用语言对我们脑海中正在发生的世界进行持续的评论。它会持续一整天。"我关后门了吗？""剩下的辣椒还能吃吗？"事实上，即使是一分钟，我们也很难将其关闭。当我们晚上躺在床上试图入睡，回想一天的事件或期待明天的事情时，它就在那里。即使我们最终入睡，语言仍然存在，为我们的梦乡提供动力。

第一章 故事：现代世界是如何形成的

考虑到天生耳聋的人时，"语言是思想的结果"这一概念就很清楚了。如果教他们手语，那么这将成为他们思考的语言。大脑中控制听力的部分用于处理信号。同样，患有精神分裂症的聋哑人也不会"听到声音"，他们经常产生幻觉，好像无实体的手在和他们交流。

如果你又瞎又聋，从来没有学过语言，你的精神生活会是什么样的？1908年，失去听力和视力的女作家海伦·亚当斯·凯勒（Helen Adams Keller）写下了她在老师来之前的生活，没有人比她更能表达这一点：

> 我生活的世界一无所有。我无法恰如其分地描述那种无意识但又有意识的虚无时光……由于我没有思考的能力，我无法将一种精神状态与另一种精神状态进行比较……当我了解"我"和"自我"的含义，并发现我是某种存在时，我开始思考。那时意识初次以"我"的形式出现了……这是我灵魂的觉醒，使得我的感官有了价值，获得了对名称、物体特质和属性的认知。思想使我意识到爱、喜悦和所有的情绪。我渴望知道，然后去理解，接着反思我所知道和理解的内容。

我思，故我在——确实如此。

凯勒说，在她拥有语言之前，她没有思考的能力。她无法思考，也就无法将一种精神状态与另一种精神状态进行比较，因此对她来说没有未来或过去。读到这些文字的时候，你很难不试图想象她所描述的是什么感觉。我怀疑这就是作为直立人的感觉。当然，与凯勒不同，直立人有视觉和听觉，但没有语言，所以思维是无形的。

第五节　语言的起源

心理语言是如何产生的？我们是如何开始用语言思考，然后用语言表达出思想的？这个问题的答案引起了激烈的争论。这可能并不是你所期望的情况。"心理语言究竟是如何产生的"这个问题，更像是"你是在圣诞前夜还是圣诞早上打开礼物"的问题。但二者肯定不同。概括地说，有两种观点。第一种是，语言是我们学习的技能，就像下棋一样，这是我们发明的技术，必须代代相传才能延续；第二种是，它是与生俱来的，就像你的嗅觉一样，你天生就有。

乍一看，前者似乎更有意义。孩子学会用几个词说话，之后把它们组合成句子，然后说的时候犯常见的语法错误，等等。这看起来就像你学习下棋的方式：你学习棋子如何移动，起初玩得不好，然后逐渐变得更好。持有这种观点的人通常不相信像觉醒这样的事情曾经发生过。他们认为语言的发展是在数百万年的时间里逐渐发生的：原始声音是从一些咕噜声开始的，然后变得更加复杂。此外，他们对直立人的评价比我在这里呈现的要高，他们认为直立人是使用语言、控制火力和航海的人类。语言学家丹尼尔·埃弗雷特（Daniel Everett）持这一观点，他认为直立人显示出文化的迹象，按照他的观点："如果没有文化，就不可能有语言；同样，如果没有语言，也不可能有文化。我不同意，我不想让人觉得问题已经解决了。"

第一章 故事：现代世界是如何形成的

我相信"语言是与生俱来的"说法更令人信服。这一理论与现代语言学之父艾弗拉姆·诺姆·乔姆斯基（Avram Noam Chomsky）关系最为密切。他和他的追随者相信，我们生来就与语言密不可分。这种通用语法，通常被称为"UG"，它不仅支撑人类思维，还贯穿了所有人类语言。需要明确的是，你脑海中那个思考是否要吃第二块蛋糕的声音，不是乔姆斯基的UG。那个声音是勇于表达的。UG藏在它下面。它是思维的本质。乔姆斯基解释说："有些内心深藏的事情正在进行着，我们无法洞察，就像你无法洞察视觉机制一样，这就是思维的语言。它可能是普遍存在的。很难想象它怎么可能是别的东西。没有任何证据可以证明我们获得了它。"

他是什么意思？我们不能反省？在我们用文字思考的同时，我们也在用概念进行思考，这种概念的语言几乎藏在我们的母语之下，很难被察觉到和考虑到。这就是UG生活的地方。当你出去散步看到一只狗时，"我昨天看到了同一只狗"的想法可能不是以一系列词语的形式出现，而是以一种不同的形式，几乎是虚无缥缈的形式出现在你的脑海里。你只知道你昨天见过那只狗，而那种知觉的形式是一种内心的句子。但即使你的想法没有形成你意识到的词语，你也会立刻知道你的思维是"我一直都看到那只狗"还是"昨天我第一次看到那只狗"，这就是UG。然而，我们也用我们的母语思考。你现在阅读的单词正在变成思想，如果我问你"不"和"面团"这两个词是否押韵，你可能会在脑海里立即做出回答，而无须大声说出来。

语言能力是与生俱来的这一说法很有说服力。

首先，几乎所有的孩子都学会了如何说话，即使是那些有严重智力障碍的孩子也会说话。同样，大多数成年人在学习一门新语言时也遇到了很多困难。正如哥伦比亚大学的语言学家约翰·麦克沃特尔（John McWhorten）所说："几乎所有心理健康的孩子都会在生命的最初几年学会说他们接触到的语言。我们都知道成人甚至青少年学习外语是多么困难，但孩子却能毫不费力地完美掌握这些语言。"

仅这一事实就似乎表明语言是我们与生俱来的东西，它存在一个发展阶段，在这个阶段很容易学会用我们的母语发声，而且从生物学上讲，我们在很小的时候就会掌握这种能力。有人说，要学一门完全没有口音的外语，需要你在一定年龄之前学会说这种外语，有时甚至要在4岁之前，否则你根本不能说一口没有口音的外语。还有哪些其他学习技能是这样的？如果你在4岁之前没有轻松地学习如何下国际象棋，那么在那个年龄之后你仍然可以学得很好。

事实上，孩子并没有像学习国际象棋那样真正被"教授"语言。他们似乎天生就可以无意识地学会它。有趣的是，孩子也没有被"教导"如何讲故事。他们似乎很自然地做到了，不像其他活动，如阅读和写作，这些活动只能通过努力来完成。

其次，有些孩子会发展自己的语言，这表明语言能力是与生俱来的，而不是后天获得的。有一个经典的思想实验：想象你把4个婴儿丢在一个无人居住的荒岛上。他们最终会发展出一种语言来相互交流吗？或者他们是否必须重新开始？从进化的角度来说，语言需要很长时间才能发展。相信UG的人不仅相信他们会开发一种语言，而且相信它的语法与所有其他人类语言的语法相似。

为了支持这一观点，我们提供了一些现实世界的案例。乔姆斯基讲述了关于大约3个聋哑儿童的故事，他们会说话的父母被告知绝对不能教孩子手语，孩子需要学习读唇语。正如他向《福布斯》

(*Forbes*)杂志透露的那样：

> 这些孩子们在一起玩耍，我估计他们是表亲。在他们大约 3 岁或 4 岁时，人们发现他们实际上已经发展出一种语言。调查时发现，这一现象具有他们这个年龄语言的正常特点。

另一个著名的案例涉及尼加拉瓜的聋哑儿童，在 20 世纪 70 年代，那里没有尝试对聋哑人进行教育，也没有手语知识。一般来说，聋哑儿童互相并不认识，因为聋哑相对不常见，而且他们所处的地理位置不同。他们会通过一些简单的手势与家人交流，在这些手势中他们会模仿一些特定的行为，比如吃饭。这就是他们所有的语言形式。但在 1979 年，尼加拉瓜开设了一所聋哑人学校，并试图仅通过唇读来教孩子们西班牙语——并不顺利。然而，管理人员注意到，在操场上，孩子们互相做手势。尽管孩子们互相理解，但老师们不知道他们在说什么。手语专家朱迪·谢泼德-凯格尔（Judy Shepard-Kegl）被邀请来破译该语言，结果发现它的结构与其他人类语言相似，具有许多常见的语法约定，例如动词一致。

作家史蒂芬·平克认为这是语言能力被编程的证据。他说："尼加拉瓜案在历史上绝对是独一无二的。我们已经能够看到儿童而不是成年人如何生成语言，并且我们已经能够非常科学地记录它发生的细节。这是我们第一次也是唯一一次真正看到一种语言是如何凭空创造出来的。"

除此之外，大约一半的双胞胎都经历过一种被称为"双子语"的现象，在这种现象中，他们会制造一种只能彼此交流的语言。这个案例中的双胞胎已经学会了一种语言，他们创造了另一种语言，虽然没有尼加拉瓜的例子那样有说服力，但这个现象至少暗示了一种与生俱来的能力。

从大脑的角度来看，语言本身并没有什么区别。重要的是有一个结构化的语法。因此，手语、口语和书面语都是语言。天生耳聋的孩子几乎在其他孩子学习口语的同时熟练掌握手语。在美国，南方人的手语速度比北方人慢，这表明南方人说话拖沓。如果只教那些天生耳聋的人如何读唇语，而不是手语，那么他们读唇语的能力不会以同样的方式"发展"，因为他们不会用移动的嘴唇"思考"。人们怀疑这种语言过于抽象和不成形，大脑无法真正理解和思考。

最后，值得指出的是，就算家养的鹦鹉或狗听到人类对新生婴儿说的每一个字，它也永远学不会语言本身。20 世纪 30 年代有一个特别令人不安的故事，生动地说明了这一点。我接下来要说的事实是毋庸置疑的，但我还是要强调一下：我要讲述的故事在今天以任何标准来看都是不道德的。

1931 年，心理学家温思罗普·奈尔斯·凯洛格（Winthrop Niles Kellogg）和他的妻子卢埃拉（Luella）有一个十个月大的儿子唐纳德（Donald）。他们决定收养一只 7 个月大的黑猩猩 Gua，然后以完全相同的方式抚养唐纳德和 Gua，以此来测试"天性与教养"的问题。他们希望黑猩猩能学会和唐纳德一起说话。尽管凯洛格一家尽了最大的努力，但 Gua 始终没有学会说话。事实上，最糟糕的是唐纳德开始表现得更像一种黑猩猩，比如他会做出咬人等行为。所以凯洛格夫妇结束这项实验，把 Gua 送走。唐纳德后来成了一名医生，但在 42 岁时自杀身亡。

第六节　口语

语言最初是作为一种心理结构出现的，这是我们今天使用它的主要原因。然后我们学会了向别人表达。但是，我们为什么要费尽心思用嘴巴说出那些萦绕在我们脑海中的东西呢？如果我们保持沉默，也许我们都会过得更好，这个观点似乎是有道理的。

这个问题的答案有点儿冗长，而且奇怪的是，它始于"蜜蜂"。你仔细想想，其实普通蜜蜂并没有那么聪明。世界上最聪明的蜜蜂也不过如此。但是蜂群就不一样了，蜂群很聪明。例如，在寻找新家时，找到合适目标的寻找者可以向其他寻找者提出它们的想法，如果一方被说服，它们就会亲自去看看。然后就会出现一个自下而上的纠错投票系统，各种可能的新家的选项都会被权衡，一旦有大约 30 只蜜蜂达成 80% 的同意率，它们就会做出决定并传达给其余的蜜蜂，它们会集体飞往选定的住所。当你意识到这些蜜蜂都没有超过一个月大并且它们中以前没有蜜蜂这样做过或见过这样的做法时，这种行为就更加引人注目了，所以这种技能不是通过学习得来的。

另一个令人印象深刻的行为是，无论你周围的温度如何，你的体温都会保持约 98.6 华氏度的温度。顺便说一句，没有人确切地知道你是如何做到这一点的。蜂箱也保持恒定的温度——大约 95 华氏度。无论外面是 100 华氏度还是 0 华氏度，蜂巢都保持着它自己的温度。蜜蜂通过聚集在一起、扇动翅膀或将水带入蜂巢的方式来保持温度。但是没有蜜蜂会想："天啊，这里好热。让我们一起拍打翅膀，让这个地方降降温吧。"

蜂群就是所谓的超有机体。当在一个独立的群落中具有高度差异化角色的生物彼此交互时，就会出现超有机体。最终，超有机体中的生物无法靠自己生存，它们的个体行为只有从对群体有益而不是对个体有益的角度来看才有意义。虽然超有机体的每个成员的寿命都很短，但整个超有机体可以无限期地生存。例如，一只蜜蜂能活一个月，但蜂群可以活一个世纪。

超有机体是涌现的实体。涌现是一种现象，即一群事物（群体）具有个体没有的特征。这可以表述为"整体大于部分之和"。涌现是一种神秘的现象——我们离理解它还有很长的路要走。

蚁丘是超有机体的另一个例子。它们之间有很多分工：一些成员照顾幼崽，其他成员觅食，还有一些成员保卫巢穴。从我们现代的托儿所工作者、农民和士兵的分工上可能会看到它们与人类之间有某些相似之处。根据一次"人口普查"，大约3%的蚂蚁似乎一直在工作，而72%的蚂蚁大约有一半的时间在工作。至于其余25%的蚂蚁，从来没观察到它们在做任何工作，它们只是闲逛。也许这也与人类相似？

超有机体显示出惊人的涌现能力。想想拉丁美洲的切叶蚁。其中一组切叶蚁收集某种叶子的碎片并将它们带回巢穴。蚂蚁不吃叶子，它们吃一种生长在叶子上的真菌。这种真菌非常特殊，只有在切叶蚁的照料下才能生长，反过来，蚂蚁也需要这种真菌才能生存。叶子进入巢穴后，一种比其他蚂蚁小得多的切叶蚁会照料真菌作物。这些蚂蚁基本上比我们早了几百万年发明了农业，这有点儿令人惭愧。下雨时,切叶蚁将巢穴封住。然而,如果时间持续太久,二氧化碳就会在巢中积聚。虽然它们可以忍受,但真菌不能,所以切叶蚁必须时不时小心地打开门,让新鲜空气进来,以免毁坏它们的庄稼。当然,没有切叶蚁知道二氧化碳、共生关系,或任何与此相关的东西,但巢穴却完成了这一切。在大西洋彼岸的非洲,白蚁建造巨大的巢穴,并配有精密的通风系统。它们通过挖掘巨大的洪水室来解决雨水问题,在这些洪水室中,雨水是由重力引导的。个体白蚁对水文学、对流和牛顿物理学一无所知,但超有机体在所有这些方面都表现得非常熟练,可以说与人类工程师相当。

你是一种超有机体。你身体里的所有细胞都聚集在一起造就了你,但它们没有幽默感,而你却有。有些人认为意识是复杂超有机体的一种新兴属性。你的细胞有意识吗?可能没有。但你肯定有意识。蜜蜂可能也没有意识,但蜂群是有意识的吗?也许有。有一个被广泛使用的古老传统,至今仍在使用,称为"告诉蜜蜂",即养蜂人将他或她的家庭中的重大事件告知蜂巢,特别是婚姻和死亡。养蜂人会挨个敲每一个蜂房,并传递消息。如果有人去世,那么蜂箱就会披上黑色的布,与家人一起哀悼。养蜂人死后,另一个人必须去告诉蜜蜂这个消息。

现在你可能已经看到了一个问题:人类部落是一个超有机体吗?是的,既然人类部落有自己的口语,那么他们就是一个超有机体。超有机体的特点是高度的对等通信。在昆虫世界里,这通常是通过触摸和化学痕迹来完成的。这种信息交换的密度赋予了超有机体涌现的特性。你的大脑有 1 000 亿个神经元聚集在一个小区域内,它们以惊人的速度相互交流。你的思想被认为是从那个活动中涌现出来的。如果神经元分散在地球各地，只能通过邮件进行交流，那么这种魔法很可能就会消失。

早期的人类部落大多有150人，至少根据如今的狩猎采集者来看是这样的。比这更大的群体会分裂，就像蜂群在春天分裂一样。我们有理由认为，150人大约是我们可以与之建立有意义或稳定关系的最大人数。无论实际数字是多少，我们都将这个限制称为"邓巴数"①。

150个人紧密联系在一起，可以发挥出任何一个人都无法发挥的力量。例如，他们可以就一项复杂的计划达成一致，以消灭一只长毛猛犸象。由于所有人行动一致，所以可以消灭一只长毛猛犸象。这种捕杀就像一个拥有分布式身体的单一思维。从而达到捕杀一只长毛猛犸象的目的。

从这个角度来思考人类，我们不断地互相交谈就有了意义：就像我们使用内部语言来思考一样，超有机体开始使用口语来思考。群体中发生的所有对话，也就是超有机体，都是它头脑中的声音。我知道这听起来有点儿古怪，就像一个戴着水晶的嬉皮士会说的话，但可以这样理解：想象一个大型现代城市是一个超级有机体。城市里需要有足够的食物来养活人们。谁来决定每天带多少食物进城？没有人。杂货店和餐馆老板下周或下个月的订单是什么？人们需要在城市里移动。谁来决定那天将运营多少辆出租车？没有人。

---

① 邓巴数（Dunbar's number），也称"150定律"，指能与某个人维持紧密人际关系的人数上限，通常人们认为是150人。这里的人际关系是指某个人知道其他人是谁并且了解与那些人之间的关系。支持者认为超过这个人数上限的团队，需要更加严格的规则、法律及强制性规范来维持稳定性和凝聚力。邓巴数并没有精确的数值，它处于100到230之间，而通常人们使用150。——译者注

第一章 故事：现代世界是如何形成的

当你这样想这座城市时，它看起来就像一个蜂群。有足够的杂货和出租车不是因为有人计划好了这一切，而是因为人们之间的互动性质。所以城里所有的对话都是它脑子里的声音：一家餐馆老板与员工谈论他们上周用完的东西及下周需要采购的东西，出租车司机接到一个朋友的电话，说要支付车费前往市郊。

因此，我们开始交谈，成为超级有机体，因为超级有机体比个人更强大。随着时间的推移，自然选择开始在超有机体和个人层面上运作。最终，我们的超级有机体成了我们的城市。城市诞生，发展，有时就会消亡，就像许多蜜蜂的蜂房一样。而且，如前所述，最终超有机体中的个体无法靠自己生存。我们当中有多少人在被扔进荒野后能继续茁壮成长？我可不是贝尔①。当我们讨论所有的电子小玩意儿是否都是我们超有机体的一部分时，或者它们是否正在形成自己的时候，我们将回到"超有机体"这个话题。

与心理语言相比，口语有点儿杂乱无章。我为什么这么说？

首先，我们用本来有其他用途的身体器官来说话。不可否认，肺是用来呼吸的，舌头是用来帮助吃饭的，等等。这些只是涉及言语的两个器官的真实用途，但我们将它们用于另一个目的：说话。

其次，考虑你说话的速度。用英语随意对话，大概每分钟120个单词左右，一个超快的演讲者每分钟可以说400个单词。但根据心理学家罗德尼·科尔巴（Rodney Korba）的研究，内心的言语以每分钟高达4 000字的速度运行。

最后，几乎每个人都有自己无法准确表达的想法。每当有人说

---

① 爱德华·麦可·吉罗斯（Edward Michael Grylls），昵称贝尔（Bear），英国探险家、作家和电视主持人，因拍摄求生系列节目《荒野求生秘技》（Man vs. Wild）闻名。——译者注

"我说的不对"或"我无法用语言表达"时，他们的内心语言正在思考他们"笨拙"的口语无法表达的想法。在某种程度上，这有点儿像你的嗅觉。我们可以闻到我们无法用语言来形容的气味。鼻子可以感觉到的香气调色板比我们可以用来描述它们的词汇量要大得多。内部语言也是如此。

然而，尽管拗口，但想想口语多么奇妙，而且你使用它的能力也是如此。你可能知道5万个单词并在几分之一秒内记住其中的大部分，其中一些甚至是你有一段时间没有想到的单词，例如"quiver"或"nuanced"。但它们就在那里，就像箭袋里的箭，随时可以用来表达你最复杂、最细微的想法。

即使有如此庞大的词库，语言对我们来说仍然很容易使用。我们天生擅长于此。我们甚至不知道我们以某种方式始终遵守的一大堆语言规则。马克·福赛斯（Mark Forsyth）在他的著作《口才的要素》（The Elements of Eloquence）中指出：

> 英语中的形容词必须按以下顺序排列：观点形容词—大小形容词—年代/年龄形容词—形状形容词—颜色形容词—产地形容词—材料形容词—用途形容词+名词。因此可得，"你可以拥有一把可爱的、小的、老式长方形的、绿色的法国白银削刀"。但是，如果你稍微弄乱了这个词序，你说出的话听起来就会像疯子说的话。

我们在没有明确知晓其他规则的情况下遵守这些规则。时钟会嘀嗒作响而不是嗒嘀作响是有原因的。这和你永远不要用"磨磨唧唧"或"土里土气"称呼某人是一个道理。我们的语言似乎以我们甚至不知道的方式注入了我们的思想，目前尚不清楚确切原因。语言对我们的影响如此微妙，以至于甚至有一种叫作"主格决定论"的理论表明人们倾向于选择与其名字相匹配的工作。也就是说，姓氏与"面包师"这个词语相同的人成了真正的面包师。①

语言几乎完全是自我指涉的——完全是循环的。所有的词基本上都是用其他词来定义的。有些词语有双重作用，具有我们几乎没有注意到的多种含义，因为我们非常擅长从上下文中判断含义。还有一些词汇，成为双关词，既表示某个事物，也表示它的对立面。比如"cleave"既可以表示黏附也可以表示切割，"left"可以表示离开也可以表示停留，"dust"可以表示去除细颗粒或添加细颗粒。

口语在一个方面可能优于思维语言：它的体验方式。这是因为它是多感觉的，也就是说，口语词汇可以充满情感，带有激情地表达出来。听到啜泣的恳求或低声表达爱意的话语会让我们感动。说出来的句子就像一段音乐一样动听，它们之间的沉默也可以充满意义。在句子的不同部分稍做停顿会完全改变意思。有时候口语的美丽是无法想象的。

无论是口语还是思想，毫无疑问，语言最令人惊奇的方面是它所提供的无限的单词组合，以及由此产生的想法。想一想：这本书中的某些段落可能从未出现过，任意一个单词都可能改变给定的句子，从而改变你脑海里的整体观念，但是，你仍然可以毫不费力地阅读。

尽管有多种语言——至少有几千种，但在《科学进展》(*Science Advances*)杂志上发表的一篇题为《不同的语言，相似的编码效率》

---

① 贝克（Baker，英语姓氏意为"面包师"）成了面包师傅。——译者注

的研究论文得出结论，研究人员对17种语言的口语形式进行研究，结果表明，这些语言以每秒不到40比特的速率传递信息。某些语言在每个音节的基础上，传输信息能力不如其他语言，但它们保持相同的每秒40比特的速度，因为该语言的使用者语速更快。这可能意味着这是大脑可以创建或处理语音的最佳速率，或者可能是最大速率。我们能够比这更快地思考，这表明处理口语对你的大脑来说是一项相当耗费CPU（中央处理器）的密集型任务。

我们几乎准备好回到觉醒如何发生的问题了。只有一个悬而未决的问题仍然没有结论：动物有语言吗？为了证明内在语言赋予了我们思考未来的能力并且是觉醒的核心，必须证明语言对我们来说是独一无二的。如果动物，任何动物，真的像我们一样具有语言能力，那么语言——无论是心理的还是口语的——不再是我们的秘密武器，也就不是让我们能够预见未来并成为地球上如此卓越物种的秘诀。

第七节　非人类语言

我猜想所有宠物的主人都想知道动物的脑袋里在想什么。它们知道什么？它们是否像人类一样有思想，有某种内在的声音？狗发出"汪汪"声的时候，是不是看着一个东西在思考？

动物语言是一个有争议的话题，原因有两个。首先，人们对动物交流必须达到何种标准才能被视作一种语言的存在有不同的看法。其次，他们对声称动物语言的实际含义的解释存在分歧。因为对于"动物是否真的有语言"这个问题并没有真正的共识。

为了弄清楚动物是否有真正的语言，我们需要非常准确地了解究竟是什么构成了语言，它的核心要素是什么。虽然从定义开始会有所帮助，但我们没有这方面的定义。这并不奇怪，因为对于一些在我们生活中无处不在的概念，如生命、死亡、爱、家庭、家园、智慧，我们也没有共识的定义，我们只是自然而然地认为我们清楚地知道它们是什么。

需要明确的是，我们不是在谈论交流。"交流"这个词太过广泛，对我们的目的没有太大用处。语言是用来交流的，但交流只是传达信息。当你试图夺走狗的骨头时，它咬你，这表示它清楚地表达了对你的行为的不满。但我们不会说那就是语言。事实上，人们经常断言所有的动物都会交流，不管它是不是真的，几乎所有的动物都可以交流。蚂蚁用信息素来完成这件事，萤火虫用光交流、非洲恶魔鼹鼠用头撞击洞穴顶部来交流，甚至植物也经常通过释放气味相互交流。神经元是有生命的，但它们既不是植物也不是动物。它们通过电信号进行交流，而细菌则通过化学物质完成这项工作。许多动物通过振动地面、水或其他基质的表面进行交流，令人惊讶的是，最常见的交流形式是生物发光。但是，如果我们将所有这些称为语言，那么也就是说，我们认为蛞蝓用来相互交流的黏液痕迹与《哈姆雷特》(Hamlet)是同一类东西。如果我们这么说，那么"语言"这个词太宽泛以至于毫无意义。

让我们从另一面来看。如果我们都同意人类有语言的说法，那么它的本质特征是什么？其中有四种，所有人类语言都包含这四种。你可以想象在某个地方有一个与世隔绝的部落，他们有一种交流方式，只能传达像"我饿了"这样的简单想法，但没有像我们这样的人类语言，至少根据我们所知的8 000种语言来看，他们没有这样的人类语言。这不是很有趣吗？所有人类语言都能够以非常细微和清晰的方式表达无限的想法。

首先，语言涉及符号。美国博学家查尔斯·桑德斯·皮尔士（Charles Sanders Peirce）说有三种符号。先是图标，它们是事物本身的表示。接下来是索引，它直接表示某事，就像敲门表示访客到来一样。最后，还有符号，它们与物品本身完全无关。无论是口头还是书面，"Sled"（雪橇）这个词与雪橇没有直接关系。符号构成了语言的绝大部分。使用图标有一些例外，比如拟声词及许多手语符号代表事物本身。你用来保存文档的那个软盘图标曾经确实是一个图标，但随着软盘退出公众意识，它正在迅速成为一个纯粹的符号。也就是说，虽然软盘本身已经逐渐被淘汰，但如今许多软件接口的"存储"按钮仍会以软盘作为图标。符号的使用在动物中很常见。研究人员发现东非的青腹绿猴在发现豹、蛇和鹰等不同的捕食者时会发出不同的叫声警报，并会对不同的警报叫声做出不同的反应。

其次，语言是多层次的。理解这一点的最好方法是考虑一个书写系统，例如书面英语。字母可以不同的方式排列组成单词，但是，单词也可以重新排列——这是重中之重。这样一来，只需使用很少的符号就可以得到很多种变化。在口语中，第一个层次：单词是由音素构成的。音素是一种语言中离散的、可感知的声音单位。英语有44种音素，而有些语言只有十几种，而另一些则接近100种。它们都是我们说话时发出的不同声音，比如"猫"的三个音素：/c/ /a/ /t/。这44个音素可以重新组合成无数个单词[①]。音素可以组合，然后以不同的顺序重新组合，形成无限的语素，可以产生无限的单词。"tack"一词使用与"cat"相同的音素，但顺序不同：/t/ /a/ /c/。这是第一级。第二个层次：可以使用语法的规则将不同的单词串成句子，然后可以将相同的单词以不同的顺序串在一起，形成具有完全不同含义的句子。"艾米和贝蒂都不喜欢辛迪"可以重新用十几种方式排列，至少可以说完全不同的话，例如，"辛迪和贝蒂都不喜欢艾米吗？"

在《科学美国人》(Scientific American) 的一篇名为《智能的出现》的文章中，神经生物学家威廉·卡尔文（William Calvin）指出，虽然黑猩猩大约使用30多种发音，这意味着可以表达大约30多种事物，但英语使用者可以用相同数量的发音（30多种）表

---

① 从技术上讲，单词不是由音素组成，而是由语素组成，是离散的意义单位。"Bookkeeping"由"book""keep""ing"三个组成。"ing"不能独立存在，但它具有意义，就像在做某事的行为一样。——作者注

示无限多的事物。他得出结论:"迄今为止,还没有人解释我们的祖先是如何跨越'一个声音/一种意义'到'一个序列组合的毫无意义的音素系统'这种难关的,但这可能是类人猿进化过程中发生的最重要的进步之一。"

这将我们带到人类语言的第三个基本特征——创造能力,即产生新的语言单位或新思想的能力。因为语言是多层次的,所以一些声音可以让你获得几乎无限数量的可能话语。这只是一个数字游戏。创造能力指的是,你可以用语言编出以前没有人说过的句子,而且不影响其他人理解你。不是因为他们记住了你会说的所有可能的句子以及它们的意思,而是因为语言足够丰富和复杂,以至于新想法是可以被理解的。

在约翰尼·卡森(Johnny Carson)时代,《今夜秀》(*The Tonight Show*)中有一连串笑话:这个活动的参与者最后选定最有可能从未说过的句子是,"那不是那位班卓琴演奏家的保时捷吗?"创造能力意味着你可以说出一句以前没有人说过的、其他人会理解的话。然后,当新事物出现时,我们会编造新词或以新的方式将旧词组合起来,创造出全新的事物。邮件过去是装在信封里的,后来出现了一些新的东西:电子邮件。以前电子邮件还不存在,但有一天它出现了。在移动电话出现之前,一直都是座机电话,然后智能手机问世。相比之下,想想动物在自然界中相互发出警告的声音。它们发出某种声音,这表明该地区有某种捕食者。这招"护身符"很管用。但是,如果其中一只动物开始大喊其他动物从未听过的东西怎么办?它的朋友会说:"希德怎么了?它又吃发酵浆果了吗?"它们不知道该怎么做,它们的声音缺乏创造能力。

最后,语言还有位移。这是谈论当前未看到的事物的能力,例如其他地点、时间，甚至是想象中的物体。这使我们能够将语言世界扩展到我们所处的位置之外，并且需要一定数量的抽象思维。这就是为什么我们可以对我们的朋友说这样的话："你还记得我们小时候回到农场，试图制作一套飞鸟服的事情吗？我们应该再试一次。"

有了这四个特征，让我们看一些不同的通信系统，看看它们是否符合语言的条件。首先应该指出，许多被称为语言的东西并不是语言。数学和音乐有句法和符号，通常被称为语言，但它们不是。它们只是符号系统，称它们为语言只是一种比喻。

让我们从植物开始。它们做了一些令人印象深刻的事情。以金合欢树为例，它的叶子是长颈鹿的最爱。当饥饿的长颈鹿吃金合欢的叶子时，叶子会释放出一种叫作"乙烯"的化学物质，这种化学物质会飘散到其他金合欢树上，其他金合欢树会意识到警报，开始释放出单宁，使长颈鹿食用的叶子产生毒素，气味难闻。然而，长颈鹿开始了这场较量：它们开始在顺风的地方咀嚼树叶，然后逆风向那些无法收到警报的金合欢树前进。

金合欢在说话吗？不。我们可以将它们拟人化，说它们是在向其他树"大声警告"有关长颈鹿将至的灾祸，但事实并非如此。如果金合欢有语言，那么它们就只认识一个词，而且只能用一种方式来表达。

话虽如此，有些人认为植物有语言，一种我们不知道的、复杂的根源对话。生态学家苏珊·西马德（Suzanne Simard）认为，森林中的树木通过土壤中的真菌相互交流，她坚持认为，它们"在土壤中发出有关环境变化的警告信号，寻找亲属，并在它们死亡之前将它们的养分转移到邻近的植物上"。也许这是真的，但我们还远不能说它们有语言，那可能只是另一个简单的交流过程，是我们在用语言的隐喻将其拟人化。

但是动物呢？伯特兰·罗素（Bertrand Russell）说得对吗？"一条狗无法讲述它的自传。不管它叫得多么大声，它也不能告诉你，它的父母虽然穷，但也很诚实。"有很多说法：据说蝙蝠会互相交谈，而且它们显然经常争吵。据报道，鹦鹉给它们的后代起名字，它们一生都使用这种名字。大象表现出各种复杂的个性特征，包括哀悼逝者，人们相信大象会用一种手语交谈。此外，大象识别不同的人类语言，如果一个说某种语言的人有一次伤害了某些动物，大象以后会避开说这种语言的人。在许多声称会说话的动物中，最为奇怪并且我也想关注的是草原犬鼠（土拨鼠）。让我们看看论点和证据。

草原犬鼠居住在地下的洞穴中。当它们走出洞口时，它们会喋喋不休。当捕食者出现时，其中一只会发出警报，然后它们会跑回自己的洞里。一位名叫康·斯洛博奇科夫（Con Slobodchikoff）的动物行为学家想知道所有这些喋喋不休和蹦蹦跳跳的事情是怎么回事，他在过去的30年里一直试图解决这一切。

早些时候，他注意到草原犬鼠对不同的捕食者发出不同的叫声——例如区分鹰和土狼的叫声。这可能是因为草原犬鼠在不同的捕食者出现时需要采取不同的反应。老鹰速度很快，草原犬鼠需要隐藏起来，而远处的土狼只需要盯好。斯洛博奇科夫还发现草原犬鼠通过警报声传达关于威胁的速度和方向的信息。

在研究的过程中，斯洛博奇科夫记录了动物的叫声，当草原犬鼠发现斯洛博奇科夫和他的团队时，他和他的团队注意到叫声有些不同。他想知道这是为什么，所以他让他的学生穿上不同颜色的衬衫,走向草原犬鼠。他记录了警告的声音,认为它们基本上是在说"蓝人来了"和"红人来了"。接下来,他找到了不同体型的研究人员,这种信息也被应用到警告中——"胖红人来了"或"矮绿人来了"等。

可能我们可以换个说法:"在这个过程中,斯洛博奇科夫记录了动物们发现他和他的团队时的叫声,他们注意到这些叫声有一些变化。"

接下来,他搭建了一个系统,让他的研究人员可以在草原犬鼠群体中射出某种投影。他使用了不同的形状,比如臭鼬和狗,这产生了不同的警告。然后他突发奇想,用了一个动物不会知道的形状:一个大椭圆形,好像矮胖子在人群里漫步。果然,他坚持说,他接到了一个全新的警告话语。他认为这就是上面提到的语言的特征:创造能力。他还认为,草原犬鼠以不同的方式(多级)组合出不同的信号。

语言学家普遍认为这都是胡说八道,他们认为斯洛博奇科夫犯了两个错误。第一,所记录的喋喋不休的内容是草原犬鼠语言的基本要素,也就是说,斯洛博奇科夫发现了它们有正确的音素。虽然斯洛博奇科夫认为某些叫声在草原犬鼠的语言中意味着"蓝色",但这只是他的臆断。他只是在数据中看到他想看到的东西:非常人性化的形容词—名词—动词类语言。第二,更大的批评是,即使他是对的,那也不是语言。没有底层语法,除了几个简单的警告组合之外,也没有其他警告方法。斯洛博奇科夫的支持者说,他的批评者无法接受他数十年细致的实地研究的发现与既定的语言学思想背道而驰。

无论如何,草原犬鼠似乎无法谈论过去和未来,也无法谈论不存在的事情。有没有动物会谈论非此时此地的事情？答案几乎总是否定的，但有一个惊人的例外：蜜蜂的舞蹈。

一些品种的蜜蜂有一种特定的舞蹈，它们不仅可以告诉蜂群远处食物来源的方向，还可以告诉蜂群距离有多远。这是让蜜蜂知道在飞行前要摄入多少飞行燃料（蜂蜜）的重要信息。如果这还不够，它们还可以传达"来源有多好"这样的信息，这样其他蜜蜂就可以决定是否值得一游。这些因素使用三个独立变量来传达：舞蹈相对于（看不见的）太阳的角度、摆动的速度和舞蹈的持续时间。

没有人知道这一切是如何完成的，甚至没有人知道蜜蜂是否生来就知道这一点，或者它们是否在短短 4 个星期的生命中学会了这一点。尽管年纪较大的蜜蜂倾向于更准确地执行这种舞蹈，但相比之下，"蜜蜂天生就知道这一点"的情况似乎更有可能。只有少数蜜蜂品种具有这种特质，而且不具备这种特质的蜜蜂似乎也活得很好。有趣的是，研究表明，吸食可卡因的蜜蜂"说话"的速度越来越快，而且它们通常会夸大来源处的食物量。

说了这么多，这不是一种语言。它在时间和空间上都有位移，令人印象深刻。舞蹈具有令人印象深刻的时间和空间位移，也有符号——舞蹈并不是花蜜，也不像花蜜，却可以显示出花蜜在哪儿。蜜蜂无法想象出新的舞蹈。就像我在高中时只知道一种舞步一样，蜜蜂也只知道一种舞步，而这就是它们对舞蹈的全部知识。如果它们稍微改变一下，蜂群的其他成员将无法辨认。人类大脑中有 1 000 亿个神经元，而蜜蜂只有 100 万只。令人费解的是，当毛毛虫为自己结茧时，它并不知道自己在做什么，因为这些行为都是天生的，就像蜜蜂在跳舞时甚至不知道自己在做什么。

到目前为止,还没有找到与人类语言大部分基本特征相同的动物语言。但是猿类呢?我们都听说过它们可以用手语做什么的故事,但这是否意味着猿类有语言?

让我们从论点开始。据说某些类人猿——黑猩猩、大猩猩、倭黑猩猩和红毛猩猩——通常通过使用美国手语的变体来学习人类词汇。学习数百甚至数千个单词,据说它们以新奇的方式组合这些单词,展示了前面描述的语言的创造能力的特征。

一个著名的例子是可可(Koko),它是一只西部低地大猩猩,据说它学会了1 000种不同的符号,可以理解2 000个英语单词。有一个有名的事件:它曾经要求养一只小猫,它给这只猫取名叫"All Ball"。当猫死后,它的训练员弗朗辛·彭妮·帕特森(Francine Penny Patterson)告诉它这个消息时,Koko看起来想说:"我很难过,这个消息非常糟糕。"帕特森还报告说,可可表现出位移——谈论不存在的事物并且可以传递记忆。据说它还开玩笑并创造了词,例如称戒指(它不知道的词)为手指手镯。

对可可语言能力的批评表明,它不理解符号本身,而是习惯于将某些符号与某些结果联系起来。支持这一观点的是来自对名为坎兹(Kanzi)的会打手语的倭黑猩猩的观察。对坎兹来说,手语是一种交易行为,96%的手势用于功能性的目的,比如要求食物和玩具,只有4%是观察性的。批评者还指出,可可和其他手语类人猿从未展示过语法(语言的基本规则)或句法(单词使用和顺序的特定规则)。

此外,批评者声称,大多数类人猿语言的例子都是饲养者对意义的解读,这些解读投射到类人猿的手语上,就像宠物主人将人类的解读投射到宠物的行为上一样,例如"它认为自己是人"。当人们看到他们的宠物在做一些他们认为只有人类才能做的事情时，他们经常会说这句话。这或许说明了看护者通常是唯一可以为猿类翻译的人，因为他们非常了解这种动物。批评者声称，当可可弄错一个标志时，帕特森会说一些类似"别开玩笑了，可可"的话。帕特森以为大猩猩知道正确的答案，但只是不合作。在《大西洋月刊》（*Atlantic*）的一篇文章中，记者若克·莫林（Roc Morin）对可可进行了相当长时间的访问。在文章的结尾，他写道："没有办法知道它的行为有多少是有意为之，有多少是我自己或帕特森的投射。对于猿类语言研究，批评者对研究家自行选择如何解释猿类行为的指责始终伴随左右。"有一个例子：当另一只被认为是健谈的黑猩猩华秀（Washoe）看到一只白鹄并使用手语说"水鸟"时，它是在创造一个词吗？正如声称的那样？或者只是简单地表示它现在看到的两件事物，水和一只鸟？莫林接着补充说："然而，与它进行互动时，不禁感到我正在与另一个有自我意识的存在共处。"

但除此之外，批评者声称还有一系列更哲学的理由证明猿类所做的事情不能被称为"语言"。乔姆斯基说过，如果你能教猿类使用人类语言，你就能有效地反驳进化论。为什么？从科学角度来讲，猿类几乎不可能在数亿年的时间里以某种方式演化出语言能力，尽管猿类自己并不知道它们具备这种能力。换句话说，如果猿类将语言能力从未用于生存的目的，这种能力没有成为它们这种物种的优势，那么它无法演化，也无法在自然选择过程中发展。

乔姆斯基解释说："如果猿类具有这种非凡的能力（从演化角度来看，这种能力是人类在生物中取得了非凡成功的一个重要原因），那么猿类为什么没有使用这种能力呢？想象一下这种情况：人类真的会飞，但只有当有人来教他们时，他们才会意识到自己有这种能力。"

乔姆斯基认为猿类之间存在交流，但在教它们人类手语方面，他有这样的说法："将黑猩猩的智能视为它们的交流方式是对黑猩猩的一种侮辱。这就好像人类被教会模仿蜜蜂摆尾舞，然后研究人员会说，'哇，我们已经教会了人类交流'。"

事实上，在猿类使用语言的例子中，乔姆斯基进一步证明了语言能力是人类与生俱来的。人类儿童几乎毫不费力地学习语言、语法、句法和其他所有东西。而关于所有猿类（即使是最聪明的猿类）是否曾经创造出一句语法正确的句子的争论愈演愈烈。关于猿类使用符号的情况，我们可以宽容地说，它们可以被教会以非常基础的方式使用符号，但是没有任何猿类或其他动物发明过它们。

2014年一篇被广泛引用的题为《语言进化之谜》的论文中，来自麻省理工学院、哈佛和剑桥等机构的8位作者得出结论："迄今为止，动物的交流系统并没有展示出任何与我们的语音、语义和语法系统相似的东西，即使是对人工刺激（它有助于学习语言）的处理能力也非常有限，通常需要极大的训练努力。"

同样，耶鲁大学语言学家斯蒂芬·R.安德森（Stephen R. Anderson）也得出了类似的结论："没有证据表明任何其他动物能够掌握和使用具有人类语言核心特性的系统：一个离散的组合系统，基于递归、分层组织的句法和显示（至少）两个独立层次的系统结构，一个用于构成有意义的单位，另一个用于将它们组合成完整的信息。"

是否存在使用真正语言的动物？没有。但在你指责我物种歧视之前，让我指出，人类语言和思想是否是良好的长期生存特征尚不清楚。有人提出了费米悖论的解决方案——即对"为什么不是到处都有外星人"这个问题的答案。提出的解释是这样的：智慧导致技术的出现，技术增强能力，而智能物种（外星人）则利用这些能力迅速发展到破坏生态平衡的程度，取代了所有其他生物，并迅速导致自身的灭绝。从一个有利的角度来看，我们的智力和语言看起来像是某种实验，其结果尚不清楚。

第八节　觉醒是如何发生的

我们终于准备好解决"觉醒是如何发生的"这一问题。这是一个谜,有两个原因。首先是生物学的考古证据与我们能力之间的脱节。从生物学上讲,我们的大脑已经生长了很长一段时间——数百万年,但我们在考古记录中看到的能力一直保持平稳,直到最近,当我们的大脑停止生长时,它们突然呈指数级增长。其次,完全现代人类是奇迹,除了"奇迹",找不到更好的词来形容。我们的能力——复杂的语言、对过去和未来的知识、创造力、技术掌握、意识、元思维等远远超过任何其他生物,包括我们自己的祖先,以至于我们无法解释我们的能力。

我们是如何拥有所有这些超能力的?为什么我们有复杂的语言、关于未来和过去的知识、心智理论、连接因果链的能力?我们必须仔细观察才能看到动物身上这些能力的模糊影子,即使我们付出了巨大的努力,它们也无法被教会如何去做这些事,而我们生来就有这些能力。难道不应该至少有一些动物拥有我们能力的50%或10%吗?似乎没有一种动物能像人类一样做这些事情,哪怕只拥有我们人类能力的1%。

在写这本书的时候,我向妻子提到了这两个问题,她说:"让我猜猜。是外星人,不是吗?"第二天,我和我的文学经纪人进行了类似的谈话,他问:"这本书是关于外星人的吗?"当然,他们俩都在开玩笑,但这一切的深奥谜团几乎都在乞求一个戏剧性的答案。

觉醒的奥秘让我想起了《指环王》(*The Lord of the Rings*)中的一段话,其中,树胡①解释了树木是如何说话的:"精灵们是始作俑者,他们唤醒了树木,并学习了它们的树语。老辈的精灵们总是希望与一切事物交流。"这个解释也可以用来诠释我们。就好像老精灵们不知何故唤醒了一群猿猴。

觉醒似乎扑朔迷离,甚至可以用迷幻的感受作为解释。几十年前,民族植物学家和自称迷幻药倡导者的特伦斯·麦克纳(Terence Mckenna)提出了所谓的"迷幻猿人假说"的理论:随着我们的祖先在世界各地迁徙,他们不可避免地会遇到长满蘑菇的动物粪便堆,而他们吃了它们(当时可能觉得这是个好主意)。思维扩展的经验造就了我们今天的样子。这一理论最近被裸盖菇素真菌学家保罗·史塔曼兹(Paul Stamets)重新提出,他将其描述为"看起来非常合理的假设,它貌似有理有据地解释了灵长类为什么突然进化成为智人"。

尽管觉醒这个问题的知识面十分宽广,它涉及人类学、考古学、生物学、心理学、社会学、神经科学、宗教和哲学领域,但只

---

① 树胡(Treebeard)或法贡(Fangorn)是 J. R. R. 托尔金(J. R. R. Tolkien)奇幻小说中土大陆的一个虚构角色。他是最老的树人,树人是一种像树木的生物,又称为"牧树人"。树胡非常高大,树枝僵硬,有树皮的肤色及多叶的头发。他协助从半兽人部队逃出来的梅里雅达克·烈酒鹿(Merry)及皮瑞格林·图克(Pippin)。在梅里及皮平的影响下,树胡导致埃斯塔力(Istari)之首萨鲁曼(Saruman)堕落及被囚。树胡居住在法贡森林(Fangorn Forest),该地以他的名字来命名,或他以森林为名。在 J. R. R. 托尔金的奇幻小说世界中土大陆里,精灵是一类居住在阿尔达(Arda)里面的种族。精灵出现于《霍比特人历险记》和《魔戒》两部作品中,但精灵更加详细且曲折的历史则出现在《精灵宝钻》一书中。——译者注

有三种理论涵盖了所有非外星人的可能性：觉醒只发生一次，且在一个人身上，并从那里传播开来。觉醒通过某种平行进化方式在大约相同的时间发生在许多人身上或者在进化的时间内发生。

（一）"一个人，一次"理论

早些时候，我提出一些了问题："青铜时代的海狸在哪里？铁器时代的鬣蜥在哪里？工业化前的土拨鼠呢？"如果觉醒只是一个突发的基因意外，是一个亿万年才发生一次的事件，那么这种觉醒就是答案了。我们是中彩票的物种。这一切是怎么发生的呢？

进化通过个体的突变起作用，如果有益的话，它会传播给后代，然后传播到整个物种。正因如此，人们认为，生成语言的能力及随之而来的一切，一定曾经发生在某人身上。得到生成性语言能力的思维中的语言是一种益处。那个人没有可以交谈的人，但他可以用语言思考。他的思想有时态，他可以计划未来，以及其他所有的事情。几代之后，他们整个部落都获得了这种能力，他们用这种能力相互交流。这群人类成为我们所有人的始祖。

这可以称为乔姆斯基的立场，尽管他不是唯一的倡导者。正如他所解释的那样，根据经验证据，我们可以推测"大约在75 000年前，某个个体经历了一次小型的神经重构，因为这是唯一的可能性，而且那个个体有一个计算过程，它以某种方式与预先存在的概念结构相关联"。根据乔姆斯基的说法，这产生了"一种思想的语言。然后在某个地方它被外部化了，它可以在个人之间进行互动"。

乔姆斯基认为，在语言出现之后，在几万年的时间里，你会在考古记录中看到"创造性活动的突然爆发、复杂的社会组织、各种象征性行为、天文事件的记录等。这就是贾德·戴蒙所说的巨大飞跃。古人类学家普遍认为并且有理由认为它与语言的出现有关"。

戴蒙持相同观点。他指出，我们的 DNA 与尼安德特人的 DNA 几乎相同，但我们一定有一些"魔法效力"让我们变得不同。这个"魔法效力"是什么？他写道："像其他一些思考过这个问题的人一样，我只能想到一个合理的答案，使我们如此不同的是解剖学上的变异，它使复杂的口语成为可能。"或者，正如哈拉瑞所说："最公认的理论是，偶然的基因突变改变了智人大脑的内部连接，使他们能够以前所未有的方式思考，并使用一种全新的语言进行交流。"

虽然每种语言都有自己的单词和结构，但所有语言的核心实际上都是相同的。例如它们都有名词和动词。语言学家约瑟·格林伯格（Joseph Greenberg）确定了所有语言共有的 45 个特征，或者至少是他在研究中使用的 30 个特征。这意味着语言出现过一次性涌现，然后完全形成，从那时起就没有真正进化过。我们如何推断这一点？简单地说，并不存在原始语言。据我们所知，地球上剩下大约 200 个与世隔绝的民族，当我们偶尔与他们接触时，我们发现他们的语言与任何一种语言一样丰富和复杂。

所以，如果语言是完全形成的，那么它就伴随着符号思维、许多层次、创造能力和对象位移而出现。语言的这些元素既需要也支持各种形式的创造力，因为我们的抽象语言需要抽象的思想，反之亦然。发生这种情况的人是第一个完全现代人类。他或她将这种特质传给了后代，突然之间，似乎是在一瞬间，我们成了一个有创造力、有想象力的物种，有思想，有意识。我们创造了洞穴壁画，我们讲故事。我们的思维超越了时间，我们的大脑预见了事物。能够预见未来并为其制定计划让我们成为这个星球的主人。

第一章 故事：现代世界是如何形成的

批评者对"这一切同时发生"的想法表示不满，说进化不是这样运作的。在一篇名为《语言是如何进化的？》论文中，四位著名的院士直面这个问题。他们拒绝进化缓慢而渐进的观点，称这与"进化变化可以在短短几代内迅速发生的证据不符，比如加拉帕戈斯群岛上的雀喙的迅速进化，二战后昆虫对杀虫剂的抗药性的迅速进化，或者在食用乳制品社会中人类对乳糖的耐受性迅速发展，这只是众多例子中的几个"。

如果这个"一个人，一次"的理论是正确的，那么就意味着语言只进化了一次。这有证据吗？过去人们认为，几个语言家族是在完全孤立的情况下创建的，而我们的现代语言中的每一种都是从这些语言中的一个语系派生出来的。例如，在西班牙和法国部分地区使用的巴斯克语被认为与任何其他语言无关。一些巴斯克人认为他们的语言是亚当和夏娃在伊甸园说的语言。其他语言的起源也同样不透明，似乎完全是原创。但现在的证据表明，今天所说的所有语言实际上都来自同一种母语。该理论主要基于不同语言中同源词的突出性。同源词是在不同语言中具有相同含义和相似发音的单词。通常情况下，你可以粗略地学习一门你不懂的语言，因为你识别出一些与你自己的语言相似的单词。那些就是同源词。在一篇名为《过去的声音》的文章中，著名的语言学家梅里特·鲁伦（Merritt Ruhlen）写道："全球同源词数量庞大，导致一些语言学家得出结论，世界上所有的语言最终都属于一个单一的语系。"

如果是这样，就有可能弄清楚这种语言是在哪里创建的。例如，如果"猫"这个词在许多语言中是相似的，但"狗"这个词不相似，那么可以说母语来自一个有猫但没有狗的地方。通过这个推理，我们可以解释为什么"母亲"这个词在这么多语言中是相似的。这是因为，每个人都有母亲。通过研究数百个与天气、地理特征、植物、工具等相关的同源词，语言学家提供了几个母语起源的候选地点，其中许多位于欧亚大陆。

麻省理工学院语言学教授宫川繁（Shigeru Miyagawa）认为情况发展如下："一种思考方式是，大脑在超过100万年的时间里，一直在不断增长，然后大约在7.5万至10万年前的某个时刻，达到了一个临界点，大自然提供的所有资源在一次大爆炸中汇集在一起，语言几乎就以我们今天所知道的样子出现。"

乍一看，这似乎不太可能。进化从不提前筹划，它的时间范围是一代人。一个越来越复杂的大脑需要越来越多的卡路里支持。我们的大脑消耗大量能量，大约需要我们所有卡路里摄入量的25%，是黑猩猩大脑的两倍多。人类婴儿将近90%的卡路里用于为大脑提供能量，因此他们基本上只是一个带有消化道的巨型大脑。因此，培养我们的大脑需要付出高昂的代价，并且只有在它提供一些直接的生存优势时才会持续下去。这种优势不可能与我们今天所认为的"智能"相关联，否则我们会在考古记录中以高级文物的形式看到它。但是，如果我们更复杂的大脑除了让我们更聪明之外，还有其他生存益处呢？我们确实在记录中看到了三件事，它们与我们不断发展的大脑在时间上是一致的。我们更复杂的大脑可能：

1. 为我们提供了向移动目标投掷长矛的精神资源，这是一个需要大量计算的行为，即使在今天，这种计算也在我们心里无意识地进行。解剖学上的变化使我们有精确的上手投掷长矛的独特能力，与此同时，我们的大脑体积也在增大。

2. 鉴于我们拥有先进的社交技能，我们可以在更大的群体中生活和协同工作，我们在这方面做得比猿类要好得多。强有力的证据表明，这种趋势随着我们大脑的增长而增加。

3. 为复杂的机制提供动力，即使在工作数小时后也能保持体温稳定，这是人类的另一个独特属性。地球上任何动物在大热天跑马拉松的速度都不会比人类快——甚至马也做不到，因为我们通过一种复杂的排汗机制来冷却我们的身体。这给了我们一种新的捕食方式：我们只需要让猎物筋疲力尽。如果最后这种假设的大脑功能被证实是真实的，那么我们必须向亚里士多德致敬，因为他始终坚持认为大脑的存在是为了冷却血液。

为了让这些变化能够持续存在，我们的大脑增长必须取得一些成就，但这种额外的大脑增长可能需要一次微小的突变才能赋予我们超能力。波士顿大学的安德烈·维谢德斯基（Andrey Vyshedskiy）研究人类的想象力，他和他的同事发现，人类在年轻时，特别是在婴儿时，其前额叶皮层成熟之前——没有完全接触过语言的孩子永远无法进行一种称为前额叶综合的富有想象力的思维，即想象新奇事物的能力。为了解释世界上创造性思想的突然出现，他提出了罗穆卢斯和雷穆斯假说。它假设了一个人类有语言能力的世界，但他们的前额叶皮层在他们能说话之前就成熟了。这样的人会说话，但没有想象力。如果在两个孩子身上发生了一个简单的延迟前额叶皮层发育的突变，他们会在皮层完全发育之前学会说话，然后突然形成一种完全成熟的想象力，故事由此而来。

这种能力是否能够迅速传播到全球人类，让今天的考古学家认为人类几乎同时在全球各地获得了这种能力呢？很可能是这样。一种允许成年人继续消化乳糖的基因被认为在某些地区已经普遍存在了 5 000—10 000 年，而使人类能够产生更多红细胞的突变似乎只需要大约 3 000 年（就在现今的西藏高海拔地区普遍存在）。两者都迅速传播，因为它们赋予了拥有它们的人巨大的优势，而仅赋予微小好处的突变如果有的话，似乎传播得慢很多。例如，你仍然可以在沿途的遗传痕迹中看到古老的发展路线，这些遗传痕迹是为了某些在更广泛的世界中仍未流行的微小有利特征而留下的。人们可以自信地假设语音突变属于"戏剧优势"类别。

如果觉醒真的只发生在一个人身上，那么将创世纪视为圣典的三种宗教（基督教、伊斯兰教和犹太教）的大约 40 亿信徒可能会在创世的故事中看到相关描述，上帝"将生命的气息吹在他鼻孔里，他就成了有灵魂的活人"。该记述始于亚当和夏娃，他们在很大程度上像我们的猿类祖先一样生活：赤裸着身体，以野果为食，不从事农业。然后他们吃了知识树的果子，"他们俩的眼睛就明亮了，他们意识到自己是赤身裸体了"。之后，他们开始披上兽皮做的衣服，并繁衍后代，将人类的种族扩散到世界各地。

我相信觉醒可能是与一个人的一次性交易。但公平地说，还有两个理论值得倾听。

（二）许多人几乎同时发展语言能力

前一天我们还在使用 100 万年前的石器，第二天我们就开始在婆罗洲、法国、德国、中亚和澳大利亚等地的洞穴墙壁上绘画。我们没有任何科学依据来解释这是怎么发生的。我甚至不知道任何令人信服的伪科学解释。这就是关于当时发生的事情的考古记录。

在《母语：英语及其如何发展》(*The Mother Tongue: English and*

How It Got That Way）一书中，比尔·布莱森（Bill Bryson）评论说，我们不知道分散在世界各地的一群人是如何"几乎同时突然地、自发地发展语言能力的。就好像人们脑子里装着一个基因闹钟，它突然在世界各地响起，带领广泛分布在各大洲的不同群体创造语言"。

这种同步性不仅体现在语言上，也体现在技术上。农业似乎是由彼此无关的人们在相对较短的时间内，在多个地方发明的，例如在南美洲和南亚。写作似乎在 2 000 多年的时间里被发明了 4 次，完全独立。我们怎么知道呢？因为虽然所有人类语言的核心都非常相似，但当时发明的书写系统却没有任何共同之处。例如，埃及人使用字母拼写单词，而中国人使用大量符号来表示完整的文字或想法。

这种情况一直持续到现代。一篇名为《发明不可避免吗？》的论文引人注目，论文中列出了自 1922 年开始 148 项同时发生在世界各地的重大发明和发现。两个人在相隔仅 3 小时内申请了电话专利，4 个国家的思维科学家在同一年发现了太阳黑子，以及微积分的发明。

这是怎么发生的？我们无法轻易地回答这个问题。一般来说，相似的环境会产生相似的结果。类似的事情会导致觉醒吗？如果觉醒是一种生物事件而不是行为事件，那么如果不偏离我们对科学的了解，就很难看到这种情况的发生。但是，正如哈姆雷特所说："赫瑞修，天地间的事物比你的哲学想象要多得多。"推测性的解释没有尽头，这当然很可能是真的。仅举几例：觉醒可能涉及保罗·卡姆梅勒（Paul Kammerer）的连续性、卡尔·荣格（Carl Jung）的同步性、集体意识或詹姆斯·洛夫洛克（James Lovelock）

的盖亚假设[①]。

也许觉醒以某种方式被深深地编码在我们的 DNA 中。谁知道里面埋着什么？我完全期待有一天我们所谓的"垃圾 DNA"（几乎占据人类基因组的一半，但许多科学家都将它视作无用信息不予理睬）将被揭示为一段编码的 MP3，录音以"永不放弃你……"开始。言归正传，考虑一下帝王蝶以及它们长达 4 000 英里的往返迁徙。帝王蝶无法单独完成这段旅程，需要 5 代蝶群共同完成。但不论帝王蝶在哪里孵化，它都会履行自己的义务参与这一旅程。这怎么可能？我们不确定。帝王蝶似乎能够确定它们所在的纬度和经度，这是我们直到 18 世纪才掌握的技巧。此外，5 代帝王蝶中的 4 代，每一只蝴蝶寿命约为 6 周，但到达墨西哥，并在那里越冬后返回的一代蝶群寿命为 6 个月。这一切怎么可能？我们也不知道。可能是太阳在天空中的角度激活了基因，使这一代帝王蝶拥有反常的长寿。这些信息以某种方式编码在碱基对的某个地方。

（三）逐渐超过进化时间

最后一个理论是，没有觉醒突然发生的瞬间，我们的觉醒更像是一个夜猫子早上拖着身体起床，一边无神地看着墙壁，一边喝上一杯热咖啡，然后慢慢清醒，直到上午 11 点左右完全变成人类。这一观点的支持者认为，现代行为是在非洲各地不同地区的最早智人

[①] 盖亚假设（Gaia hypothesis）是由詹姆斯·洛夫洛克在 1972 年提出的一个假说——地球整个表面，包括所有生命（生物圈），构成一个自我调节的整体。简单地说，盖亚假说是指在生命与环境的相互作用之下，使得地球适合生命持续的生存与发展。——译者注

中缓慢进化而来的。他们指出,在非洲,我们发现了一些带有几何刻痕的贝壳,距今约为 70 000 年,甚至还有更古老的赭石——它们可能经过加热处理增强颜色,也可能被用作身体彩绘,用于装饰或驱蚊,距今可能长达 10 万年。支持这一观点的人看到了一系列迈向现代化的渐进步骤,他们认为这些步骤可以追溯到 25 万年前。这里有新技能,那里有新技术,等等。所有这些能力的集合似乎神奇地出现在 4 万年前的欧洲和亚洲,那是我们第一次发现欧洲和亚洲出现了智人的时间,因为这些完全现代人类刚刚从非洲到达那里。

(四)结论

毫无疑问,我们都是同一种人。1991 年,人类学家唐纳德·布朗(Donald Brown)写了一本名为《普世人性》(*Human Universals*)的书,书中列出了数百种"文化、社会、语言、行为和心理的特征,无一例外",也就是说其中每一个都具有普世性,这个列表很大。只需从英语字母"m"开头的短语中提取,例如魔法、婚姻、唯物主义、用餐时间、医学、隐喻、音乐和神话。

如果这些普遍性是独立演化的,那么布朗的那份详尽的列表便不具有普遍性了。因此,一个形象的比喻形成了:亚当或夏娃中了基因"头奖",将他们神奇的突变传播到他们的部落,随着时间的推移,他们发展了所有这些普遍性,然后迅速传播到世界各地,取代了我们属中的所有其他物种:尼安德特人、神秘的丹尼索瓦人、像霍比特人一样的弗洛雷斯人,也许还有一些挥之不去的直立人。完全现代人类将势不可当。这就是人类的来历,这就是我们。

第九节　我们告诉自己的故事

在我们叙述人类历史的部分时，我们谈到那时的人类已经拥有了语言，但还不曾拥有故事。故事是叙事结构，其中有意义的相关事件序列随着时间的推移而展开。因此，故事是由语言构成的，故事需要语言。然而，你可能会提出疑问："等等！那无声电影呢？或者那些试图逃离无形盒子的默剧演员呢？"这些故事也需要语言。只不过他们存在于你的内心之中，表面看不到而已。当你观看这些内容时，你的思想会提供叙述。在日本无声电影时代，被称为"弁士"①的表演者会解析屏幕上的动作，实质上是在表达观众的想法。回想一下海伦·凯勒所说的，她在老师到来之前，在认识语言之前的生活：没有时间，没有离散事件，没有因果关系。在那种精神状态下，讲故事是不可能的。

早些时候，我们研究了语言的主要作用不是交流而是思考。故事也是如此。故事的真正目的是精神上的。正如马克·特纳（Mark Turner）在《文学心智》（*The Literary Mind*）中所写："叙事想象，也就是故事，是思想的基本工具。理性能力取决于它。它是我们展望未来、预测、计划和解释的主要手段。它是人类普遍认知中不可缺少的一种文学能力。"

---

① 弁士，电影解说员。在日本无声电影时期，弁士是负责解说电影故事剧情的一类电影工作者。——译者注

第一章 故事：现代世界是如何形成的

这些心理故事的对应物就是我所说的"讲述故事"，它们是在心理故事之后出现的。稍后我们将更详细地讨论故事，但现在，当提到故事时，首先要考虑的是发生在脑海中的故事，而不是在篝火旁讲述的故事。我们很快就会讨论那些需要聚集在篝火旁的故事。

在我们脑海中的故事里，我们自己通常是主角，在这些故事中，我们面临一个我们想要克服的问题。它可以很简单，例如处理繁忙的工作，也可以很复杂，例如计划出国度假。你如果发现自己在一个游戏节目中，需要做决定：是应该接受10万美元的"稳操胜券"，还是应该为了获得100万美元的奖金而冒险，你很快就会告诉自己三个故事。第一个是你拿下确定的奖金，另一个是你去冒险争取大奖并获胜，最后一个是你选择冒险，但最终却输了。你在脑海中比较这些故事并做出决定。

故事必须遵循一定的规则，否则就会变得不连贯。主角，无论是个人还是团体，都有一个目标。事件的发生来自主角的行为或外部力量的行为。这些事件直接导致接下来的事件，直到故事结束。故事中包含着关于什么样的行为是好的、应该被首选的、可取的或道德的假设，以及什么样的行为不是好的、不道德的假设。所以所有的故事——即使是最平凡的——都是建立在某种价值观之上的。此外，故事是关于有意义的事物的变化。它们有情节、背景和最终的解决方案，这是故事的自然结局。正如马克·吐温所说："一个故事会有所成就并到达某个地方。"

想象一下，你在交通拥堵的情况下驾驶，前方发生了事故。你想改变车道，以便能够退出并返回回家的路。你为此所做的努力是一个故事，你甚至可以在回家后向你的妻子讲述。这个故事具有上一段中提到的所有元素。这个故事稍微修饰一下，是这样的：从前,一位英勇的王子骑着他忠实的战马,发现返回城堡的路被一条喷火龙挡住了。他快速思考,想起了附近有一条小时候巫师向他展示过的秘密通道,他沿着秘密通道回到了他美丽的公主身边,向她讲述了这一天的冒险。

我们每天都给自己讲成百上千个这样的故事。不是盛装的版本,而是简单、单调的版本。故事是我们思考的方式。假设你在厨房里饿了。你浏览食品储藏室,快速考虑多个选项。对于每一个选项,你会迅速告诉自己一个非常简单的故事。首先,你看到一碗汤。你想想你会如何加热它,用炉灶还是微波炉?接着,你想象喝还是不喝,喝多少。你有喝汤的心情吗?之后,想起你的腰围,你问自己汤是否会让你增肥,你是否想把你"放纵日"的卡路里消耗在汤上。最后你问自己有没有饼干可以加到汤里。你记得你上周把所有的饼干都吃光了,没有饼干的汤对你没有吸引力,所以你把目光转向下一种食物。你只是给自己讲了一个心理故事。然后还有第二个和第三个,伍尔夫牌辣椒的故事。我知道这听起来没什么大不了的,因为它非常轻松,整个过程只需要几秒钟。当然,史蒂文·斯皮尔伯格(Steven Spielberg)不会选择制作一部由汤姆·汉克斯(Tom Hanks)主演的关于你在食品储藏室沉思的电影,但地球上没有其他任何事物可以做到这一点,而这种看似微不足道的能力是我们物种成功的基础。每天一万亿次,人类都在计划着未来。随着时间的推移,把这些未来的计划结合起来,这就构成了我们的世界了。

这些简单的心理故事使我们能够日复一日地生活。它们全天充斥着我们的思想,将过去与未来无缝连接,让我们能够不断预测未来的每时每刻。我们可以在不同的时间尺度上进行,从考虑接下来的几秒钟一直到几个世纪，正如格言中所反映的那样："当老人种植他们知道永远不会坐在树荫下的树木时，社会就会变得伟大。"

以这种方式思考的能力诞生于觉醒，是让我们与众不同的东西。正如凯斯西储大学认知科学教授默林·唐纳德（Merlin Donald）所写：

> 神话是原型的、基本的、综合的思维工具，它试图将各种事件整合到一个时间和因果框架里……因此，必须考虑一种可能性，即人类最初的适应不是作为语言本身，而是整合的、原始神话的思维。

唐纳德说，大脑的主要工作是通过时间整合相关事件的序列，即故事。我们的大脑很适合在叙事中思考。社会心理学家和作家乔纳森·海特（Jonathan Haidt）简洁地说："人类的大脑是一个故事处理器，而不是一个逻辑处理器。"这可以解释为什么与计算机相比，我们人类在量化方面的所有事情都是出了名的差，并且在逻辑上会犯各种错误，但我们对故事有天生的把握能力。

第十节　什么是故事

对于我们自己讲述的那些复杂的心理故事而言，语言是必要但不是唯一的要素。制作故事还有三个额外的要求。首先，有过去和未来的概念，即以时态思考的能力；其次，对他人思想的理解——世界上的每个生物都有不同的知识、信仰和目标；最后，将一系列有意义的相关事件连接成因果链的能力。让我们看看这些。

（一）未来与过去

之前，我提到所有语言都表现出位移。语言可以指不在附近的事物，这包括其他地方和其他时间点。对于动物语言来说，这是一个很高的障碍，很少有动物语言能做到。但是人类以故事所需的方式将这个想法进一步发展。我们能做的就是把过去当作过去，把未来当作未来。我们确切地了解未来和过去是什么，我们知道有些事件刚刚发生，有些发生在此之前，有些甚至发生得更早。未来也一样。我们感知时间线。我们进行心理时间旅行的能力几乎万能，我们甚至可以递归式地思考时间。我们可以做出这样的陈述："昨天我预测到今天这个时候我会完成明天必须提交的项目。"

语言难以处理诸如时间之类的抽象概念，因此在描述它们时，将通过采用隐喻来弥补。对于时间，我们使用空间参照，例如截止日期遥遥无期，过去在追赶我们。时间可以飞逝，可以拖延，也可以静止。通常，未来在我们面前，过去在我们身后。对于安第斯山脉的艾马拉人来说，情况正好相反，未来已经落后。为什么？因为你有过去的知识，所以它就在你可以看到的前面。未知的未来在我们身后。

试想一下，如果我们不能感知时间会怎样？想象一下，我们的思想里没有时间的概念，在这样的世界里我们甚至不会思考当下，其实我们完全不考虑时间，我们存在的方式就像室内的植物或细菌存在一样。这很困难，我肯定做不到，但地球上大多数生物就是这样思考时间的，而人类却一直在思考过去和未来。

无论是心理的还是讲述出来的故事总是关于过去或未来，它们必须是。当下这个时间段是微不足道的，神经科学研究证明，我们知道的"现在"持续2.5—3秒，然后成为"过去"。连1秒之后会发生的"未来"对我们来说，都是模糊不清的。你真的可以感觉到现在正溜进过去：下次有人和你说话时，注意他们在过去几秒钟说的话是如何具有真实性和深度性的，这是他们在5秒钟前说的话所缺乏的。

用意识流、现在时态描述你在那3秒钟内的行为并不是一个故事，因为这些事件本身并没有有意义的关联。这就是一个没有时间的生物必须体验这个世界的方式。人类学家托克·汤普森（Tok Thompson）在他的论文《捕捉时间的猿》中巧妙地阐述了这一点。他说，虽然人类可能是唯一的故事讲述者，但他们并不是当前唯一的叙述者。为了支持这一点，他举了猫鼬的例子，猫鼬放哨以警惕危险。他写道，哨兵有"复杂的、社会知识渊博的、与群体不同的呼叫方式，用来宣布靠近的掠食者，以及一旦危险过去就发出'解除警报'的信号。任何猫鼬语言的翻译都会是'狮子，遥远的。狮子走近了。跑！……现在又安全了'"。

叙述现在与设想过去和未来之间的区别是至关重要的。汤普森解释说："能够警告即将到来的狮子是一回事。能够讨论过去发生或将来可能发生的狮子袭击事件是另一回事。"

你可能会认为猫鼬讲述了一个有开头、中间和结尾的故事。许多《迪克和简》(*Dick and Jane*)的书籍情节更简单。但是猫鼬没有讲故事。是你把它变成一个故事。你将事件视为因果关系，并插入了时间线。猫鼬只是在喃喃自语它实时看到的东西。我们暂时假设猫鼬的语言中有几十个不同的"词汇"。然后，猫鼬可能会做出这一系列的陈述，"饥饿的、饥肠辘辘的、巨响、危险、奇怪的气味、困、热的、找水、熟了的果实"。某一次，猫鼬不走运，摊上了麻烦，一个故事就这样诞生了。

想想我们内心的独白有多么不同。一个面临将汽车从雪堆里刨出来的挑战的人会告诉自己一系列关于未来的故事，每个故事都涉及不同的策略和场景来摆脱当下的困境，"我可以打电话给某某某，但他们需要很长时间才能到达这里；或者我可以打电话给我的姐夫，他的卡车上有一个绞车，但他会一直叫我傻瓜；我想我最好的选择是将汽油倒在车上，点燃，然后头也不回地走开"。同时，处于相同情况的猫鼬会想："雪堆里的汽车，推车，拉车，雪堆里的车。"我们的思想超越时间这一事实是我们主宰地球的主要原因之一。我们想象关于未来的故事，然后实现它们。

动物会考虑未来和过去吗？有人可能会认为它们会考虑，因为有些动物会为冬季储藏食物，或者在寒冷的天气到来之前飞往南方。但这些行为是动物与生俱来的，而不是它们应对气象的技能和谨慎的远见。然而，动物确实表现出时间思维的其他迹象。当狗主人从抽屉里拉出遛狗绳时，它会兴奋地蹦蹦跳跳，因为它知道马上就要散步了。但这可能不是对未来本身的想法，更像是狗脑子里的条件反射。至于狗似乎知道主人按时回家或吃晚餐，这可能不是对时间的高级掌握，而是更多地掌握昼夜节律振荡器的作用，也就是狗体验到的神经活动以及激素在纯粹的斯金纳理论[①]意义上与不同的正向强化相关联。这些东西看起来就像是对时间的理解，因为我们就是这么想的。

我记得，小时候我在农场长大，有时需要穿过一片田野，那里住着一头特别凶恶的公牛。公牛比我跑得快，但我总觉得它不会预测，这让我感到安慰。当我跑过那片田野时，公牛总是会向我现在的位置冲锋，随着我的位置变化，不断地修正路线，所以它会沿着弧线向我跑来，而不是直接朝着我要去的地方跑。尽管比公牛慢，但我总是会赢得那场比赛。

一些实验表明，乌鸦可以为未来做计划。在一项实验中，乌鸦可以用蓝色的瓶盖换取人们手中美味的食物，无论你怎么看，这对乌鸦来说都是一笔非常划算的交易。当提供一盘诱人的食物时，乌鸦大部分时间都会上交瓶盖，即使与之交易的人并不在场。这是对未来的规划吗？看起来像，因为这是我们的想法，但有些人认为事实并非如此，乌鸦只是对瓶盖产生了偏好。正如鸦科研究员珍妮弗·冯克（Jennifer Vonk）所说："目前尚不清楚这种优先选择是否

[①] 美国著名心理学家伯尔赫斯·弗雷德里克·斯金纳（Burrhus Frederic Skinner）经过对人和动物的学习进行的长期实验研究，提出了强化理论，又叫"操作条件反射理论"。他所倡导的强化理论是以学习的强化原则为基础的关于理解和修正人的行为的一种学说。——译者注

反映了未来的规划。"

但越来越多的研究似乎表明,一些动物可以为不久的将来做计划。一项研究表明,灌木松鸦会在第二天空置的笼子中存储食物。也就是说,灌木松鸦觉得自己第二天会被送往某个笼子,它们目前看见那个笼子里没有食物,所以它们今天会把食物提前放在那里。海豚,它们似乎能够为几个小时后的预期事件做好计划。还有一个关于类人猿计划能力的特别引人注目的故事。设置是这样的:有一个装有可见食物的装置,只能用某种工具打开。当猩猩带着装置进入房间时,工具不见了。后来,工具还在那里,但装置被移除了。然后,装置又回来了,但工具又不见了。猩猩们在离开房间时很快学会了拿起工具,这样下次装置在那里时,梦寐以求的葡萄就属于它们了。即使有多种工具散布在各处,它们也会使用稍后打开装置的特定工具。

但在所有的情况下,技能似乎都是有限的,而且它们的时间距离总是很短。这些动物都不会把钱存入个人退休账户。我们将这些动物的能力与负责建造罗马圣彼得大教堂的人的能力进行比较。出于艺术品耐久性的考虑,人们决定教堂中的大部分艺术品都采用镶嵌的画而不进行绘画。订购镶嵌画所需的玻璃瓷砖时,监工要求工匠们每种颜色都多置办 10%,以便供应未来几个世纪内不可避免的维修。今天,足够的瓷砖可以再使用 1 000 年左右。瑞典王室在 1830 年仍然因在拿破仑战争中的海军损失而痛心不已,在维辛索岛上种植了 30 万棵橡树,这些橡树需要 150 年才能成熟,才能为他们认为在 1980 年需要的舰队提供木材。当然,他们并不需要它,树木仍然在那里,但瑞典人计划了一个他们预料的未来,超出了他们的曾孙辈的寿命。

与此同时，在一项研究中，当让猴子在一根或两根香蕉之间做出选择时，它们会选择两根。谁不会呢？但是当反复提供几个或多个之间的选择时，它们最终不再关心这些香蕉。它们吃饱了，要不要香蕉有什么关系？这表明它们没有计划饥饿时间的能力。

心理学教授威廉·罗伯茨（William Roberts）在他的论文《动物被时间困住了吗？》中询问长期以来关于动物没有时间感的假设是否正确，并得出结论：卡在时间上的假设在很大程度上得到了现代证据的支持。例如上面引用的那些，但他指出，如果动物被困在时间上，那么人类和动物就会有很大的不同。正如他所说："人类不仅可以在精神上从当前时刻向后或向前旅行，而且还可以在过去或未来的不同时间思考他们对过去和现在的认知是什么，或者将会是什么。这种认知的时间灵活性与没有时间感的生物有很大的不同。"

对特定事件的记忆称为"情景记忆"。我们拥有它的全部原因必须是为未来计划，因为很难看到它有任何其他用途。如果回忆过去不能帮助一个人在未来生存和发展，那么回忆又有什么好处呢？当失忆症患者失去对过去的记忆时，他们通常会失去想象未来的能力。人类大约在4岁才开始拥有形成情景记忆这种能力。如果你患了类似阿尔茨海默病这样的疾病，那么你首先就会忘记情景记忆。但是程序性记忆，也就是关于如何做事的记忆，出现得更早，并且保持得更久。狗坐下，不是因为它记得被教过如何坐下，而是因为它已经成为一种程序性记忆。动物是否具有情景记忆，即对特定过去的记忆，从而具有想象特定未来的能力？如果有，它也是微乎其微。

除此之外，动物的情景记忆还有一个额外的限制。默林·唐纳德指出，虽然人类很难掌握，但事实是"动物无法自愿访问自己的记忆库……除了对当前或过去的环境做出反应外，它们无法'思考'……只有人类才能自行启动对记忆的访问，或者所谓的'自动记忆'"。

如果你仔细想想，动物没有理由能够思考过去或未来。这两件事实际上都不存在。过去或未来是抽象的想法，而不是物理现实。我们可以思考它们是我们许多神奇的才能之一，我们没有注意到这项才能，因为它来得太容易了。

（二）多个观点

故事的下一个要求是了解其他人的思想——理解每个生物都知道、相信和想要的东西与你不同。这是必要的，原因有两个。首先，对于讲过的故事，如果每个人都知道、相信并想要所有完全相同的东西，那么就真的不需要讲故事了。这就像讲一个每个人都听过100遍的笑话。其次，在心理故事中，承认戏剧中的不同演员有不同的动机和知识也是必不可少的。在之前导航交通的例子中，心理故事中为表明假设是其他司机也有自己的目标，同时不知道你的目标。

这种关于其他思维的知识有几个不同的名称，包括心智理论（ToM）、心理状态归因、思维阅读、观点采择和心理化。在大多数情况下，为了简洁起见，我将使用"ToM"这个词。

人类在几岁开始开发ToM？这实际上是一件很容易测试的事情。你把一个孩子放在一间房里，然后让她的爸爸走进房间，把一个玩具放在抽屉里。片刻之后，让她妈妈进来，打开抽屉，把玩具放在房间的其他地方，比如盒子里。然后你问孩子："你爸爸认为玩具在哪里？"如果她回答"在抽屉里"，那么表明孩子明白，虽然她知道物品在盒子里，但她的父亲不知道。

直到最近，人们普遍认为，这种能力在人类四五岁时发展，并以一定的顺序发生，从知道其他人有不同的目标开始，一直到理解人们可能隐藏自己的目标。后来它变成对讽刺、夸张和比喻语的意识。但随着前面讨论的语言与生俱来的观点的兴起，科学家开始怀疑其他人的知识是否也是与生俱来的。以前，人们认为孩子是通过学习才知道他们除了自己以外还有其他的思维。但是，如果这种能力是我们与生俱来的东西呢？

科学家已经对越来越小的孩子进行了许多实验，甚至在他们学会说话之前。使用面部表情和眼神跟踪代替语言，科学家试图重新创建这个实验的变体。匈牙利的一项研究表明，7个月大的婴儿具有其他思想的知识。设置是这样的：他们向婴儿展示了4部电影中的一部：其中包括一个滚动球、一个矩形和一个类似蓝精灵的生物。蓝精灵认为球在矩形后面，而婴儿知道球不在那里，婴儿一直盯着这部电影看，这表明至少在一定程度上婴儿对蓝精灵不知道球不在那里的事实感到惊讶。

动物呢？它们有 ToM 吗？毫不奇怪，在这个问题上几乎没有共识，因为对于某些动物行为的含义有不同的解释。例如，赛·蒙哥马利（Sy Montgomery）在她的《老虎的咒语》（*Spell of the Tiger*）一书中讲述了20世纪80年代一个村庄被食人老虎蹂躏的真实故事。意识到老虎总是从背后袭击人，有人想出了让人们在脑后戴上类似人类的服装面具的想法。我阅读的资料中没有具体说明他们使用了哪种面具，但我喜欢将它们想象成理查德·尼克松（Richard Nixon）的面具。该计划非常有效：老虎不再对他们进行攻击，因为要么是农民，要么是尼克松总统一直朝老虎的方向看。许多村民报告说被老虎跟踪了几个小时，老虎甚至对人类从未转身感到沮丧。6个月来，2 500名戴面具的人都没有受到袭击。但随后，老虎们最终发现发生了什么，并重新开始从背后袭击。

你如何解读这个故事？老虎不攻击盯着它的人，是因为它知道那个人在看它，还是数百万年的自然选择已经将这种从背后攻击的行为编码到了老虎的DNA中？

动物是否有ToM的问题已被广泛研究，但是动物不使用语言这一事实表明我们需要一种不同的方法来解决这个问题。其中一项实验设定试图探究动物是否能够判断其他动物能够看见和不能看见的事物。如果他们意识到其他动物看不到他们可以清楚看到的东西，他们必须了解其他动物的知识与他们不同。一些动物通过了这些测试，比如猿类在这些测试上做得很好。

然而，还有另一种设置让猿类沮丧。其中，猿类看到一个人将食物放在被屏幕遮挡的几个容器中的某一个。然后第二个人进入。每个人都指向一个不同的容器。然后猿类会走向它看到的藏食物的人所指的那里吗？它没有，这表明它不明白一个人知道另一个人不知道的事实。

或者很可能是猿类没有得到指示？就像几乎所有其他动物一样，当我们指向或看其他物体时，它们似乎无法分辨出这意味着什么。后一部分，也是我们正在研究的或看向的对象，特别有趣。与猿类不同，人类有大量的巩膜，即眼睛的白色部分。这是为什么？2002年，小林宽美和幸岛司郎提出了"合作眼假说"[①]。它指出，我

[①] "合作眼假说"（cooperative eye hypothesis）是对人眼外观提出的解释。它表明，眼睛独特的可见特征已经进化，使人类在交流或共同完成任务时更容易跟随他人的目光。——译者注

们的眼睛里有那么多白色，我们可以很容易地分辨出其他人在看什么。我们做到这一点的能力令人惊叹：从房间的另一头，你可以分辨出是否有人在看你的脸或读你 T 恤上的俏皮话。该假说认为，随着人类物种的交流增加，我们眼睛的白色部分（巩膜）变得更加重要，因此成为自然选择的对象。猿类之间不是特别合作，因此从未发展出这种属性。

狗的心智能力是一个更有趣的例子。4 万年来，我们一直在养狗，因为它们能够知道我们想让它们做什么。能够准确解读人类欲望的狗成为有价值的助手，而那些无法准确解读人类欲望的狗则成了美餐。这相当于从基因库中剔除了 1 万多代愚蠢的犬科动物，这远远超过了自然选择发挥其魔力的时间。我们之所以知道这一点，是因为遗传学家德米特里·别利亚耶夫（Dmitry Belyayev）在短短 40 代内就完全驯化了狐狸，而显著的驯化发生在仅仅 6 代之后。

由于历史悠久，狗与人有着独特的关系。一项研究发现，大多数美国人，如果他们的狗不喜欢他们的伴侣，他们会结束一段恋爱关系。这与美国婚姻律师学会的一项调查结果一致，即 96% 的宠物监护纠纷是关于狗的，而只有 1% 是关于猫的。直到最近，法律上认为狗是财产，因此可能被偷盗，而猫，只是待在住宅内。你知道哈欠是如何在人与人之间传染的吗？下次你靠近狗时，打一个哈欠，往往狗也会跟着打哈欠。这意味着狗至少在一定程度上存在同理心。

一个令人信服的案例可以证明狗是有心智的。首先，它们在动物王国中是独一无二的，它们可以毫不费力地分辨出我们所指的东西，并且会朝那个方向看（一些研究表明猫也可以这样做，但只是选择不这样做。是的，这听起来像个笑话，但并不是）。此外，一只狗被放在主人禁止食用的食物前面，当主人面对它时，它会遵守禁令，当主人背过身时，它便不会遵守禁令。这表明狗知道人类什么时候可以观察，什么时候不能观察。

狗通过了另一个 ToM 测试。想象一下：一个房间里有两个狗玩具。人类向狗发出命令，例如"宝贝，去把它拿给我"。狗会拿什么玩具？一项研究表明，如果狗感觉人类只能看到一个玩具，它就会选择那个，而如果人类能看到两个玩具，则狗狗的选择是随机的。

但批评者认为，这并不意味着动物知道你的精神状态，而这些只是后天习得的行为。他们对上述例子的解释（一些研究似乎支持）可能是这样的：

看，大多数情况下，狗只能在与主人一起生活的家庭环境中进行这些活动，而且它们所展示的能力并不能真正移植到其他应用程序中，这表明狗狗展示的能力不是一种通用能力；相反，它们是狗狗在与你一起生活的过程中学到的聪明技巧。在"两个玩具"的例子中，如果你把狗带到森林里，换成用两个松果试一试，狗就不知道该怎么做了。关于狗等你背过身才去偷吃食物，这也是学会的行为。如果你用其他东西挡住你的视力重复这个实验，比如在你的眼睛上盖一条红色的头巾，狗不会知道你看不到它。最后，一只狗能够辨别你在看什么并采取相应的行动，这并不意味着它知道你在想什么，而是说，它已经学会了眼睛做某动作之后，狗应该做相应动作。你可以训练一只狗，让它根据你的手势做不同的事情，但这并不意味着狗有思想或观点。

暗示 ToM 的动物行为的一个有趣方面是，动物与同类的其他动物玩游戏，这些动物经常模仿狩猎或打斗。它们不是真的在打架，它们知道其他参与者也知道它们不是真的在打架。事实上，圈养动物会与通常不会接触到的其他物种的动物以及人类一起玩耍，在自然栖息地中，这种特征可能长期以来无法被选择成为一种遗传特征。

也许最能说明动物真正能力的是一个非常惊人的事实：从来没有动物问过问题。可以学习数百甚至数千个符号的猿类也从来没有问过一个问题——从未有过。这一事实可以被解释为动物不认为我们知道它不知道的事情。向他人提问意味着一种心理理论[①]。

动物无法提出问题的事实是惊人的，因为人类，尤其是人类儿童，总是有问不完的问题。哈佛大学教育学教授保罗·哈里斯（Paul Harris）估计，在 2 岁到 5 岁之间，经常与看护人互动的孩子会提出 4 万个问题。哈里斯接着描述了这些问题，并指出"大约 70% 的问题是在寻求信息，而不是诸如征求许可之类的事情。然后，当你查看这些问题时，它们中的 20% 到 25% 超越了对简单事实的询问，比如：'我的袜子在哪里？'孩子会提出一些寻求解释的问题，比如：'为什么我的哥哥在哭？'"也就是说，这些问题的答案都是故事。

通过对多种观点的理解，人类能够在他们的心理故事中组织各种角色的目标，并将其用作制定计划的框架，就像社交名流在晚宴上分配地点设置的方式一样。"我们不能让主教坐在市长旁边，因为市长讨厌有组织的宗教。让主教坐在最近失去心爱的北京犬的公

---

① 可能有一个例外。一只名叫亚历克斯的灰鹦鹉看到镜子里的自己后，问主人这是什么颜色，但仅此而已。——作者注

爵夫人旁边，这样他就可以安慰她。"这样安排事件的能力对我们来说似乎很自然，显得毫不起眼。但这种能力对我们来说是独一无二的，其中可能隐藏着人类意识的根源。意识成为你的体验。温度计可以测量温度，但感觉不到温暖。那种感觉，那种经历，是一个巨大的谜。我们不知道意识是如何产生的，它的目的是什么，甚至根本不知道人类如何能够体验任何东西。这是一个伟大的科学问题，我们不知道如何科学地提出问题，更不知道答案会是什么。

可能只是我们识别其他思想的能力创造了我们脑海中的内在对话。我们想："嗯，我知道这一点，但她知道那一点。"然后想象成为她的感觉。这反过来可能会产生同理心，即对他人痛苦或快乐的抽象体验。我并不将其作为一种意识理论来提出，因为这个理论仍然是含糊的，但也许我们对他人的思想与我们自己不同的理解可能会让我们走上通往意识的道路。

（三）因果链

这将我们带到了故事的第三个也是最后一个要求：理解因果链（无论是讲述的还是心理的）。

想想这个短篇故事："在一个遥远的城市，鸡蛋的价格上涨了5美分，狗大声吠叫。鲍勃想知道苏珊是否知道蓝色是他最喜欢的颜色。然后坦帕的电网中断了几分钟。吉尔慢慢摇了摇头，决定不参加塔可星期二[①]。"

好吧，这个故事美极了，难怪我的小说从来没有出版过。这个

---

① 塔可星期二（Taco Tuesday），网络流行语，意思就是周二吃墨西哥饼。——译者注

故事读起来几乎是痛苦的，因为你的大脑很难理解所有这些事情是怎么关联起来的。而人类大脑所做的就是将事件拼接成因果链，编织故事。

可以依照顺序串联在一起的因果事件的数量没有限制，我们跟踪这些事件的能力也没有限制。《指环王》三部曲和《哈利·波特》（*Harry Potter*）系列大量内容表明，我们可以毫不费力地记住一长串相互交织的事件。你可能不会定期重读《杰克和魔豆》（*Jack and the Beanstalk*），但可能仍然会重述因果关系：贫困家庭需要钱，让杰克去卖牛，杰克用牛换来5颗魔豆，愤怒的父母把豆子扔出窗外，等等。

我们的大脑可以无止境地做这件事，这一事实使我们在这个星球上独一无二。你也许可以训练你的狗从冰箱里给你拿啤酒，这涉及几个正确排序的步骤，但我们将成百上千的东西排列在一起的能力是无与伦比的。甚至语音本身也证明了这一点：你说出的每一句话都是按照一定的顺序排列单词以赋予特定含义的练习。我们的大脑似乎不可思议地做到了这一点。为什么这种能力如此重要？

你可以背诵字母表，但是倒着背，很难。你可能知道 do—re—mi 音阶中的 8 个音符，但你能把它们反着列出来吗？我们大多数人只有在脑海中将它们正向说几次才能尝试反向背诵，这表明它们以某种顺序存储并且只能按该顺序访问。这无疑是最好的。如果你对事件序列的回忆是随机的，并且必须在脑中进行排序，那么将会变得非常烦琐。

这两个事实（大多数故事都以时间顺序讲述，以及大脑在记忆时是按顺序进行连接的）是相互交织的，当这与我们对未来存在的认识相结合时，它赋予了我们终极的超能力：我们可以预测将来会发生什么。

我们整天都在不断地这样做。事实上，很难不预测未来。如果你和一个说话慢的人聊天，通常很难抑制想要帮他说完＿＿＿＿的冲动。看到了吗？你可能忍不住要填补那个空白。丹尼尔·吉尔伯特（Daniel Gilbert）在他的《幸福的绊脚石》(*Stumbling on Happiness*) 一书中毫不夸张地指出："对我们大多数人来说，思考未来并不困难，因为对未来的心理模拟会定期且不由自主地进入我们的意识，占据我们心理生活的每一个角落。"在《如何创造思想》(*How to Create a Mind*) 中，雷·库兹维尔（Ray Kurzweil）强调了这一点，他说："我们不断地预测未来并假设我们将经历什么。这种预想会影响我们实际感知的内容，预测未来实际上是我们拥有大脑的主要原因。"

先前思想的延续和重复是我们拥有大脑的主要原因。这是相当复杂的东西，但我认为它是正确的。哲学家丹尼尔·丹尼特（Daniel Dennett）证明了这个想法："学习取决于能够从过去提取信息并将其应用于未来。所有的生活都是利用过去来指导现在或预测未来。"

我们从很小的时候就开始预测未来，也许我们生来就会预测未来。如果你放开一个球，而它悬在空中未曾掉下来。对于这一现象，只有几个月大的婴儿才会感到惊讶。因为他猜测它会掉下来，但实际上并没有。其他研究表明，当水的预期行为（例如能够通过屏幕倒出）没有发生时，婴儿会明显难以置信地盯着看。

威尔·司铎（Will Storr）在他的《讲故事的科学》(*The Science of Storytelling*) 一书中指出，我们不只是试图预测未来，我们还试图理解为什么事情会以这种方式发生。他回忆了一项实验，其中用重物对木块进行了修改，使它们以奇怪的方式表现。之前的实验主体是孩子，后来的实验主体是黑猩猩，孩子们与黑猩猩都玩耍修改过的木块，游戏中会注意到木块以奇怪的方式表现。"大多数3到5岁的人类都会好奇地检查他们的木块，试图找出这些意外行为的原因。在同一个实验中，没有一只黑猩猩做到。"教育学教授保罗·哈里斯曾说过，人类，"探索事物的方式和原因，有时是顽强的，即使它没有产生切实的回报"。

这在很大程度上解释了为什么我们不仅发展了科学，还发展了想象力本身。丹尼尔·吉尔伯特写到这个话题时充满了诗意，"但是想象……啊，想象意味着去体验这个世界所没有的和从未存在过的样子，并且体验这个世界可能存在的样子，人类大脑最伟大的成就是它能够想象现实领域中不存在的物体和情节"。

在日常工作中，我们主要使用这些能力来制定未来计划。我们利用大脑中以故事形式保存的大量情景记忆库来制定计划。计划本身就是关于未来行动可能结果的假设故事。因此，我们用过去的故事来告诉自己关于未来可能的故事。我们在这里所做的似乎与动物所做的完全不同。做饭时我的手被烫伤过很多次。我不记得每次具体的过程，但我记得我想避免再次发生。就其他事情的记忆而言，我记得有关它们所有具体的事例，比如我清楚地记得我4个孩子的出生。这种记忆是对情节的记忆。动物们记得的只是没有具体情节的认识和经验，即元知识。在考虑行动时，它们似乎不能利用具体的情节记忆。正如博学多才的罗杰·尚克（Roger Schank）所说："在新情境中弄清楚如何行动，在很大程度上是通过被提醒与新情境相似的旧情境来帮助的。然后旧情境成为一种遵循的指南，甚至是一种避免的指南。但所有这些都依赖于首先找到一些相关的东西作为指南。"

我们做这一切的能力是有限度的。从某种意义上说，没有真实的故事。好莱坞明白这一点，这就是为什么电影"基于真实故事""根据真实事件改编"（这样的故事是远离真相的）。没有一个故事是真实的，因为所有的故事都是不完整的。它们是被编辑选择过的。在任何特定时刻，都会有源源不断的数据通过你的感官进入你的大脑，你根据自己认为有意义的内容连接该数据的各个领域。因此，每一个故事的讲述——甚至是你告诉自己的心理故事——都是对过去创造的、永远无法重现的简短叙述的解释。

因此，心理故事是转瞬即逝的东西，它感觉不像现实本身。这是最好的，否则我们将无法分辨什么是真实的。我们会被诅咒一次又一次地重温我们最糟糕的时刻。是的，我们最美好的时刻也会消失，但即使对最美好的时刻的记忆，最多也只是"基于真实故事"。

我们将事件序列连接成故事并使用这些故事来制定未来计划的能力是如此强大，以至于我们看到了实际上并没有联系的事件之间的联系。这被称为"叙事谬误"。

正如心理学家斯金纳在1947年所证明的那样，鸽子是迷信的，甚至比棒球运动员还要迷信。斯金纳安装了一个装置，可以定期喂鸽子，是的，喂的是鸽子，而不是球员。随着时间的推移，3/4的鸽子形成了某种想法：它们相信也许快速转3圈会变出心爱的食物装置。食物当然不会被变出！但无论它们怎样迷信，一定只是偶然发生了一两次，鸽子开始相信这种行为导致食物出现，并且会再次出现。如果各自凭借它们有限的事件序列连接在一起的行动，屈服于叙事谬误，那我们又该如何呢？

正如纳西姆·尼古拉斯·塔勒布（Nassim Nicholas Taleb）在

第一章 故事：现代世界是如何形成的

《黑天鹅》(*The Black Swan*)中所写的那样："叙事谬误涉及我们有限的能力，即我们无法仅观察一系列事实，因为我们一定会给事实编织一个解释或者做出等效的行为，比如给事实强加一个逻辑联系、一个关系网。我们的解释将事实联系在一起。解释使得事实更容易被记住，解释也帮助事实更具有意义。"这一切都很好，但如果叙述不正确，那么我们不仅错了，而且同时会自信地认为自己是正确的。

格言是有用的，它使我们能够将历代的经验凝结为易于记忆的要点，帮助我们制定决策。但问题在于，它们经常相互矛盾。你应该"三思而后行"吗？也许是，但那种"犹豫者失之"的说法呢？还有，"不入虎穴焉得虎子"以及"一鸟在手胜过双鸟在林"又该如何看待呢？

问题在于，我们将这些格言强加到过去，从而理解过去所发生的事情。《从优秀到卓越》(*Good to Great*)和《追求卓越》(*In Search of Excellence*)等书籍做到了极致。他书中声称要解释为什么一些公司成功而另一些公司失败，并且解释总是非常简单明了。问题在于，商业建议也存在相互矛盾的说法。如果一家公司随着时代变化而倒闭，我们会说他们"没有专心做到本职工作"，这是《追求卓越》一书中的著名短语。如果他们坚持墨守成规导致最后的倒闭，那么我们会说："他们没有与时俱进。"

我们要相信世界是可预测的，生活或商业的成功来自遵循一些简单的规则。但所有这些规则实际上只是解释为什么各种过去的故事会有所发展。令人不安的真相是，有时你应该三思而后行，而其他时候，犹豫者将会失去机会。智慧在于知道什么时候该做什么选择。

我们可能因为一些好的原因而带有叙事偏见。在没有模式的地方看到模式，可能只是我们为发现模式所付出的代价。从历史上看，伪阳性比伪阴性更有用[①]。想象一下，我们的祖先在茂密的灌木丛中瞥见了物体的移动。如果他们认为，"那看起来像一头狮子"，但是他们错了，那么不会有什么损失。但如果他们完全错过了这个模式，结果发现那的确是一头狮子，那么……你明白的。过于敏感的认知功能让我们能够看到云中的形状或月球上的面孔，这实际上只是叙述谬误的另一种形式——看到它们并不真正存在的模式。

传记作者是臭名昭著的叙事谬误的追求者。他们几乎一定是。他们要将一个人70万个小时的生活总结为几百页，用以解释为什么他们会完成某种样子，而阅读大众需要一个直截了当、常识性的解释。唯一更容易受到叙事谬误影响的人是自传作者，也就是我们自己，因为，正如乔治·马丁（George Martin）所说："在他们自己的故事中，没有人是反派。我们都是自己故事中的英雄。"

有过去和未来、事情以因果顺序发生，以及其他心智存在——通过了解这三件事，我们能够以一种全新的方式思考，这种方式使我们以一个濒危物种（当时人类数量并不是很多）成为这个星球的主人。

[①] 伪阳性、假阳性（false positive）是指测试结果呈阳性的反应，但事实上却是没有；相反，伪阴性、假阴性（false negative）是指测试结果呈阴性的反应，但事实上却是有。——译者注

第十一节　讲故事

让我们从心理故事的概念转向为我们通常认为的故事。我们从最近一次说到动物身上开始，询问它们是否会讲故事。人类学家托克·汤普森对这个问题做出了回答，他的答案引起共鸣。他指出，直到最近，至少在西方，这个问题"看起来很荒谬"。他解释说，鉴于最近在理解动物语言和文化方面取得的进展，这个问题变得不那么疯狂了。然而，他总结道："在仔细审查数据后，答案似乎是否定的。尽管……非人类动物还没有被证明会讲故事，但值得注意的是，它们离讲故事只有一步之遥。"

由于我们之前提到的所有原因，动物无法讲故事并不令人震惊：语言有限，心理理论缺乏，对未来没有了解，情节记忆力差等。这是一个不足之处。另一个不足之处是无法进行反事实推理，也就是思考过去的事件可能以不同方式发展的能力[①]。我们由此得出的结论是，讲故事并不是一种基本的能力，而是一种复杂且微妙，需要一系列特殊能力的表达方式。

---

① 人类反事实思维的一个例证是解释为什么奥运会铜牌得主比银牌得主更快乐。前者认为："哇！如果我走得慢一点儿，我根本就不会获得奖牌。"而银牌也有类似的想法，认为它们与金牌的距离有多近。这是一种有用的能力，因为它让我们有能力将不同的场景投射到未来，想象"未来的你"希望你今天做什么。——作者注

另外，我们在学会说话后不久就开始讲故事。小孩子是天生的故事讲述者，他们在 3 岁左右就开始编造他们自己创作的富有想象力的故事。苏珊·恩格尔（Susan Engel）在她的书《儿童述说的故事》(*The Stories Children*) 中，提出了以下观察：在 1 岁到 8 岁之间，孩子们走过了一条不同寻常的道路，从最初的吐字到成为复杂甚至狂热的故事的讲述者。但是，有趣的是，这种能力的大部分往往在 9 岁时就丧失了。想象中的朋友不再出现，占据他们想象的像苏斯博士一样的生物消失了。假装的游戏停止了。这种早期（幼年）的习得表明，讲故事来自孩子内心深处的某个地方，也许在他们 DNA 的碱基对中。他们当然不会希望通过观察父母与自己的互动来了解想象中的朋友，也不会看到父母与朋友举行假茶会。当然，这种对奇幻故事的天生嗜好并没有在每个人身上完全消失。幸运的是，周围有足够多的罗琳和托尔金让我们的大脑——无论老少——充满惊奇。

当我们停止讲述精彩的故事时，我们不会放慢讲述更平凡故事的速度。

上面提到的苏珊·恩格尔让她的学生们追踪他们一天讲了多少个故事，结果发现"他们一天讲了 5—38 个故事，并且他们可能还漏掉了一些"。

早些时候，我提到讲故事是我们聚集在篝火旁时分享的那种。我当时是比喻性的，但实际上故事很可能真的起源于篝火。显然，我们不知道这一点，但这个想法不仅仅是猜测。犹他大学的人类学家波林·威斯纳（Polly Wiessner）在一篇名为《社会的余烬：布希曼族①的朱/霍安西人②在火光下的谈话》的文章中详细介绍了她对纳米比亚和博茨瓦纳的狩猎采集者在篝火旁谈论的各种事情的发现。她比较了布希曼族的朱/霍安西人的174次日间和夜间谈话的记录，发现他们白天的谈话主要是关于经济问题和旨在规范社会关系的八卦。然而，到了晚上，当经济活动被排除在外时，话题就从白天的琐事转向讲故事、唱歌和跳舞。她写道："夜间谈话在通过想象唤起更高层次的心智理论，在广泛的网络（虚拟社区）中传达人们的属性，以及传播产生行为规律性的文化机构的'大图景'方面发挥着重要作用，是区域层面的合作和信任。"

难怪人们晚上在火堆旁会变得不一样。想一想，这样的聚会通常包括男女双方，并且是多代人的。令人眼花缭乱的夜空激发了人们的想象力，萦绕在火堆周围的黑暗带来了一种群体的凝聚感。火本身就像来自另一个世界，它会发光，会跳舞，会发出爆裂声和噼啪声，它带来的温暖就像生物间的温暖。谁会在这样的地方屈尊讨论玉米价格？

威斯纳发现，在白天，6%的谈话是关于故事和神话的。到了晚上，这一比例上升到了85%。她在对其他觅食文化的分析中，指出了这种广泛模式的其他例子，例如日本的阿伊努狩猎采集者，他们将白天奉献给他们的活动，夜晚奉献给神灵和恶魔，以及其他文化中"夜晚是进入超自然世界的黄金时间"。

篝火的魅力似乎深深植根于我们的意识中。阿拉巴马大学的人类学家克里斯托弗·达纳·林恩（Christopher Dana Lynn）反思了

---

① 布希曼族（Bushmen），是生活于南非、博茨瓦纳、纳米比亚与安哥拉的一个以狩猎采集为生的原住民族。——译者注
② 朱/霍安西人（Ju/'hoansi），布希曼人支系之一。——译者注

篝火对我们的影响，并想知道它是否可以通过医学测量。因此，他进行了一项测试，测量了一群人的血压，将他们关进一个黑暗的房间里，戴上降噪耳机，然后在20英寸①的电脑显示器上播放篝火的视频。果然，与对照组相比，他们的血压值变低了。林恩试图弄清楚火的哪一部分有魔力，结果发现视频在静音播放时什么也没有发生，但是当只有火的声音（没有视频）时，他们的血压值变低，但没有视频加声音那么多。

正如多感官方面的听觉体验可能优于思考一样，讲述的故事可能比思考的故事更好。任何曾坐在智慧的故事叙述者身旁的人都曾亲身体验过这一点：场景设置、声音、音调的变化以及常常令人惊讶的寂静时刻。戏剧试图捕捉讲故事的魅力，这一努力已经持续了几千年。而如今的电影呢？它们具有超现实的特效和令人陶醉的音效，在黑暗的剧院里以鲜艳的色彩呈现。对我而言，在当代电影中，无论我活多久，我都无法想象一个讲述得像《指环王》电影系列那样精彩的故事。

我们写作的历史才5 000年，开口说话的时间却长达10倍以上的时间。这意味着在绝大多数历史中，故事都是完全口头的。人类在万古以来所学到的一切都必须以口头方式代代相传。所有的文化、所有的知识、所有的传统，都必须以故事的形式流传下来。该链条中的一次中断将使所有的人类进步重新回到起点。

人们想知道，故事在长时间传承中是否会发生变化，它们是否在每一代人中被重新想象，就像德古拉或福尔摩斯等角色不断被重新诠释一样？那么史诗呢？是否逐字逐句地传下来，仔细记住以保

---

① 1英寸≈2.54厘米。——译者注

留它们的格律和韵律，还是说它们是有机的东西，总是在进化？通过传话筒游戏，我们都了解到，一条信息在复述过程中是如何快速被扭曲的。我们是否应该将口头传统视为几个世纪来进行的传话筒游戏？或者更像被小心而忠诚地传承下来的《圣经》文本？

我们无法确定，因为口述故事没有留下化石。但是口头传统今天仍然存在于每种文化中。如果今天的传统有任何指导意义，那么它更像是德古拉的例子。所有要素都在那里——吸血、神秘力量，而故事的叙述者将它们混搭在一起，创造出了版权律师所谓的衍生作品。

美洲原住民的传统特别有趣：在与欧洲人接触之前，他们没有书写系统。数万年来，直到几个世纪前，他们一直依赖口头传播，这使他们的文化成为寻找有关该问题的见解的好地方。在 A. L. 克罗伯（A. L. Kroeber）1948 年的著作《七个莫哈韦神话》(*Seven Mohave Myths*) 中，他讲述了他在观察莫哈韦故事不同讲述者时发现的各种变化，他说："如果叙述很多，它们几乎不可避免地会出现细微的不一致。叙述者可能会说一件事发生了 4 次，然后又讲述了 6 种不同的版本。情节上的矛盾可能是由于记忆的间断或讲述者的兴趣的转移。"在另一部作品中，克罗伯对此进行了扩展，将土著人的故事讲述比作聆听古典音乐会：你知道乐曲的旋律，但表演者的诠释赋予了它新的生命。他说，故事的讲述者在讲述过程中改变了它们，"这赋予了古老的故事特殊的当代意义。改变通常使故事特别适用于当前情况、社区问题、家庭困难、对传统习俗的新想法"。

其他人种学家报告了关于各种文化核心故事的类似发现，这些故事讲述并保存了他们的文化。故事经常被加长或缩短以适应观众的情况或需要。它们通常是偶然发生的，主角生活中的不同故事以不同的顺序讲述，或者有些被忽略了。

这就是结论：一种文化的核心神话在不断变化，每一代都在重新演绎吗？地球上的生命已有数十亿年的历史，但所有生物本身都是年轻的。故事一样吗？至多只能保留最粗略的轮廓，因为人类记忆的易错性在不断改变所有细节。

也许不是吧。毫无疑问，古代人的记忆比我们好。在一个你什么都写不下来的世界里，如果你想知道什么，你必须记住它。历史的片段提供了一些诱人的线索，说明有些人的记忆力比我们好。例如一位罗马将军，他记得他的数千名士兵的名字以及他们的家人的名字。还有关于古希腊的西蒙尼德斯（Simonides）的故事，据说他在参加宴会时，中途离开了一分钟，恰巧发生了地震。宴会厅倒塌了，所有参会者的尸体面目全非。西蒙尼德斯闭上眼睛，回想起大厅里每个人所在的位置。

这两个故事可能都是杜撰的，但毫无疑问，当时人们认为写作的出现会损害记忆。在《费德鲁斯篇》①中，柏拉图笔下的一个人物谈到了这件事，他说："如果人们学会了写作，它将在他们的灵魂中植入健忘。他们将停止锻炼记忆，因为他们依赖于所写的东西，不再从自身内部，而是通过外部标记来唤起对事物的记忆。"

然而，即使他们的记忆力更好，他们缺乏写作意味着他们什么都记不住。已故心理学教授伊恩·M. L. 亨特（Ian M. L. Hunter）认

---

① 《费德鲁斯篇》（Phaedrus，又译《费德罗篇》）是古希腊哲学家柏拉图的一篇哲学对话，通常归类于柏拉图的中期作品，写作时间约与《会饮篇》和《理想国》相同。对话中的两个人物苏格拉底与费德鲁斯从讨论"厄洛斯"（爱情）开始，而对话的内容涉及写作、修辞的伦理、灵魂转生等一系列哲学沉思。——译者注

第一章 故事：现代世界是如何形成的

为，没有书面支持的逐字记忆在人类中仅限于50个单词。他写道："人类在逐字记忆上的成就是对书面文本的适应，而在不了解文本的文化环境中并不存在。认为非文字化的文化鼓励逐字记忆是有误的，这是有文字能力者基于文字依赖性参照框架的错误推断。"换句话说，当然，你可以记住葛底斯堡演说，但前提是你有它的文本。没有它，逐字回忆的想法就很难实现。如果没有确切的来源，那么准确复述的意义又何在呢？

即使在我们这个时代，无论我们如何努力，我们都可能无法忠实地传达口头报告。事实上，你最生动的记忆，即所谓的闪光灯记忆[①]可能根本不是真实的（比如你在得知"9·11"袭击事件时所在的位置）。尽管这似乎难以想象，但在过去的几十年里，研究人员通过实验证明了关键事件［包括珍珠港、约翰·肯尼迪（John Kennedy）遇刺和挑战者号爆炸］不是真实记忆的情况一再发生。"9·11"袭击事件发生时，认知心理学家詹妮弗·塔拉里科（Jennifer Talarico）是杜克大学的一名研究生。她和她的导师大卫·鲁宾（David Rubin）认为这是一个研究闪光灯记忆的机会，所以第二天他们让54名学生记录他们听到这个消息时的位置和正在做的事情。他们还要求学生讲述一段更平凡的近期记忆。随后的跟踪调查发现，学生对这两个事件的记忆出现了显著的差异，而且错误的记忆率大致相同。但是学生对他们正确记住闪光灯记忆的信心

---

① 闪光灯记忆（Flashbulb memory）是一个非常详细、生动的"快照"，记录了一段令人惊讶和重要（或情绪激动）新闻的时刻和环境。术语"闪光灯记忆"表示照片有惊奇、无差别描绘、细节、短促的性质；然而，闪光灯记忆只是在一定程度上是无差别的，但仍远远不够完整。证据表明，尽管人们对自己的记忆充满自信，但却会遗忘记忆的细节。——译者注

非常强大，即使他们错了。一项研究发现，在 1986 年挑战者号爆炸 3 年后，被研究的 42 人中没有一个人像以前那样记得这一事件。

口述故事确实经历了某种达尔文式的自然选择。能幸存下来的故事数量是有限的，潜在故事的数量是无限的。因此，如果一个故事想要"活"下去，它最好将它的记忆基因传递给它的后代，否则它就会灭绝。押韵是旨在加深人们对诗歌和歌谣记忆的一种策略，有趣的是，史诗很少使用押韵方案，也许是因为它会减损作品本身的严肃性。然而，史诗实际上总是使用韵律。《伊利亚特》《奥德赛》①和《埃涅阿斯纪》都使用了六音步法，这是希腊和罗马诗歌的主要韵律。口述传统中的故事为了流传后世，采用了其他非常有效的技巧。它们避免使用抽象概念，而是倾向于行动，通常涉及强烈的意象，比如："奶奶，你的牙齿真大啊"和"大灰狼喘着粗气，把房子吹倒了"。口述传统中的故事采用重复，比如金发女孩尝一尝各种粥、坐一坐各种椅子、躺一躺各种床，而且口述传统中的故事经常像歌一样被吟唱。最后，口述传统可能不是纯口头的。这些故事，重要的故事，可能已经被演绎出来了，而不是简单地被讲述出来。这可能是肖维和其他地方那些宏伟画作的目的吗？成为讲述故事的背景？

---

① 《伊利亚特》(*Iliad*) 和《奥德赛》(*Odyssey*) 可能是特例。来自爱琴海希俄斯岛的一个名为 Homeri-dai 的团体声称至少是象征性的"荷马的孩子"，并坚持认为荷马来自他们的土地。他们可能仔细地保存了荷马的著作，以几乎符合《圣经》的态度对待它们。或者也许他们只是延续了荷马的传统或完全演绎了他。关于这个主题有整本书。——作者注

第十二节　为什么要讲故事

回顾一下，我们使用故事作为思维结构来思考和构建可能的未来。这一定也是它们最初的目的，也是我们今天最主要的应用。虽然我们有时明确而仔细地考虑所有可能的未来故事——这被称为"情景规划"，但我们在一天中的每个瞬间都在不动声色地进行着对未来故事的考虑。这就是我们的想法。与神秘主义者和新时代的人所说的"活在当下"的美德的说法相反，这种说法不是我们的方式。我们不断地生活在不久的将来，受过去的影响，并被视为一系列相互关联的因果事件中。事实上，由于我们的大脑是这样连接的，所以我们必须以这样的方式生活。凯文·凯利（Kevin Kelly）是著名的未来学家，也是《连线》（Wired）杂志的联合创始人之一，他在《美国生活》（This American Life）中讲述了一个故事，讲述了他如何尝试度过一段只活在当下时光的故事，并得出结论说，这是一种"完全不自然和不人道的生活方式"。拥有未来是人类的一部分，当你夺走人类的未来时，你就剥夺了他们的很多人性。一个人需要有过去，也需要有未来才能成为真正的人。

但问题是，我们为什么要讲故事？它必定会带来一些好处，因为讲故事这种行为已经出现并保持了下来。它深深地渗透了我们的心灵，以至于大多数孩子在学习如何说话的一年内就开始讲故事。如果你仔细想想，这有点儿奇怪。故事是讲给那些明知故事是谎言的人的。你会认为我们应该对故事产生厌恶感。

答案与我们为什么将语言外化的原因相同：它服务于我们社会的超有机体。正如我们之前所探讨的，作为个人，我们通过回忆情节记忆来思考故事，即我们过去的故事，然后我们用这些来预测和计划未来。同样，一群人，比如一个150人的部落，彼此讲述的故事是超有机体利用情景记忆并使用它们来预测和规划未来的方式。

在进一步探索之前，让我们给我们的超有机体起一个合适的名字。我们应该怎样称呼我们社会的超有机体？"阿哥拉"怎么样？在古希腊，阿哥拉是城镇中每个人都聚集在一起做生意、处理政治、交换信息、交换故事的地方。阿哥拉位于城镇中心或港口附近，是所有事件的发生地，这里是巨大的人群相互交往地。

"阿哥拉"是如何通过故事思考的？与人类一样，当我们考虑做出一些不良行为时，我们会根据我们听到的关于类似情况的一系列故事来考虑它。"阿哥拉"这样做是在群体层面上进行的：随着年轻一代成员的成长，他们也受到不良行为的诱惑。因此，群体在篝火旁讲述带有寓意的故事，是为了抑制不良行为。群体讲述过去的英勇故事，是为了提醒"阿哥拉"在未来应该保持英勇行为的理由。

因此，讲述故事在很大程度上是"阿哥拉"在回忆过去，为整体的未来服务。这是一个可验证的假设：如果它是真实的，那么经过数千年的时间，我们应该看到两件事情发生——首先，随着"阿哥拉"的成长和变化，它在思维中的故事也会发生变化。我们不断变化的故事主体应该以某种方式映射到世界历史。其次，与此相反，我们应该看到某些永远不会改变的原型故事，因为它们与所有人类不变的特征有关。

让我们用一节来讨论其中的每一个。

第十三节　故事的时间线

像"阿哥拉"这样的超有机体拥有记忆，这些记忆反过来又会给我们带来恐惧和欲望。我们能看到"阿哥拉"的成长和变化吗？我认为是的，至少在宏观上是这样。

让我们把过去分成5个时代，看看我们在每个时代讲述的故事。

（一）时代1：新觉醒（约50 000年前至12 000年前）

任何曾经在远离城市的地方露营过的人都知道，当夜幕降临时，会发生某种神奇的事情。在你周围的任何地方，你都可以看到无法穿透的墨黑色。但是抬头一看，你会看到2 000颗星星照亮了夜空。我们银河系的剖面仿佛一条巨大的星河，横跨天空，从一个地平线到另一个地平线。今天我们大多数人很少看到它，因此在1994年洛杉矶发生大规模停电时，人们报警称天空中出现了奇怪现象也就不足为奇了。但在5万年前，在我们城市的灯光将夜空变成深沉和毫无生气的灰色之前，我们的祖先肯定躺在地上，仰望广阔的天空心生疑惑。

流传至今的最古老的故事是什么？这似乎是我们无法真正回答的问题，但幸运的是，民俗学家是一群非常聪明的人，可以推断出很多东西。

例如考虑一个来自凯特语的故事，这种语言今天在蒙古只有极少数人在说。一个世纪前，一位名叫阿弗雷德·特龙贝棣（Alfredo Trombetti）的意大利语言学家推测它可能与纳瓦霍语属于同一语系。虽然这尚未得到明确证实，但随后的研究强烈表明情况确实如此。甚至有很好的 DNA 证据表明这两个民族是有血缘关系的。思考一下，15 000 年前，一些亚洲人跨过陆桥进入美洲大陆，定居大陆。我们知道这些亚洲人所说的一些词语，这些词语与凯特语和纳瓦霍语都相通。但这并不是他们唯一的共同之处。在欧洲和亚洲的传统故事中，北斗七星与熊有关。这很奇怪，事实上，它看起来一点儿也不像熊。此外，在很多地方，"勺子"的前端是熊的身体，构成手柄的三颗星被视为熊的尾巴，这也很奇怪，因为熊没有长尾巴。然而，在俄罗斯东部，当地人完全知道熊长什么样，所以，他们并没有将这三颗星识别为尾巴，而是将其识别为三个猎人在追熊。此外，在中间猎人附近有一颗名为"辅"的微弱小星星，西伯利亚人将其视为帮助猎人追踪熊的小鸟。令人着迷的是，在许多美洲原住民文化中，北斗七星也被视为熊，被三个猎人追逐，一只鸟为他们指路。这是同一个故事，而且由于这些文化在地理上彼此隔离，所以它一定是在大约 15 000 年前穿越白令海峡的陆桥之前的故事。我们对此非常有信心，因为如果"北斗七星是熊"的解释是从 1492 年之后的西欧传到北美的，那么由三颗星组成的把手就应该被解释为尾巴，就像欧洲的传统解释一样。正如路易斯安那州立大学名誉教授、自称为"拉拉队长"的布拉德利·谢弗（Bradley Schaefer）所说："我们对基本情况非常确定，尽管我们一直没有签署宣誓书。"

这是最古老的故事吗？可能不是。这只是一些有趣数据中的一个。澳大利亚学者雷·诺里斯（Ray Norris）和巴纳比·诺里斯（Barnaby Norris）提出的更具推测性的理论表明，昴宿星团七姐妹被猎户座追赶的故事可以追溯到我们离开非洲之前的 10 万年前。他们指出，这个故事在世界各地以类似的形式发生，包括在他们自己大陆的土著民族，这些民族仅在几个世纪前与欧洲人初次接触。因此，他们争辩说，这个故事是 5 万多年前最初的定居者带到那里的。这个理论锦上添花的是，它提供了一个合理的答案来解释为什么我们称它们为"七姐妹"，而对于大多数人来说，肉眼只能看到六姐妹。可能是 10 万年前，那两颗星（如今对我们来说它们看起来 11 颗）之间的距离可能稍微远一些，因此可以分辨出来那其实是两颗星并非一颗。

所以时代 1 带给我们的故事片段来自夜空。"阿哥拉"被它自己唤醒的世界所震撼，试图去理解这个地方。

（二）时代 2：城市居民（12 000 年前至 4 000 年前）

让我们前进几千年，来到神话故事，这是一种令人惊讶的古老故事形式。它们被定义为具有魔幻元素的短篇故事，例如会说话的动物、女巫，或者仙子。具有讽刺意味的是，它们通常没有"童话般的结局"。童话不同于传说，传说通常被认为是真实的，或者至少"基于真实的故事"。童话故事是由我们一眼就能认出的原型而非人物组成的，从温柔贤惠的少女到邪恶的继母[①]。角色与刻板的

---

① 据说格林兄弟把母性的神圣性看得高于一切，因此在他们记录的故事中诋毁继母。路德维希·贝希斯坦（Ludwig Bechstein）明确反对了这一点，认为由于有如此多的女性死于分娩，德国就有很多继母，她们已经有足够多的问题，但并不总是反派。——作者注

性格从不具有任何细微差别。它们是善或恶，美或丑，没有多维性可言。正如作者菲利普·普尔曼（Philip Pullman）在他的《格林童话》中所观察到的那样："人们几乎可以说童话中的人物实际上并没有意识。"他后来指出，童话故事中的人物"很少有自己的名字。很多时候，他们因职业或社会地位而闻名，或者因着装的怪异而闻名，比如磨坊主、公主、船长、熊皮人、小红帽"。故事中的物件通常除了单字修饰语之外，没有多余的描述，例如黑暗的森林、宁静的王国和简陋的小屋。

但他们所拥有的是行动。事情在发生。这些故事排除与行动无关的因素，为不间断的事件腾出空间。童话故事遵循这条格言，它们叙述了源源不断的持枪者穿过那扇门。

但是这些故事存在多久了？直到最近，许多学者都认为它们是现代创造物，可能只有500年的历史。现在令人信服的研究表明，这些故事是古老的，很古老。《美女与野兽》和《侏儒怪》大约有4 000年的历史，杰克爬上豆茎的故事则追溯到5 000年前，而一个叫作《铁匠与魔鬼》的故事——青铜时代的浮士德故事，可以追溯到6 000年前。

我们怎么知道的呢？民俗学家萨拉·格拉萨·达·席尔瓦（Sara Grace da Silva）和人类学家贾姆希德·J.泰赫拉尼（Jamshid J. Tehrani）运用了一种称为"系统发育比较方法"（PCMs）的进化生物学工具来确定这些年代。生物学家使用PCMs根据它们共同的某些可遗传特征对不同物种进行分组。通过这种方法，你可以推断它们是相关的，并且实际上拥有一个共同的祖先。故事就像有机体，新故事继承了其父源的特征。正如我们得出结论，认为北斗七星与乐于助人的鸟有共同的父母一样，达·席尔瓦和泰赫拉尼以结构化的数学方式应用了这种推理。

他们从阿尔奈-汤普森分类法开始，这是一个包含 2 000 多个故事类型的列表。例如，ATU 300—749 是魔法故事，300 是称为超自然对手的子集；ATU 328 是"男孩偷走了食人魔的宝藏"，即《杰克与豌豆》。达·席尔瓦和泰赫拉尼将魔法故事以及来自 200 个不同社会的故事与语言学家用来追踪语言家族的语言谱系树[①]进行对比，把所有这些混合在一起，加上一点贝叶斯分析，一些马尔可夫链，就得到了一些故事。其中《铁匠与魔鬼》是最古老的，早于文字出现。PCMs 这种技术在其发现上十分具体。例如，达·席尔瓦和泰赫拉尼得出结论，《小红帽》是大约 2 000 年前在欧洲和中东之间创造的，在某个星期四，好吧，也没有那么具体。

童话故事是孕育童话文化的体现。在《杰克与豌豆》中，主人公是一个欧洲人，他入侵了异国他乡，杀死了所有当地人，然后带着黄金离开了。《美女与野兽》被认为是一个向女孩灌输接受包办婚姻的故事。在许多童话中，我们似乎遗漏了一些重要的背景故事。也就是说，人们必须质疑杰克和吉尔活动的真实性，人们从不上山取水，因为众所周知，水是从山上流下来的。而且，为什么要他们中的两个人才能得到一桶水呢？有些童话故事可能有事实根据。《花衣魔笛手》的"现代"故事听起来可能只是另一个奇谈怪论，直到人们得知在 1384 年的哈姆林有记载："我们的孩子离开已经 100 年了。"一份 15 世纪的消息补充说，1284 年 6 月 26 日，吹笛者带走了 130 名儿童。

---

① 历史语言学中，树模型或树状模型、发生模型、分类模型是与谱系图相似的语言演化模型，尤其与物种演化的系统发生树相似。有同一祖先的语言属于同一个语系。——译者注

为什么童话故事如此暴力？例如在《白雪公主和七个小矮人》的原始结局中，王后被要求穿着炽热的铁鞋为所有人跳舞，直到她死去。如果这种场景出现在 1937 年的迪士尼版本，我一定会把注意力转向爆米花。难道人们喜欢这种可怕的故事吗？在《电锯惊魂》（*Saw*）系列票房达到 10 亿美元的背景下，这个假设似乎是合理的。也许童话之所以如此暴力，是因为过度的、不真实的恐怖让它们反而变得不那么可怕了。威利狼[①]撞到它自己的脚趾，实际上可能比它吃三硝基甲苯和炸毁更让观众畏缩。或者童话故事是暴力和可怕的，因为它们出生在一个暴力和可怕的世界。孩子们真的应该避免在黑暗的树林里迷路，否则可能会发生涉及狼或熊的坏事。

　　在《捍卫真实的童话》一文中，作者亚当·吉德维茨（Adam Gidwitz）提到了对"为什么童话故事如此暴力"这个问题的不同回答，其中一个答案十分突出。他写道："真正的格林童话讲述了一个孩子最深切的欲望和最复杂的恐惧，并将它们具体化、实体化，将它们转化为叙事。叙述并没有贬低这些恐惧，也没有简化它们，但它确实以一种孩子的思想可以消化的形式代表了那些复杂的恐惧和深刻的欲望。"他接着说，孩子扮演了童话故事中的所有角色，经历了所有的事件。吉德维茨解释了童话故事中缺乏具体细节的特点，使故事变成一张每个孩子都可以投射自己的空白画布。

　　面对所有这些关于恐惧和死亡的故事，一个比一个更可怕，"阿哥拉"到底在想什么？如果我们把吉德维茨提到的孩子换作尚未成熟的"阿哥拉"，那么他的引述就会出现新的意义。想想当时的世

[①] 威利狼（Wile E. Coyote，又译为"歪心狼"）和哔哔鸟（The Road Runner，又译为"BB 鸟"）是华纳兄弟喜剧卡通系列《乐一通》里的一对角色搭档，外观造型上是分别将郊狼和走鹃给予拟人化的动物角色。——译者注

界：我们采用了农业，定居下来，并开始建造城市。随着人口的迅速增长，我们的团队规模大大增加。现在我们中间有了陌生人。新的危险出现了。疾病、贫困和早逝无处不在。"阿哥拉"似乎面临着在一个残酷或至少冷漠的世界中艰难地生存。在古代童话故事中实际发现的少数幸福结局通常以先前的痛苦和折磨为背景。这与小得多、年轻得多的"阿哥拉"凝视着广阔的夜空形成鲜明对比。

（三）时代3：文明和文字（4 000 年前到 500 年前）

伊索的名字与寓言有着不可磨灭的联系，他生活在大约 2 500 年前。不知道他是故事的原创者还是其他人故事的记录者。事实上，我们对这个人一无所知，但他的故事在古代随处可见，被亚里士多德、希罗多德和普鲁塔克等诸多名人提及。传说他曾是奴隶，后来获得自由，成为国王的顾问。在对他的描述中最不寻常的是他丑得令人难以置信。但这些描述是在他据说已经去世很久之后出现的，所以要么它们是杜撰的，要么这个人的丑恶形象通过口头传承了几个世纪。

寓言故事的寓意可以是明确的，也可以是隐含的，最重要的是它应该显而易见，但有时我们还是会错过寓意。例如你记得《龟兔赛跑》故事的寓意是什么？也许你记得它是一个讲坚持不懈的故事，"缓慢而稳定地赢得比赛"。几千年来，人们一直在质疑这种解释，他们说这个故事显然是关于兔子的傲慢——一直打瞌睡，没有发挥它的才能——而不是乌龟的坚韧。这个故事的一个特别可怕的版本是：所有的林地生物都死于火灾，因为在乌龟赢得比赛后，所有动物都认为它是最快的，并让它负责警告它们可能来临的危险。

许多谚语曾经是故事的一部分,直到故事深入人心,因此人们可以舍弃甚至遗忘故事,但寓意依然流传。只需说几个字就能传达整个故事的寓意,比如"不要喊狼来了"。

到了这个时候,"阿哥拉"已经逐渐成长了。它不再是一个由150人组成的离散群体,而是一座可能有数万人的城市。因此,"阿哥拉"不得不考虑一种全新的伦理形式,这是在一个群体越来越大、分工越来越细的世界中正确行事的方式。这是一个有货币、工资和财产的世界,这些概念都还很新颖,因此正确的行为还没有完全确定下来。这就是为什么这些故事在日常生活中比早期的童话故事更实用。

在和伊索差不多的时间里,除几个国家之外出现了希腊神话,令人惊讶的是,它仍然渗透到我们的文化中。宙斯和哈迪斯,普罗米修斯和阿特拉斯,弥诺陶洛斯和美杜莎,以及守护冥界、让死者无法逃脱的三头犬刻耳柏洛斯,这些人物谁人不知,谁人不晓?他们经常出现在大制作的好莱坞电影、电视剧和百老汇音乐剧中。写于2 400年前关于他们英勇事迹的戏剧经常在世界各地定期上演,有时甚至在古代希腊剧院的废墟中演出,就像在古代时一样,那时人们第一次看到这些故事的表演——当然,那时这些剧院还不是废墟。他们的神话在新的时间和地点被更新、重述和重置。我们在对话中以成语的形式继续提到希腊神话的角色,例如大力神的任务(艰巨的任务)、阿喀琉斯之踵、特洛伊木马、迈达斯之手(点金术)、潘多拉魔盒和戈耳狄俄斯之结。

为什么它们对我们有这么大的影响?它们之所以幸存,是因为它们是西方文明的奠基神话。正如威尔·司铎在《讲故事的科学》中所写:"西方儿童是在大约2 500年前古希腊诞生的个人主义文化中长大的。个人主义者往往崇尚个人自由，并将世界视为由个体拼合组成的。这给了我们一组特定的价值观，强烈地影响着我们所讲述的故事。"他补充说，这种个人主义可能在希腊出现，部分原因是它的丘陵和岩石景观无法容纳大规模农业等大型集体活动。

故事的结构通常以主人公为特色，他去冒险，与怪物战斗，赢得爱情，获得财富，并带着无上的荣誉返回家园。这是"英雄之旅"。也许对我们来说，这似乎是讲故事的唯一方式，但它在过去是一个伟大的新观念：个体有权选择自己的方式，他们不是奴隶或一个士兵或某个神的傀儡，而是自己生活的主导者。与没有名字的一维人物的童话故事不同，希腊神话中的人物是有名字的，与你我一样是多维的。

司铎将此与其他文化进行了对比，例如古代中国，"这是一个以他人为中心的世界，2 000年来几乎没有真正的自传。当自传最终出现时，生活故事通常被剥夺了主体的声音和观点，他们被放置在旁观者的角度，而非自己的生活中心"。

这些希腊神话构成了我们最喜爱的故事基础，从《星球大战》到《指环王》。它们是我们想象自己生活的方式——或者至少希望它们是。它们使我们成为自己生活的主要推动者。如果这还不够，那么从古代希腊幸存下来的文学语料库就是西方文明所有其他方面的种子。在希腊文化的基础上，建立了具有经久不衰的语言和法律法规的罗马帝国，以及保存了希腊文化的拜占庭帝国，最终给了我们文艺复兴和启蒙运动。

"阿哥拉"对这些故事有什么想法？尽管看起来很奇怪，但我认为在这些神话故事中，"阿哥拉"接受了人文主义。在这些故事中，神、半神和英雄之间的界限非常模糊，而这三类实际上只是被放大的人类。但更重要的是,这些故事是人文主义的,因为这些故事展示了拥有能动性和意志强大的人物。众神并没有那么强大——宙斯不可能同时无处不在——所以你在很大程度上靠自己在这个世界上前进。凡人甚至可以像海格力斯一样,自己成为神。

(四)时代4:活字印刷(1500年到1900年)

现代——这个时代为我们带来了讲述故事的全新方式。在15世纪中期的德国,发生了一件大事:古腾堡的发明被证明是普及廉价印刷的一个转折点,从而释放了对书籍的巨大需求。印刷商开始出版他们手头的任何东西:《圣经》、神学书籍和古代书籍。这些书籍都很好,但对于街上的普通人来说,尤其是对不懂拉丁语的人来说,这些书籍并不是很有趣。公众渴望看到一些新的甚至新奇(novel)的东西,于是小说(novel)诞生了。这确定是"小说"这个名字的由来。

到1500年,印刷商已经印制了近3 000万份大约5万种不同的书籍。这些书中大约有一半保存到了今天,摇篮本(1500年以前印刷的书)现存的数量约为50万本。其中大约1/10有插图。

接下来将出现大约20万本新书,平均印刷量约为1 000份。第一次,一个人可以仅靠作家的身份谋生。当欧洲识字的人口只有2 000万左右时,印刷2亿本书证明了对书面文字的巨大需求。

当然,这些书不全是故事,但大部分是。那个世纪初,米格尔·德·塞万提斯(Miguel de Cervantes)出版了《堂吉诃德》(Don Quixote),威廉·莎士比亚创作了一卷十四行诗。他的剧作也会

第一章 故事：现代世界是如何形成的

被出版，但那已经是在他去世之后的事了。同人小说①诞生得很早：1663 年，弥尔顿写了一部《圣经》同人小说，名为《失乐园》（*Paradise Lost*）。

小说确实是新东西。在那之前，情节驱动故事，人物被拖着走。小说颠覆了这种情况：复杂、细腻的角色拥有希望、恐惧和欲望，这些角色推动行为，情节的重要性变得微不足道。历史学家林·亨特（Lynn Hunt）认为《发明人权》（*Inventing Human Rights*）这部小说带来了我们现代的人权观念。她写道："由于叙事形式本身的运作，读者对角色产生了共鸣，尤其是女主角或男主角……小说通过对叙事的热情投入创造了一种平等感和同理心。"

我们能从这一切中得到什么？很显然，在此之前，"阿哥拉"的发展受到其需要使用人来记住事物的严重限制。"阿哥拉"想要几十万个故事，而不仅仅是几个。突然间，一本书可以印刷 1 000 次，相当于那个讲故事的人同时有效地出现在 1 000 个地方。由于书籍经常被借出和传递，一本书很可能被成千上万的人阅读。

超有机体的超能力与内部交流的数量成正比。印刷书籍允许以指数方式增加交互，即使这些交互是我们现在所说的虚拟交互。现在，一个人可以跨越长达几个世纪的时间与成千上万的人交流，也就是说如果你写了一本书，然后几个世纪后，人们仍然在读这本书，这意味着你在这几个世纪中与他人交流。通过书籍，人与人之间的交互次数是过去的数倍。想象一下，在活字印刷出现之前，"阿哥拉"的思维是多么缓慢和乏味。由于"阿哥拉"的这种超能力，我们获得了启蒙运动、科学方法、工业革命，以及创造出物品的能力：没有单个

---

① 同人小说（Fan fiction），是同人作品的一类，指的是利用原有漫画、动画、小说、影视作品中的人物角色、故事情节或背景设定等元素进行的二次创作。——译者注

人知道如何制造这些物品，但"阿哥拉"知道如何制作它们。

（五）时代5：大众媒体（1900年至今）

根据尼尔森的一项研究，美国人每天花费11个小时在媒体上，其中包括阅读、听音乐和看视频。11个小时。当然，媒体中并非全部是故事，但大部分是。我们是如何变得这样痴迷于媒体的呢？我们对故事有无限的胃口吗？让我们把时间倒流一下，看看我们是如何到达这里的。

大约在1900年之前，有两种故事：一种是由你附近的人讲述的，另一种是写在书本上的。1900年左右，故事开始在无声电影中被"讲述"。到1910年，美国有13 000家影院。在1917年之前，电影制片商会拍摄一种备用的悲伤结局，专门在俄罗斯上映。这听起来像是一个笑话，但其实，这不是笑话。到1920年，故事讲述者以无线电的形式把自己的故事推广到了许多家庭。通过转动调幅广播的拨盘，你可以随意切换故事。声音和图像在有声电影中融为一体，到1945年，每周都有9 000万美国人去看电影，而当时美国总人口仅1.4亿。人们对故事疯狂，但事情才刚刚开始。接下来是电视的社交巨头，它大受欢迎。今天，普通有线电视用户每天24小时都有200多个故事讲述者（频道）可供选择。

20世纪80年代出现了个人电脑。突然之间，你可以玩那些故事的游戏，在这些故事中你是推动情节的主角。20世纪90年代出现了互联网，而且，它带来了一切。数以百万计的故事能根据你可以想象的任何主题被免费订购。

这就是我们每天有11个小时的媒体消费时间的原因。我们怎么能不这样呢？所有这些媒体不断以多种形式进入我们的生活，层层叠加。我们继续看小说、看电影、听广播、看电视、玩电子游戏和使用互联网。

随着我们不断增加故事叙述的形式，每天消费的事件可能还不止 11 个小时。虚拟现实有望让我们沉浸在我们的故事中。你可以是贝奥武夫的手下之一，也可以是霍格沃茨的学生。神经接口可能会出现，它可以欺骗我们的感官，让我们更加沉浸。你将能够闻到世界的味道，品尝它们的食物，触摸它们里面的东西。最终，科幻小说推测，你可能完全生活在故事中，永远不会离开它。有些人认为这就是我们现在所处的位置，在一个看似真实但只是计算机模拟的世界中度过我们的一生。

"阿哥拉"对故事和其他形式的知识的渴望仍未得到满足。我们的技术通过社交媒体和新闻网站全天为我们提供不间断的新闻消息——有趣的词、故事。此外，还有电视、广播和所有其他设备。"阿哥拉"似乎想知道一切。

在这 5 个时代，我们至少可以大致看到"阿哥拉"讲述的故事随着它的成长和成熟发生了变化。但如前所述，我们还希望看到第二种故事，一种永远不会改变的故事，它反映了我们不变的人性。我们看到了吗？

第十四节　原型故事

早些时候，我们查看了 ATU 分类系统，其中成千上万的故事类型已被精心记录并分层排列。一个多世纪以来，民俗学家一直在完善和扩展这个系统，他们不断地添加新的故事作为每种类型的范例。例如在"魔法故事 300—749"下是"神奇的援助者 500—559"，而数字 500 是《侏儒怪》。谁会想到《侏儒怪》不仅仅是一个故事，还是一个普遍的情节类型呢？这个类型可以描述为"一个超自然助手在一定条件下执行某项迫切需要的任务，但如果主人公无法确定助手的名字，将遭受巨大的灾祸"。尽管这是"侏儒怪"（德国）类型，但在各种不同的传统中，助手的名字各不相同。其中包括（剧透警告）：Terrytop（英国）、Whuppity storie（苏格兰）、Gilitrutt（冰岛）、Khlamushka（俄罗斯）、Tarandandò（意大利）等。

生活丰富多彩，难怪有成千上万的故事类型，每一种都包含许多不同的例子。或许有人会这么想。但是当你把它们全部归结起来时，真的有成千上万种类型的故事吗，还是只有几种核心类型？

当然，故事数不胜数。在 20 世纪 60 年代，一部关于纽约人民的半纪录片电视节目会在每一集的结尾加上一句话："纽约有 800 万个故事，你的故事只是其中一个。"但是出现了几个有趣的问题，涉及这些故事的真实性有多大，这些故事实际上基于多少不同的情节？

第一章 故事：现代世界是如何形成的

18世纪的意大利剧作家卡洛·戈齐（Carlo Gozzi）曾经写道，只有36种不同的情节或戏剧性的情境。36！这是一个很小的数字。但根据约翰·歌德（Johann Goethe）的说法："戈齐坚持认为只有36种悲剧情境。弗里德里希·席勒（Friedrich Schiller）煞费苦心地寻找更多，但他甚至连36种都找不齐。"19世纪的法国作家乔治·波尔蒂（Georges Polti）对戈齐的说法产生了兴趣，他写道，"只有36种情境！对我来说，这个断言令人向往"，尤其是因为宣布它的人拥有最奇妙的想象力。因此，波尔蒂深入研究了这个问题，并在1895年出版了一本书，名为《36种戏剧性情景》（*The Thirty-Six Dramatic Situations*）。其中大多数涉及家庭或爱情的悲剧，他的36个样本包括亲属仇恨、为理想而自我牺牲、与上帝的冲突及失而复得。

那么故事类型的真实数量是36种吗？不要那么快下定论。罗纳德·托比亚斯（Ronald Tobias）的书《经典情节20种》（*20 Master Plots*）以威廉·福克纳（William Faulkner）的一句恰当的名言开头：《希腊古瓮颂》①比任何一位老太太都值钱。他告诉他的读者要"怀疑任何包含神奇数量的情节"，并坚称他的书并没有声称只有20种情节，而是包含"20种经典情节"。他的作品包括探寻、落魄之人、堕落和取悦大众的"可悲的无节制行为"。

也许这20种情节中有很多重叠的部分，实际上只有7种情节。克里斯多夫·博卡（Christopher Booker）花了34年时间写了一本受荣格启发的书，名为《七种基本情节》（*The Seven Basic Plots*）。他

---

① 《希腊古瓮颂》（*Ode on a Grecian Urn*）是英国浪漫主义诗人约翰·济慈（John Keats）的诗作，作于1819年5月，首次匿名发表于《1819年艺术年鉴》（*Annals of the Fine Arts for* 1819）（见1820年诗歌）。——译者注

的7部作品分别是：斩妖除魔、从穷困到富有、探寻、远行与回归、喜剧、悲剧和重生。每种小情节都包含5个阶段，从主角在某种程度上偏离正常开始，最终达到完美平衡的状态。

那么我们是否确定有七种基本情节？不能确定。这让计算机也有机会来计算情节的数量。库尔特·冯内古特（Kurt Vonnegut）在他的自传中写道，他认为自己对文化的"最大贡献"是他1965年的人类学硕士论文，该论文被芝加哥大学毫不客气地拒绝了。他将主要思想总结为"故事有形状……比如罐子和长矛，故事和实物证据一样有趣，对于人类学一样重要"。

冯内古特说故事有一定的形状，他可以在图表上画出曲线。x轴是时间，y轴是主角的经历。线路根据故事弧的变迁上下起伏。例如他指出灰姑娘与创世纪中的"堕落"故事基本相同。故事的低谷是被逐出伊甸园（与灰姑娘逃离舞会的经历一致），高潮则是得到救赎的承诺（与灰姑娘和王子的婚姻相对应）的幸福结局。

受此启发，佛蒙特大学和阿德莱德大学的研究人员编写了一个使用情感分析[①]的人工智能程序，该程序将故事中的单词和短语映射到所表达的情感上。他们发现，他们分析的1 700部小说中的大多数都属于以下六类之一：上升、下降、上升然后下降、下降然后上升、上升然后下降然后再上升，以及下降然后上升然后再下降。

也许六种情节还是太多了。福斯特·哈里斯（Foster Harris）的基本情节模式认为实际上只有三种情节。前两种是幸福的结局和不幸的结局。人们可能会合理地假设福斯特·哈里斯不需要第三种情节，因为美满和不幸似乎涵盖了所有可能性，然而实际上还有第三

---

① 情感分析：一种自然语言处理技术用于识别和提取文本中的主管信息，如情感、情绪和观点。——译者注

种情节，即悲剧，其中主要行动发生在故事的开头，故事由随之而来的一系列必然事件组成。对于福斯特·哈里斯来说，这些故事类型中的每一种都取决于一个核心人物的单一特征，分别是美德、自私和被命运感动。

但是当一切都被剥离时，也许事实证明真的只有一个情节。你可能已经预见到了，这个情节被称为"单一神话"，它几乎是约瑟夫·坎贝尔（Joseph Campbell）的代名词，他是 1949 年出版的《千面英雄》（*The Hero with a Thousand Faces*）一书的作者。坎贝尔是比较神话领域的泰山——可以说是巨人。他说所有的故事都只是一个故事，英雄的旅程。正如他总结的那样："一个英雄从平凡的世界冒险进入一个超自然的奇境：在那里得到了神奇的力量并取得了决定性的胜利，英雄从这神秘冒险中带着赐予人类福利的力量回归。"英雄的旅程由 17 个阶段组成，从"冒险的召唤"开始，然后是"拒绝召唤""超自然的援助"等。乔治·卢卡斯（George Lucas）以英雄的旅程为原型制作了著名的《星球大战》，称坎贝尔为"我的尤达"。

坎贝尔相信这种共同模式潜在地贯穿了大多数伟大的神话，不论它们的创作地点和时间如何。这并不是因为它的情节线讨人喜欢，而是根据坎贝尔的说法，因为在伟大的宇宙意义上，我们每一个人都在英雄的旅程中。这就是为什么他在任何时候都无处不在。坎贝尔解释了我们的个人任务：

> 我们追寻的是我们每个人内在潜力的实现。追寻它并不是一次自我膨胀的旅行，而是一次冒险，将你对世界的馈赠，也就是你自己，完全实现。没有什么比实现你自己更重要的了。

对坎贝尔来说，人类处于同一旅程并非巧合。他相信人类的精神统一，每个人都有相同的基本心理框架，这一思想影响了荣格的集体无意识概念。坎贝尔坚持认为，这种人类相通的旅程很难通过言语描述，因为"最好的事情是无法言说的"，而我们能够接触到超越现实的唯一途径就是通过神话。这本身并不是一种宗教信仰，因为坎贝尔很快就说："我不是神秘主义者，因为我不进行任何苦修，而且我从未有过神秘的经历……我是学者，仅此而已。"当他被问及练习哪种瑜伽时，他回答："对我来说，在值得注意的文本下方添上下划线是最好的修行。"

除了按核心情节之外，还有其他方法可以对故事进行分类。亚里士多德根据故事在观众中引发的情绪序列来定义故事类型。例如好的悲剧会以特定的顺序唤起三种特定的情绪：怜悯、恐惧和宣泄。故事开始时，我们作为观众对一个角色产生同情。接下来，有一个核心挑战让我们对这个角色感到恐惧。最后，我们会宣泄。遗憾的是，亚里士多德没有定义这个术语的意义，学者仍在争论这个问题，但我们不必为此分散我们的注意力。重要的事实是故事的情感体验应该是重点。

在情节之下，无论有多少种情节，都有组成它们的词语和短语。哈佛文学教授艾尔伯特·贝茨·洛德（Albert Bates Lord）研究了口述故事，发现在短语层面存在很多交融、交叉、交流的现象。故事讲述者学会了某些能够引起共鸣的短语，他们会在一系列故事中使用这些确切的短语。事实上，在许多口述传统中，大部分史诗都是从其他故事中回收或重复利用的材料，就像由电视剪辑组成的一个片段。除了重复使用的短语之外，洛德还发现了某些几乎被普遍重复使用的元素，例如"三法则"。几乎总是有三样东西，三个兄弟、三个谜语等。"金发姑娘和四只熊"这个名字听起来不太好听，不是吗？在3这个数字不行的情况下，可以用数字7代替它。没有人想过把他们的故事命名为"白雪公主和六个小矮人"。

但为什么会出现这种情况呢？这是个复杂的问题。为什么基本情节相对较少？正如杰罗姆·布鲁纳（Jerome Bruner）在《真实的思想，可能的世界》（*Actual Minds, Possible Worlds*）中所写的那样："故事的叙事涉及人类意图的变化无常。既然有无数的意图和无穷无尽的方式让他们陷入困境——或者看起来如此——那么应该有无穷无尽的故事。但令人惊讶的是，情况似乎并非如此。"例如是一种世界范围内的普遍神话，以至于维基百科上有一篇记录所有已知例子的条目，目前维基百科条目上有15个故事的例子来自人口稠密的大陆，这一现象的出现有两种可能的原因。

第一种可能性是这些故事可能根植于我们的基因。数百个人类普遍现象的存在事实表明，（这些特征在任何地方的所有文化中都毫无例外地存在）我们的许多行为直接被编程到了我们的DNA中，或者，至少，导致这些普遍现象的行为是如此。无论如何，我们不是白板。回想一下前面提到的研究，即使是新生儿也对故事应该如何展开有期望。

1944年，马萨诸塞州史密斯学院的心理学家弗里茨·海德（Fritz Heider）和玛丽安·齐美尔（Marianne Simmel）证明了我们将一切事物都赋予故事性的倾向。这个故事在当时十分有名。他们制作了一部动画电影，展示了一个大三角形、一个小三角形和一个点之间的相互作用。在网上很容易找到，值得一看。人们不禁看到其中一个故事，一个男人和一个女人走在一起，突然出现一个高个子男人殴打一个小个子男人，然后追赶女人。小个子男人醒来后，追赶他们俩，然后带着女人逃跑了。海德和齐美尔向 36 名学生展示了这部电影，并请他们描述他们所看到的。几乎所有人都看到了一个关于人的故事，除了一个人之外，所有人都认为这个大三角形是一个恶霸。

那个故事是从哪里来的？为什么有些人在某些古典音乐作品中听到了类似的故事？只需几笔，漫画家就可以画出三个讲述故事的面板，我们毫不费力地填充背景故事。也许这些故事存在于我们的基因中，或者它们潜伏在集体意识中，强大到足以迫使 15 种不相关的文化想象关于火盗的故事，这些故事如此迷人，以至于他们口口相传了数百代。

第二种可能性是没有那么多可能的情节。情节是构成故事主干的一系列因果关系。一部电影可能长达两个小时，但情节可能是一个段落。它是一系列相关事件的精简序列，其中每个事件对保持连续逻辑的链条至关重要。

为了引人注目，情节必须与大多数听众相关，因此故事必须处理广泛的问题。但是，首先它们必须很有趣。没有人愿意听关于如何调试 Excel 表格的悲惨故事。这进一步缩小了故事选择的范围。其次，剧情需要主角，候选人相对较少：统治者、战士、农民、孩子等。然后他们需要一个目标，而且目标范围有限。但即使这样还不够。"饥饿的农民决定去摘苹果"这种情节是可以引起共鸣的，但是很无聊。所以情节必须有冲突。而且读者不应该从开始就知道冲突的结果。因此，在每个级别，我们都会进一步压缩好故事的渠道。

想一想，在古代世界，火是重要的东西，对吧？坐在篝火旁，人类会想知道我们是如何得到如此神奇而神秘的东西的。是我们发现它了吗？无聊至极。是白给我们的吗？令人打哈欠。啊！火是偷来的。但它是从谁那里偷来的呢？可能是从某个神那里偷来的，这给故事增加了一个很好的冒险元素。但是谁偷了它？也许是英雄或神奇的动物型援助者。这就是为什么有15个故事，不足为奇吧？

看起来，"阿哥拉"似乎在几千年来一遍又一遍地讲述了许多相同的故事，这些主要是关于人类的斗争及其相互作用的故事。它们并没有真正改变，因为我们并没有真正改变。这就是为什么即使我们的日常生活在过去的400年里发生了巨大的变化，莎士比亚当时写的故事现在仍然像新的故事一样具有关联性。今天，我们立即认出了伊阿古的邪恶狡猾、哈姆雷特的优柔寡断、麦克白夫人的无情野心和罗密欧的鲁莽。我相信400年后"阿哥拉"仍然会思考同样的故事。

第十五节 讲故事的 20 个目的

故事的主要用途是内在，是为了心里思考而出现的，它是构建未来想象的心灵构造。这就是我们每天、每小时都在用故事的原因，无论我们是否意识到这一点。我们每天做出的数百个决定中的大多数都是基于与未来相关的故事。"我如果点了墨西哥卷饼，就会有一大盘热气腾腾的美味佳肴，而我如果点考伯沙拉①，我会很痛苦，但第二天会感谢自己。"几千年来，我们发现我们可以为这些故事发声，并通过语言与他人分享，这种分享带来了新的好处，不仅对个人，而且对超有机体"阿哥拉"的未来也有好处。

与心理故事不同，讲述的故事可以无限期地持续下去。它们传播和变异，以无数种方式影响我们的生活。它们在人类中普遍存在，并且没有通过自然选择从我们的 DNA 中剔除，这意味着它们必须服务于某些重要目的。它们是干什么用的？用处当然很多。许多故事可以兼具多种功能，正如罗马诗人贺拉斯所说的，它们包含了"既令人愉快又对生活有益的言辞"。因此，同一个故事可以包含伦理道德、历史知识和实用知识，并且可为人们提供娱乐。

20 似乎是一个很大的数字，但请记住，超市里有多少种意大

---

① 考伯沙拉（Cobb salad）是起源于美国的一类沙拉。它主要由沙拉基底（生菜、苦苣、西洋菜、罗马生菜）、西红柿、煎培根、鸡胸、水煮蛋、牛油果、北葱、蓝干酪组成，再洒上混有红酒的油醋汁。盘中食材按列依次摆放。——译者注

利面酱，就有多少种故事。"故事"可能是我们认为的故事的最佳总称。荒诞的故事是虚构的。童话故事一般都有魔法或会说话的动物之类的。言浅意深的寓言故事包含道德。比喻型寓言故事通常没有动物、魔法或寓意。托寓型寓言故事中不同的人物和事件代表现实世界的人物和事件。民歌是以短诗的形式讲述的故事。神话是关于过去被认为是真实事件的传统故事，通常具有神奇的因素。传说是我们所理解的世界上可能发生的神话。叙事诗是长历史诗歌。萨迦①也一样，只不过是散文。而这些都只是冰山一角。还有笑话、戏曲剧本、喜剧、悲剧、幻想和科幻小说。此外，讲述的故事的长度差异很大。禅宗公案②的平均长度不到100字，而古代印度史诗《摩诃婆罗多》则有180万字，不到《哈利·波特》7本书的2倍。因此，据我统计，故事是具有20把刀片（或用途）的文学瑞士军刀。让我们看看它们的用途。

（一）扩展知识

"阿哥拉"使用叙述的故事来扩展和传承自己的知识。我们满怀希望，通过经验学习。然而，这种智慧通过错误决策和遭受这些

---

① 萨迦（saga）是指冰岛及北欧地区的一种特有文学。此语源本意之一是"小故事"，后来演变成"史诗""传奇"的意思。萨迦广义的意义可用于广泛的文学作品，例如圣徒传记、史著和各类的世俗小说，包括用冰岛文或挪威文翻译的他国传说及历史。而狭义上的意义，萨迦仅指传奇小说和历史小说。——译者注

② 公案（koan），禅宗术语，指禅宗祖师的一段言行，或是一个小故事，通常是与禅宗祖师开悟过程，或是教学片段相关。公案的原义为中国古代官府的判决文书，临济宗以参公案作为一种禅修方式，希望参禅者如法官一样，判断古代祖师的案例，以达到开悟。大慧宗杲禅师由公案中，发展出话头禅法。——译者注

错误的后果的高昂代价来获得的。一个人的生命相对短暂，所以如果你必须通过第一人称的经验来学习所有东西，那么这将是缓慢的。最重要的是，当你死去时，你所有来之不易的智慧都会与你一起消失，迫使下一代重新开始。但是通过故事，我们可以通过他人的经验来扩展我们自己的知识（目的一）。因此，你作为人类的经历可以被认为是你对自己所做的一切及记得的每个故事的总和。

正如进化心理学家、人类学家米歇尔·斯卡利塞·杉山（Michelle Scalise Sugiyama）所说："分享经验的口头娱乐的机会大大增加了一个人一生中可以获得的知识量，同时大大降低了获取它的成本。"因此，通过故事，"个人不再需要投入大量时间和精力或冒着生命危险寻找第一手的教育机会"。

我们除了规划未来的能力外，广泛的知识是使我们成为地球上主宰生物的另一个原因。一头小牛出生后就知道如何做一头牛；小蜥蜴在孵化后已经掌握了蜥蜴的本领。但是，在我们现代社会中，人类从出生第一天开始就积累知识，并且从未真正停止过。人类这个物种的繁荣，基于我们所知道的知识并不断增加和利用它。当然，我们可以用纸张或者以电子形式储存这些知识，但在我们历史的98%的时间里，我们都没有做到。

我们之前讨论过情景记忆。那是你对特定事件的记忆及你对它们的体验。情节记忆以故事的形式被回忆起来，是我们如何规划未来的重要组成部分，我们也将其视为故事。你听到的故事可以与发生在你身上的实际事件相同的方式存储，因此我们可以相同的方式进行回忆。

（二）磨炼大脑

故事是一种精神锻炼，可以磨炼大脑（目的二）。当我们参与故事时，我们的心理设施通常处于高度戒备状态。我们试图预测会发生什么，并跟踪故事宇宙的所有假设，仔细地追随角色的动机，如果他们做了一些稍微不符合角色的事情，我们就会被拉回现实，并认为："她绝不会这么做的。"事实上，我们甚至会想象角色的其他行动方案，就像我们说的那样："她为什么不只是……"预测故事中将发生的事情可以磨炼大脑，以便我们可以将相同的技能带到我们现实生活中进行社交互动。

（三）教授方法

与演讲之类的方式相比，故事是教授某些知识的好方法（目的三），事实证明，简单地听某人讲述关于做某事的故事——观鸟、钓鱼或烘焙——是一种比简单地听关于这些主题的阐述更持久的学习形式，尽管后者更直接和彻底。但是，这种方式只适用于某些类型的技能学习，讲故事的方法并不是学习代数的最佳方式。

（四）存储容器

故事作为记忆知识的辅助工具是存储无聊的事实以便记住它们的容器（目的四）。我们可以互相讲述我们学到的东西。"总是更换烟雾报警器中的电池"可能是一个很好的提示，但它是否"易记"呢？想象一下另一种情况：你的房子着火了，你没有更换烟雾报警器中的电池，然后一切都被烧毁了，你变得一贫如洗。那么，图文并茂的故事会将这段记忆烙印在你的脑海里。另一个例子：耶稣所讲的故事比他的教导更为人所熟知。许多非基督徒可以大致理解"浪子回头"或"好撒玛利亚人"①这些语言，但可能不太会背诵耶稣的神学。

作家尼尔·盖曼（Neil Gaiman）认为，故事是存储无聊事实的容器，因此它们会被记住。在恒今基金会的一次演讲中，他讲述了太平洋西北部美洲原住民的一个故事，该故事可以追溯到数千年前。这个故事讲述了一个年轻人与一个美丽绝伦的女人之间的禁忌爱情。他们的爱情受到了神明的惩罚：大地震动，天空被附近山上的黑雪覆盖，然后那座山的顶部着了火，最终导致多人死亡。直到女人被推入火山的火焰中，骚动才停止。盖曼坚持认为，如果将火山可能出现及地震等预警信号作为简单事实保存下来，这些知识只会持续大约三代。但是为了让这些知识持续存在，必须把它包装成一个故事——一个人们喜欢讲述的故事，关于愤怒的神灵和禁忌之爱，以及有人被献祭火山。盖曼目光熠熠地望着观众，给准备成为故事叙述者的人们一个提示：将人扔进火山里——这个情节总是凑巧的。

记住无聊的事实长期以来仍然是一个挑战。核符号学的目的是跨越"核时间"与未来人类沟通，即研究长期核废料警告，而长期的核废料警告这个标志用以阻止人类在超过 10 000 年或更长的时间入侵核废料库。我们如何警告人们在遥远的未来将废料埋在处置场的危险？1981 年，美国能源部和柏克德公司组建了一个由知识分子

---

① 好撒玛利亚人（Parable of the Good Samaritan）是基督教文化中一个很著名的成语和口头语，意为：好心人、见义勇为者。——译者注

组成的不拘一格的"人类干扰工作组"来回答这个问题。当然，各种警告可以采取正常的预防措施，但即使它们可以在10 000年后被阅读，它们也可能不会比埃及墓葬上的诅咒对我们产生的影响大。那么，还有哪些其他选择？语言学家托马斯·西比奥克（Thomas Sebeok）提出"通过使用民间传说，尤其是认为创造和培育的仪式及传说的组合，将信息传递到短期和长期的未来"。换言之，就是编造关于这个问题的精彩的故事。为了强化这些故事，他建议组建一个"原子祭司"，即一个为子孙后代保存和传播核废料管理知识的宗教阶层来创建年度仪式并年复一年地重述传说。

法国作家弗朗索瓦丝·巴斯提德（Françoise Bastide）和意大利符号学家（记号和规约符号方面的专家）保罗·法布里（Paolo Fabbri）提出的另一个基于故事的建议是对猫进行基因改造，使其在辐射下发光。这个想法是，人们养猫已有数千年的历史，并且历史可能会延续。我们可以创建一组民间故事和传说，讲述如果你的猫开始发光（这意味着该地具有辐射的危险），你应该如何离开该区域。播客"99%隐形"让音乐家Emperor X创作这些传说。正如他所说："我必须写一首关于核废料的歌曲，既要引人入胜又要让人生厌，使它可能会在10 000年的时间里代代相传。"因此出现了他写的那首歌曲《不要变色，小猫咪》（*Don't Change Color, Kitty*），这首歌的确朗朗上口。

（五）执行规范

"阿哥拉"还使用故事来支持社会。讲故事的一个长期目的是执行社会规范（目的五）。狩猎采集社会没有成文的法律法规、宗教文本或礼仪书籍。因此，他们的社会规范必须通过故事以不同的方式传达。根据人类学家丹尼尔·史密斯（Daniel Smith）的说法，讲故事是"一种通过传播社会规范来传播知识的机制"。他的团队研究了非洲和亚洲的狩猎采集社会中讲述的故事，发现"在89个故事中，大约70%涉及社会行为，包括食物分享、婚姻、狩猎以及与姻亲或其他群体成员的互动"。

在《讲故事的动物》(The Storytelling Animal)中，乔纳森·戈特沙尔（Jonathan Gottschall）补充了这一想法，称故事"通过强化一套共同价值观和加强共同文化的纽带，继续履行其约束社会的古老功能。故事培养了年轻人，定义了人。它告诉我们什么是值得称赞的，什么是可鄙的"。

一般来说，社会可接受的行为会通过使用诡计的角色（骗子）来加以说明。骗子可以是人、神或我们意识中与不良的特征联系在一起的动物，如狡猾的狐狸或邋遢的猪。它们既可以体现故事主题的单一不良特征，也可以体现七种致命的罪过以及更多。故事中的骗子角色一般是个粗人，他总是占别人的便宜，从不做自己该做的那份任务，而且他总是先考虑自己，然后再考虑群体——这在觅食社会中是最大的罪恶。故事中骗子最终失败并得到相应的惩罚，其中蕴含着一个明显的寓意：如果你这样做，同样的命运将降临到你身上。隐晦不是这些故事的特点，这些故事的主题思想都很直白，让每个人一眼就能看懂。

在觅食社会中与现实生活中，搭便车者打交道是一件微妙的事情。你所属的群体是你的安全网。在《债》(Debt)一书中，人类学家大卫·格雷伯（David Graeber）讲述了一个名叫泰·雷恩加（Tei Reinga）的毛利人的故事，他是一个懒惰的贪吃者，总是向渔民索要"他们捕获的最好的鱼。拒绝直接索要食物的要求实际上是难为情的,因此渔民会不断地把食物递给他,直到有一天,人们觉得忍无可忍就杀了他"。这个故事可能在其他贪吃者在场的情况下被重述了很多次。

(六) 塑造行为

与"用道德打击他们"的方法相反,故事被用来温和地塑造行为(目的六)。故事的讲述方式可以让听众得出自己的结论,也就是说,按照他们认为合适的方式将故事应用到他们的生活中。这在宗教传统中很常见。耶稣用寓言教导,需要听众反思。甚至有时他的弟子也不理解,需要请教解释。佛学家和孔子早在500年前就使用了这种教学方式,而且无疑是在此之前的几个世纪。

《星际迷航:航海家号》(*Star Trek: Voyager*)的一幕说明了故事的这种用法。机组人员贝拉娜·朵芮丝(B'Elanna Torres)坠落在一个与古希腊一模一样的星球上,当然那里的人说着带有美国口音的英语。这不重要。无论如何,她发现自己身在一个处于战争边缘的国家。在那里,她结识了一位名叫凯利斯的年轻的、爱好和平的剧作家,他决心写一部戏剧来表明战争不是解决他的领导人与邻国分歧的办法。这两个角色有这样的交流:

凯利斯:我的赞助人对他的对手充满了仇恨,所以我们的戏曲剧本应该充满爱。

朵芮丝:我们不能通过几行对话来改变一个人的生活方式。

凯利斯:不,你可以。以前也有人这么做过……为什么我的戏不能代替战争？

当然，这个计划奏效了。统治者看到主角扔掉武器，选择和平，这也让他看到了这样做的好处。

梅勒妮·格林（Melanie Green）是布法罗大学的一名社会心理学家，她研究故事改变信仰的力量。她认为，当我们听到或想象故事时，我们会被带入那个叙事世界，我们的大脑会完全投入其中，这意味着我们的情绪范围会对大脑产生影响。正如她在播客《你没那么聪明》中所说，当这种情况发生时，"我们有这种深入而且生动的体验，我们从故事中获取信息，并将其带入现实世界。所以我们从故事里人物的遭遇中学习，这可以改变我们思考和做事的方式"。

她补充了一个有趣的花絮："在我的作品中，我们有一个一致的发现，即你告诉别人一个故事是事实还是虚构并不重要……事实和虚构都能说服人。"这很吸引人。即使他们知道这个故事是假的，它也会以同样的方式影响他们。这类似于医学上即使你告诉人们他们正在服用安慰剂，你仍然可以观察到安慰剂效应。

（七）教导道德

故事的另一个用途是教导个人道德（目的七），通常是对孩子们。一般来说，这是通过例子来完成的，而不是通过明确的说教。在这些故事中，有善有恶。尽管一路上遇到挫折，但最终还是好人胜出，英雄战胜了恶棍。恶行受到惩罚，惩罚不一定是通过当局者得到，而是通过犯罪行为本身的内在特性，即玩火自焚。

不一定是当局，而是行为本身的内在性质。同样，美德也会得到回报。给孩子们讲 1 000 个这样的故事，这些基本模式就会在他们的心中形成。这个想法是 C. S. 刘易斯（C. S. Lewis）的太空三部曲第二部《皮尔兰德拉星》（Perelanda）的核心，故事发生在金星上。伊娃受到撒旦的引诱的故事再次被提出。故事中，上帝给了亚当和伊娃一个规则，然后撒旦设法单独控制伊娃并开始引诱她。撒旦这样做的方法很有趣。他从未告诉伊娃应该打破某个规则。相反撒旦只是日复一日地给她讲故事，讲述那些被给予一个好规则的女人的故事，但出现了一种正确的做法，那就是打破规则。知道何时遵守规则、何时打破规则是智慧的本质。在撒旦的所有故事中，这位违反规则的女人因做了明智的事而受到赞誉。

（八）创造文化以及充当黏合剂

故事支撑社会发展，因为它们既创造文化（目的八）又充当社会黏合剂（目的九）。J. F. 比尔莱因（J. F. Bierlein）在他的《平行神话》（Parallel Myths）一书中写道："神话是将社会团结在一起的'黏合剂'，它是社区、部落和国家认同的基础。"前面提到的乔纳森·戈特沙尔呼应了这一想法，称故事为"社会的润滑剂和黏合剂：通过鼓励我们表现良好，故事减少了社会摩擦，同时围绕共同价值观团结了人们"。即使在今天，一个国家的建国神话，连同其传奇的历史，仍然将生活在那里的所有人联系在一起。约瑟夫·坎贝尔进一步推动了这一点，他写道："在漫长而广阔的历史进程中，文明的兴衰很大程度上可以看作其支撑神话体系的完整性和连贯性的结果，因为这不是权威，而是渴望，是文明的动力、建设者和变革者。"

流行文化中的故事也将我们联系在一起。能说出《白雪公主和七个小矮人》的人数是能说出九位美国最高法院大法官中两位的人数的三倍；能说出《三个臭皮匠》的人数是能说出美国政府三个分支的人数的两倍；能说出电影中超人是来自氪星的外星难民的人数几乎是能说出离太阳最近的星球（水星）的人数的两倍。这些事实经常被用来嘲笑普通人，但很少有人指出这些虚构的故事如何跨越时代、种族和经济地位。你可以说人们应该更多地了解公民学，但这并不意味着他们就应该了解更少的喜剧演员。

在微观层面，故事服务于同样的目的。从定义上讲，讲故事本身就是一种社会行为。必须有讲述者和听众。在大多数情况下，有多个讲述者。无论是在篝火旁还是餐桌旁，"交换"故事的说法都是贴切的。因为它们被用来换取其他故事。我猜测，这种利用故事的形式可能非常古老。想象一下，你生活在 25 000 年前，你遇到了 150 人左右团队中的某个人。你会说什么？你可能会以故事的形式分享有用的信息，"今天早上我从山边走回来，看到两只熊……"

（九）促进同理心

故事可以用来促进同理心（目的十）。20 世纪 60 年代，哈佛研究生吉恩·布里格斯（Jean Briggs）与因纽特人一起生活在北极圈之上。她用自己的经历谱写了《永不愤怒：爱斯基摩家庭的肖像》（*Never in Anger: Portrait of an Eskimo Family*）一书，她观察到因纽特人从不表现出愤怒。她将这种现象与他们如何使用故事来管教孩子联系起来。没有责骂，没有大喊大叫，也没有逃避。相反，父母会等到孩子平静下来，再表演一个故事。假设你的孩子会咬其他孩子，你作为这个孩子的母亲可能会要求孩子咬你，这会在孩子的脑海中提出各种各样的问题，例如，"我为什么要咬我妈妈？"但如果孩子确实咬了，你会痛苦地收回被咬的部分，说："那真的很痛。"用两只毛绒玩具也能达到同样的效果，表演出其中一只会咬另一只动物的情况。家长可能会问："你认为那一口咬下去疼吗？是友善的吗？它们为什么这样做？"这种做法是利用这个故事来与孩子一起探讨情绪的含义。如果对孩子大喊大叫或责骂他们，那么你只是教他们成为愤怒的孩子。愤怒是正确的反应，但是通过故事向他们展示他们的行为后果，使他们学会了同理心。

许多研究表明，阅读小说可以提高我们辨别动机的能力，那是智力上的事情。但是当我们沉浸在一个故事中时，它也成了一种情感体验，我们对角色产生了共鸣。亨利·大卫·梭罗（Henry David Thoreau）曾问："还有比我们彼此看一眼的瞬间更伟大的奇迹吗？"这就是故事。

情感的力量在于我们会因之而行动。无论好坏，它们都在驱使我们。知道一些东西可能是有用的，但如果没有某种激情，人就只是生物图书馆。共情是一种机制，通过它，一个人会因为他人的处境而感受到情感。作家大卫·罗布森（David Robson）为BBC写道："大脑扫描表明，阅读或听故事会激活大脑皮层的各个区域，这些区域被认为参与社会和情感处理，人们读小说读得越多，就越容易和其他人产生共鸣。"

有人对共情提出了一些反对的观点。为《纽约时报》撰稿的保罗·布卢姆（Paul Bloom）不喜欢同理心。他认为不感受他人痛苦的同理心，"关心他人但不感受他们的痛苦"会更好，他引用《星际迷航》中斯波克的思考方式写道："一个好的决策者使用理性做出决策，追求一种共情无法提供的公平和公正。"根据你对瓦肯人（《星际迷航》中的一种外星人）的看法，你可能会同意或不同意这一点。过多的同理心会导致同理心疲劳，这种情况在医疗保健等行业中十分常见，日常工作可能会让人心力交瘁。

（十）说服机制

故事支持社会的最后一种方式是，它们是我们说服他人的主要机制（目的十一）。正如作家安迪·古德曼（Andy Goodman）所写："数字使感情变得迟钝，行话让人不舒服，从来没有人因为一个饼状图而走上华盛顿的街头抗议。如果你想与观众建立联系，就给他们讲一个故事。"

政府利用故事来说服人民并以一个共同的愿景团结他们。当我们不同意这个愿景时，我们称这些故事为宣传。暴行宣传是指以引发愤怒为宗旨的讲故事的方式。1990年，伊拉克入侵科威特后，一位名叫奈伊拉的女孩在国会发表了激动人心的证词，她称自己目睹了伊拉克士兵从科威特医院偷走恒温箱，把里面的婴儿留在冰冷的地板上自生自灭。直到后来，这一切才被揭露是假的。她的出现是一场复杂的亲科威特公关活动的一部分，据透露，她正是科威特驻美国大使的女儿。在第一次世界大战（以下简称"一战"）中，几乎所有交战方都参与了这种讲故事的活动。例如有人错误地声称，德国士兵会砍掉比利时婴儿的手，或者吃掉他们，甚至把人钉在十字架上。在二战中，纳粹向德国人民讲述了一个涉及犹太人的故事，揭示了犹太人的背叛导致了德国人一战的失败和德国的最终命运。

故事在商业中是被用来说服别人的另一种方式。作家兼营销大师塞斯·高汀（Seth Godin）说："营销不再是关于你制作的东西，而是关于你讲述的故事。"作家罗伯·沃克（Rob Walker）和约书亚·格伦（Joshua Glenn）的一项名为"重要物体"的实验明确地证明了这一点。他们在旧货店以 1.25 美元的平均价格购买了一堆各式各样的物品。然后，他们让作家为每个物品写上一个故事。然后将这些物品连同它们各自的故事一起发布在 eBay 网上。这些故事没有被证明是真实的，有些故事还带有作者的署名。他们售出的近 200 件物品带来了大约 8 000 美元的收入——平均每件物品的价格为 40 美元。

在杂志的黄金时代，最具标志性的广告是故事。大卫·奥格威（David Ogilvy）为劳斯莱斯写了一则广告，被公认为有史以来最好的平面广告之一，而且劳斯莱斯的广告预算仅为凯迪拉克广告预算的 2%。奥格威说他被要求创造奇迹，写出人人都会读的广告文案——而且永远不会忘记。他想出的文案是："在时速 6 英里的劳斯莱斯里，最大的噪声来自电子钟。"广告接着讲述了一个故事，讲述了每辆劳斯莱斯汽车是如何精心制造的。奥格威后来说："当我向纽约的劳斯莱斯高级管理人员展示这个文案时，那个严肃的英国工程师说，'我们真的必须做点儿什么来改善我们的时钟'。"这则广告非常成功，公司的销售额在一年内增长了 50%，奥格威达到了他的目标：我的朋友杰森在我们还上高中的时候告诉我关于这个广告的消息，35 年后我仍然记得这个广告。奥格威的另一个经典广告也承载了一个故事，那就是"穿海瑟薇衬衫的男人"。广告展示了一个穿着考究的小伙子，戴着一个令人费解的眼罩，该广告发布以后，这个眼罩几乎与该品牌同名。广告的结尾是"海瑟薇衬衫是由缅因州沃特维尔小镇的一家专业工匠小公司制作的。他们自幼起到现在,已经干了115年了"。我希望他们最终会让工匠退休。

(十一)精神启蒙

"阿哥拉"使用讲述的故事来帮助超级有机体中的个人,例如故事可以帮助我们获得精神启蒙(目的十二)。多种传统都有鼓励信徒冥想的故事。这些故事本身可以如此强大,以至于它们会引发宗教感情。约瑟夫·坎贝尔认为,它们是通往所谓的超越现实的唯一途径,这是无法直接用语言或逻辑来访问的。他写道:"神话的第一个功能是将清醒的意识与宇宙本来的令人敬畏和迷人的神秘相协调[①]。"

(十二)治疗

故事是治疗性的(目的十三)。它们不仅可以改变你的心理状态,而且还有一个叫作叙事疗法的完整领域,其核心原则是"问题并不在于人,而在于问题本身"。它可以帮助人们识别他们自我定义的生活故事,然后,在他们希望的情况下可以改变这些故事。

(十三)逃避

接下来,故事提供了对严酷现实的逃避(目的十四)。这听起

[①] 源自拉丁语:令人敬畏和迷人的神秘。是一个谜,在它面前我们既颤抖又着迷,既排斥又被吸引。——作者注

来可能很消极，但尼尔·盖曼为它辩护："一旦你逃脱，再回来，世界就和你离开时不一样了。你得带着你以前没有的技能、武器和知识回到这里，这样你就能更好地应对当前的现实。"

在1939年的文章《论童话故事》中，J. R. R. 托尔金（J. R. R. Tolkien）也为逃避现实作了辩护，并提供了一个类比："如果一个人发现自己在监狱里，他试图逃回家，为什么要受到蔑视？或者，如果他无法逃脱，他思考和谈论的话题不是狱卒和监狱的墙，又为什么会受到嘲笑呢？"多年后，C.S. 路易斯说，最关注和敌视逃跑想法的人实际上是狱卒。

（十四）娱乐

最后，也许是最明显的，故事提供了娱乐（目的十五）。赫特福德大学教授理查德·怀斯曼（Richard Wiseman）与不列颠科学协会联手进行了一次"科学探索世界上最有趣的笑话"的活动。在来自70个国家的35万人对4万个笑话进行评分后，他们宣布获胜作品。故事是这样的：

两名猎人正在树林里。其中一个倒下，他似乎没有呼吸，眼神呆滞。另一个人掏出手机拨打紧急服务电话。他喘着粗气："我的朋友要死了！我能做些什么来救他？"接线员说："你先冷静，让我来帮你。首先，让我们确定他已经死了。"一片寂静，然后听到一声枪响。回到电话那头，那家伙说："好吧，现在怎么办？"

娱乐故事的一个悖论是它们经常描绘在现实生活中不会觉得有趣的情况或事件。在电影《疯狂假期》(National Lampoon's Vacation)中,我们从看到发生在格里斯沃尔德一家身上的事情中获得乐趣,而这些事情是我们永远不想发生在我们身上的。同样,我记得《布鲁姆县城》(Bloom County)连环漫画中人物正在看电视。他们来回走动,试图弄清楚他们是在看关于黎巴嫩冲突的新闻报道,还是在看旧版的《老鼠巡逻队》(Rat Patrol)。最后一个画面有一个角色大喊:"谁能告诉我,我是否应该享受这个?"

一般来说,我们希望我们的生活带一点儿无聊。例如你绝对不想在维基百科上出现你的飞机飞行记录——因为这只有在你的飞行过程中发生了危险事故的情况下才有可能,这意味着,你很可能在维基百科条目被写出来之前就已经死了。但我们为他人的不幸感到高兴。故事不应该培养同理心吗?这似乎看起来很残忍。此外,为什么有些人喜欢令他们哭泣的悲伤故事?或者,更莫名其妙的是,他们为什么要花大价钱到电影院受恐怖电影的惊吓?为什么《夺魂锯系列》(Saw)特许经营权依然会存在呢?同样,威利·纳尔逊(Willie Nelson)说:"世界上99%的恋人都不是初恋。这就是点唱机发挥作用的原因。"换句话说,我们往那个投币槽里放硬币是为了体验忧郁。为什么?

宾夕法尼亚大学心理学家保罗·罗津(Paul Rozin)有一个理论。他创造了"良性自虐"一词来描述一系列负面情绪和感觉,如果我们100%安全地这样做,我们就会真正享受这些负面情绪和感觉。这些包括剧烈运动后的肌肉酸痛、苦酒、发臭的奶酪以及悲伤或恐怖的电影。当我们确信不会受到伤害时,我们会享受身体对这些感觉的反应。我们可以有厌恶、恐惧或悲伤的丰富体验,因为我们知道它不是真实的。约瑟夫·坎贝尔也有类似的想法，他说："我认为我们正在寻求的是一种活着的体验。"

（十五）协调行动

"阿哥拉"以超越时间的方式使用故事，连接未来和过去。它以多种方式做到这一点。例如，我们使用故事来协调行动（目的十六）。"你做这个，我做那个，然后这就会发生"是一个关于未来的故事，每天可能会被讲述数百万次。

（十六）解释

接下来，他们解释了事情是如何发展成现在这样的（目的十七）。章鱼是神奇的动物。尽管它们是孤独的生物，寿命很短，通常只有几年左右，但它们非常聪明。如果它们活得更久，而且群体更大，它们可能会成为地球上的顶级物种，与我们一较高下。它们是很有趣的生物：它们将大部分神经元集中在触角中，形成一个巨大的分布式大脑。它们可以改变皮肤的颜色，与周围环境完美融合，但它们本身就是色盲。它们的血液是蓝色的，基于铜，而不是铁。它们几乎就像一个外来物种。为什么会这样？好吧，根据夏威夷宗教的创世颂歌库木利波（Kumulipo）的说法，宇宙曾多次被摧毁，但每次都会被重新建造。章鱼是上一个宇宙中唯一的幸存者，它设法从世界之间的狭窄缝隙中挤出凝胶状的身体。

另一个解释章鱼的故事是，数十亿年前，地球上出现了复杂的生命，通过无数次的繁殖周期，有利的特征从父母传给了后代。随着时间的推移，这些特征发生了分歧，变得更加专业化并适合它们各自的环境。最终，世界上所有的动物随着时间的推移陆续出现，每一种动物都在一个不可思议的相互联系和相互依存的巨大生命网络中扮演着独特的角色。

它们都是很好的故事，都具有相同的功能，可以解释世界并告诉我们它是如何运作的。我把它们放在一起并不是为了贬低其中任何一个，而是为了强调 J. F. 比尔莱因在《平行神话》中提出的观点，他在其中写道，神话是"试图解释事物如何发生的最早尝试，是科学的祖先。神话也试图解释为什么事物发生的领域是宗教和哲学领域。它是一段史前历史，告诉我们在书写历史之前可能发生的事情"。

（十七）保留历史

接下来，故事保留了历史（目的十八），给"阿哥拉"一个有意义的过去。在文字出现之前，人们如何知道超出了他们记忆范围的过去发生的事？我们认为了解历史是理所当然的，但想想那是多么不受束缚的感觉。"我们是谁？""我们是怎么来到这里的？"这些问题都是通过故事来回答的。由于这些故事实际上是镇上唯一的节目，因此它们一定有全神贯注的观众。人在一生中，会一次又一次地听到同样的故事，并将它们传递下去。

道格·赫格达尔（Doug Hegdahl）是越南战争期间美国海军的一名水手，他被俘虏并送往臭名昭著的河内希尔顿监狱集中营。后来他提前获释，在另一名囚犯的帮助下，他将其他 256 名囚犯的姓名以及他们被俘的时间、方式和其他个人信息，都用《王老先生有

第一章 故事：现代世界是如何形成的

块地》(*Old MacDonald Had a Farm*) 的曲调记住了。半个世纪后，他仍然记得。通过这样的方式，历史被忠实地传承，澳大利亚的土著人民完全有可能以他们的神话形式对37 000年前的火山喷发有着鲜活的记忆：巨人把他的身体变成布吉必姆山，他的牙齿变成熔岩。

在早期，人们是行走的图书馆。讲故事的人比舞台表演者更像是知识的保存者。他们赋予过去生命。正如政治理论家汉娜·阿伦特（Hannah Arendt）所说，"如果没有人讲述阿喀琉斯光辉一生的故事，就不会有人知道他的成就"，它们发挥着重要的民事作用：过去可能已经死去，但我们关于过去的故事仍然存在并且具有真正的影响力。没有历史的社会只是一群人。1776年7月4日和2001年9月11日不仅仅是一个日期，而且是强有力的故事。玛雅人完全明白这一点。当他们征服一座城市时，他们折断并肢解了文人的手指，结束了他们记录任何东西的能力，实际上结束了这座城市的历史。个体也可能被抹去自己的历史。许多古代文明都实行了一种被称为"记录抹杀"[①]的古代惩罚，包括埃及人、希腊人和罗马人。它包括删除对一个人的所有描述，以及他们所做的一切记录，就好像他们从未存在过一样。这难道不是"取消文化"的一个显著例子吗？

同样，这也是暴君重写历史书籍的原因，因为虽然他们无法改变过去，但他们可以改变关于过去的故事并试图改变现在。在

[①] 从字面上看，是谴责记忆。——作者注
除忆诅咒（Damnatio Memoriae），或称为"记录抹杀之刑"，是一个拉丁词语。按字面上的解释是"记忆上的惩罚"，意指从人们的记忆中抹消某一个人的存在。通常在叛国者或败坏罗马帝国名声的上层人士死后，经由元老院通过决议，消除特定公众人士的所有记录。对被加上除忆诅咒的人来说，这是最严重的耻辱，对一些人而言，这是一种比苦刑、死刑还苛刻的处罚。——译者注

乔治·奥威尔（George Orwell）的书《1984》中，温斯顿·史密斯（Winston Smith）在真理部工作，在那里他不断改写历史以适应不断变化的环境。遗憾的是，不仅这种情况在小说中被描述过，这种情况在现代世界也是真实存在的，有了技术，我们更容易重写历史。

对人们来说，神话使历史、科学和宗教合而为一。现代思维不是这样工作的。拿第一个问题来说，"你是由什么构成的？"生物学家会说"主要是水"，化学家会说"主要是氧气"，而物理学家会说"几乎完全是空的空间"。过去只有一个答案，它包含在神话中。法国人类学家克洛德·列维-斯特劳斯（Claude Levi-Strauss）写道，今天，"历史已经取代了神话，发挥了同样的作用"，即确保"未来将忠实于现在和过去"。

（十八）想象未来

接下来，"阿哥拉"用故事来想象未来（目的十九）。整个部分的主题是我们在制定计划时如何使用心理故事来想象未来。但是，当然，我们也使用讲述的故事来描绘我们不可估量的未来。我们曾经想象的未来会存在，但在实际上已经存在的事物的清单令人印象深刻。寇克船长有一部翻盖手机，乌瑚拉耳朵里有一个蓝牙设备，还有 1 000 万美元的 XPRIZE 奖金用于制作麦考伊博士的三录仪。问 Alexa（亚马逊公司推出的一款智能助理）长大后想成为什么，它会回答："我想成为《星际迷航》中的计算机。"

苹果声称它发明了平板电脑，在指控三星侵权的法庭案件中，三星提交了《2001 太空漫游》（2001: A Space Odyssey）的照片作为证据，这些照片清楚地显示了一些看起来像 iPad 的东西，但比它早了 40 年。那部电影的制作说明显示，斯坦利·库布里克（Stanley Kubrick）和他的团队为该设备设想了比电影中更多的功能。

它不仅仅是小工具和科幻小说。跨越几个世纪的乌托邦文学想象了未来的地球。500 年前，托马斯·莫尔（Thomas More）爵士写了一本书，想象着一个拥有宗教自由的未来世界。一个世纪后，《太阳城》(Civitas Solis) 描述了一个没有奴隶制的未来。又过了一个世纪，《特勒马科斯纪》(The Adventures of Telemachus) 描述了一个宪政制度的未来。19 世纪到处都是描述男女法律平等、普及公共教育、免费预防医疗以及为贫困人群提供政府保障的未来的书籍。

（十九）警示未来

最后，故事被用作警示未来可能出的错误（目的二十）。就个人而言，我不是反乌托邦电影的粉丝。当然，我明白，我会花 10 美元看一些 A 咖[①]与机器人流氓战斗。毕竟，谁想看电影《未来的一切都美好》(Everything Is Wonderful in the Future)？但是当我看那些电影时，我总是想："那永远不会发生。"我毫不掩饰地对人类的未来持乐观态度。不过，我是科幻小说的爱好者，所以我通常会去电影院一边看改编的电影，一边吃爆米花，看到不可能发生的事情时总会翻几个白眼。但后来我偶然发现了传奇科幻作家弗兰克·赫伯特（Frank Herbert）的一句话，他说："科幻小说的功能并不总是

[①] A 咖或称 A-list，通常都用在媒体名人当中，如影视娱乐、运动、社交等，表示他们经济价值高。在严肃的行业，如学术、政治、企业，用"A 咖"这个词并不合适，除非意在开玩笑。——译者注

预测未来，有时甚至是阻止它。"换句话说，这些故事是关于可能出错的警示故事。

警示性的故事确实很容易被嘲笑。1907 年，希莱尔·贝洛克（Hilaire Belloc）写了一本名为《儿童警示故事》（*Cautionary Tales for Children*）的讽刺书，其中包含的故事包括《丽贝卡：摔门取乐的人，悲惨地死去》和《蓝迪勋爵：过于感动到流泪，从而毁了政治生涯的男人》。

第十六节　新超有机体

有了语言，人类个人获得了超能力，但意想不到的结果是创造了一种新的超有机体，一个人类部落——"阿哥拉"。我们的对话是"阿哥拉"的思想，我们的故事是它的智慧。我们的这些故事的语料库逐年增长，扩大了"阿哥拉"的能力。然而，"阿哥拉"唯一需要存储信息的地方是我们每个人的大脑。我们不是最好的数据存储设备，但当下，我们是"阿哥拉"手头上唯一的选择。

多年来，人类的数量增加了，我们也变得越来越专业化。虽然其他种类的超级有机体的成员只有几个不同的工作，但"阿哥拉"有数千个。因此，"阿哥拉"变得越来越聪明。我们搬进了城市，"阿哥拉"变得更加强大；然后我们发明了写作，让"阿哥拉"的知识无限增长。通过这项创新，一代人可以在前人的学习基础上再接再厉。这最终促进了科学和现代性。

即使在今天，我们对故事的主要用途仍然是精神上的。我们用它们来规划未来，从未来几分钟到几年甚至几十年。但这提出了一个有趣的问题：我们怎么知道未来会发生什么？当然，我们有能力想象可能发生的事情，但你怎么知道实际会发生什么？正如亚里士多德所写："没有人能够叙述尚未发生的事情。"

或者有人可以吗？

在科学时代，我们了解到世界以可预测的方式运行，它受到规律的支配,而这些规律是可以辨别和掌握的。我们开始怀疑:"未来也同样受规律支配吗?如果是这样,我们能否学习这些规律并用它们来预测会发生什么?"

这将我们带到了本书第二部分。1654 年,法国两位伟大的数学家开始建立这样一门科学,他们称之为"概率"。

第二章

骰子:我们如何预测未来

第一节 可预见的未来

心灵时光旅行（心灵穿越）是人类的超能力。我们最初使用它的目的可能相对平凡，无非预测接下来几分钟会发生什么。但尝到甜头后，我们不可避免地想要更多，看得更远、更清楚。因此，我们构建或发现了其他方法来一睹明天的风采。这是何等的大胆？我们究竟凭什么能够看到未来？毕竟是未来，它还没有发生。不管你怎么评价我们，我们是一群雄心勃勃的人。

要预测未来，你必须了解它为什么会以这种方式发生。为什么事情会以这种方式而不是那种方式展开？从广义上讲，有四种不同的思路试图触及这个问题的根源。在这个问题上，我们很少有人是教条主义者，即使在知识层面上我们可能支持其中一种观点，但我们在日常生活和决策中也会以多元化的方式融合它们。

（一）第一个思路：未来之所以这样发生是因为它注定以这样的方式发生

用威廉·布莱克（William Blake）的话来说："有些人生而甜蜜欢畅，有些人生而无尽夜长。"在古希腊，命运是他们至高无上的权力，甚至凌驾于众神之上。你的命运是由摩伊赖（Moirai）三姐妹决定的，她们分别是克洛托（Clotho）、拉刻西斯（Lachesis）和阿特罗波斯（Atropos），她们从你出生的那一刻起，就如一个霸道的祖母，规划了你的一生。克洛托会纺出你的生命之线，拉刻西斯会设定你的命运，而阿特罗波斯会用她的剪刀剪断线，设定你死亡的日子。你无法逃脱这种命运，众神也无法逃脱他们自己的命运。在荷马的《伊利亚特》中，宙斯无法拯救命中注定要被帕特罗克洛斯杀死的爱子萨尔珀冬。

人虽受命运支配，但仍有自由意志。当底比斯国王发现他的儿子俄狄浦斯会杀了他时，他采取了一系列谨慎的措施来阻止这件事发生。国王的所作所为是由他自己决定的，但他无法改变自己的命运。就像这样：想象你坐下来和世界上最伟大的棋手下棋。你的命运已经注定——你将失败。你可以自由地做任何你想做的动作，但这不会改变结果。正如柏拉图所说："没有人能逃脱命运。"

摩伊赖决定命运。其他神明和神谕可以看到未来，但无法改变它。阿波罗知道未来会发生什么，他把这份礼物送给了他在德尔斐神庙的神谕，并附上了两个指示：永远说真话；永远不要太具体。德尔斐神庙的神谕履行了这一职责，并且大约维持了1 500年。许多古人，包括柏拉图，都证明了神谕者的准确性。我们甚至知道最后一位神谕的最后一条信息。它在公元360年左右传递给了背教者尤利安。尤利安想恢复古神在罗马文化中的卓越地位，因此他派了使者前往德尔斐。神谕给尤利安的计划泼了一盆冷水，她（神谕）打破了尤利安的计划，她通知信使"吟唱的泉水也已沉默"。

罗马人采用了这种关于命运的希腊信仰，将摩伊赖重新命名为"帕耳开"（Parcae）。在北欧神话中，也有类似的生物，称为"诺恩"（Norn），其中有很多，有好有坏，这就解释了为什么人们的命运千差万别。如果你最终得到一个卑鄙的诺恩，生活会很艰难。

在古代，未来的展开不仅取决于命运，还取决于其他神圣力量——包括运气和机遇，两者都被认为是真实的，而不仅仅是比喻。它们就像命运一样，随意地施以恩惠和诅咒，几乎不考虑个体的优点或虔诚度。

（二）第二个思路："必然性"，也称为"决定论"——未来之所以以某种方式发生，是因为它必须如此

事情不是注定要以这种方式发生的——没有人决定它，但它只能以这种方式发生。事件 A 导致 B，B 导致 C，C 不可避免地导致 D。发生的一切都是导致它的所有事件的必然结果，这意味着你今天早上在床架上撞到脚趾是一系列事件不可避免的结果，这些事件可以追溯到"宇宙大爆炸"。

这种关于未来的信念实际上是对宇宙本质的信念，也就是说，这种关于未来的信念是一元论和二元论之间的古老辩论。一元论相信只有一种事物，即我们在我们周围感知的物质的、机械的、因果的世界。生活在 2 500 年前的德谟克利特（Democritus）简单地说："只有原子和虚空才是真实的。"他的老师留基伯（Leucippus）解释了这一点的重要性："没有什么事情无故发生，一切事情的发生都有原因和必然性。"一元论与二元论形成鲜明对比，二元论承认物理世界，但断言存在同样真实且非物质的额外事物，例如思想。柏拉图持有这种观点。

早期启蒙思想家欣然接受了宇宙的一元论观点。世界被视为一个巨大的发条装置，一切都可以用简单的机械术语来解释。一切，甚至我们。正如托马斯·霍布斯（Thomas Hobbes）所写的那样:"心,不就是一根弹簧吗?神经,不就是众多发条吗?给整个身体提供运动的关节,不就是诸多轮子吗?"霍布斯认为人类类似于简单的计算机程序,编码只是为了避免痛苦和追求快乐。这是一个令人陶醉的观点,因为它不需要上帝,只需要理性,只诉诸一个既可知又不变的物理现实。当然,仍然有勒内·笛卡儿(René Descartes)提出的身心问题,他说很难想象一个"想法"是由什么构成的,或者自由意志背后的机制是什么,但这被视作一个次要的反对意见,而且至少物理世界显然只是一台机器。

他们有充分的理由相信这一点。在 1989 年的卡尔文和霍布斯的连环画《凯文的幻虎世界》(*Calvin and Hobbes*)中,凯文问他父亲灯泡是如何工作的,他父亲回答说"魔术"。凯文指出他父亲也说过关于吸尘器的事情,并推测他的父亲真的不知道答案。在中世纪,"魔术"的答案是我们所能收集的关于自然现象的广泛问题的全部内容。然后,随着我们进入科学时代,我们学会了如何通过辨别自然界中看似定律的行为来回答越来越多的这些问题,这些行为可以用数学方法表达并做出惊人的准确预测。突然之间,似乎所有的自然都受到非个人的、可知的规律支配。

这种从魔术到科学的思维转变几乎可以追溯到一个字面上的时刻:根据儒略历计算,1715 年 4 月 22 日,星期五,格林尼治标准时间上午 9:33。当日全食穿过大不列颠时,伦敦陷入黑暗。我们以埃德蒙·哈雷(Edmond Halley)的名字命名这次日食为"哈雷日食"。它已被广泛预测,日食路径的地图发布在当天所有被广泛阅读的大报上。哈雷的计算误差为 4 分钟和几英里,但没有人小气到为此争论。科学曾预测,那天早上月亮会挡住太阳,事实确实如此,并且有数百万目击者见证了这一事件。

对于启蒙思想家来说，一元论有两个不可回避的含义。首先，这意味着未来是可以预测的。它可以通过一组不变的物理定律来预测。18世纪的博学家皮埃尔-西蒙·拉普拉斯（Pierre-Simon Laplace）提出，如果有一个实体知道宇宙中所有事物的当前状态，那么"对于这个智能生物来说，没有事物是不确定的，而未来只会像过去般出现在它眼前"。其次，如前所述，这个说法消除了对任何事情的超自然解释的需要，甚至是可能性。据说，当拿破仑问拉普拉斯为什么在他的著作中没有提到创造者时，拉普拉斯回答说："我不需要那个假设。"甚至上帝也可以被简化为一个科学假设，而且是一个不必要的假设。

（三）第三个思路：同步性

这有点难以理解，因为它与逻辑因果确定性世界背道而驰。在同步性中，事物与其他事物是相关的，而在这些事物关联性中没有因果关系。尽管"同步性"一词是由卡尔·荣格创造的，但这个概念本身却是相当古老的。

考虑占星术。你有没有想过，相信占星学的运作机制是什么？为什么它有效？我的意思是，你明明可以从科学的角度说，一年中某些时候出生的人，他们的母亲在不同的季节怀孕，吃不同的食物，这可能会对他们的胎儿发育产生可预测的影响。因此，狮子座可能倾向于以一种方式行事，而天秤座则可能以另一种方式行事。事实上，这甚至可能是真的——但没有人这么说。他们只是说，因为你出生在这个确切的时间，在这个纬度，当时占星术的行星马尔斯-火星在这个位置，所以你赋有一些特征。这是为什么呢？这个逻辑似乎无视所有从科学角度的原因，但占星术是当今最常见的占卜形式。无论是在美国还是在世界其他地方，占星家的数量都远远多于天文学家。在印度，吠陀占星术被用来安排婚姻和决定创业的好时机；在美国，国家科学基金会发现，大多数年轻人认为占星术是一门科学。除了普遍之外，占星术也很古老——如果像一些人认为的那样，两万年前画在洞穴墙壁上的星星是它的一种形式，那么它的古老程度令人难以置信。无论如何，它肯定有 5 000 年以上的历史，因为我们在第一批文字样本中看到了对它的引用。有趣的是，在《圣经》对耶稣诞生的描述中，智者来自东方，他在东方看到了一颗星星，却向西行进——与他们看到星星的方向相反。一些学者认为他们是占星家，他们在天空中看到了希伯来弥赛亚诞生的迹象，所以他们前往耶路撒冷，问大希律王："犹太人新生的王在哪里呢？我们在东方看见代表他的星星升起，前来朝拜他。"

相信它的不仅仅是无知或未受过教育的人，有学问的启蒙者仍然相信占星术。第谷·布拉赫（Tycho Brahe）认为"人类受到天体的影响比动物小"。伽利略·伽利莱（Galileo Galilei）不仅相信占星学，还把它当作一门课程来教授，并为自己的赞助人和学生制作星盘。弗兰西斯·培根（Francis Bacon）相信它的一部分内容，但主张改革它的实践方式。约翰内斯·开普勒（Johannes Kepler）写了一本关于占星术的书，他绘制的 800 个星座图至今仍然被保存着。他 22 岁时发布了 1595 年的日历，预测了农民起义、土耳其入侵和严寒的冬季。这三件事都在现实中发生了，让他声名鹊起。

占星术和天文学曾经是一回事。早期人们试图通过研究星星来制作实用的日历还有一个目的——推断神的旨意。结果经常不正确这一事实并没有阻止人们相信占星术，正如不正确的天气预报不会让我们相信气象学只是迷信一样。然而，在这些人去世一个世纪左右之后，几乎所有的科学家将占星学定义为伪科学。

但在那之前，这些聪明的天才们确实以不同程度相信诸如占星学之类的伪科学。为什么？他们究竟凭借什么认为这可能会奏效？同步性。星星与你没有任何因果关系，但它们与你有着有意义的联系。你与它们相互感应。

占星术绝不是行动同步性的唯一例子。所有形式的占卜都依赖于它。

维基百科关于占卜方法的条目中列出了三百多种不同的命名，如果你喜欢玩拼字游戏，这些词汇对你很有帮助。其中一些以字母"a"开头的有"abacomancy""acultomancy""aeromancy""alomancy""amniomancy""anthomancy""arachnomancy"和"apantomancy"。这些分别涉及解读灰尘、针、天气、盐、胎盘、花朵、蜘蛛以及与动物的偶然相遇。占卜实践者不会因为这些方法的繁复而对它们动摇信心。如果一切都以一种有交感性的方式联系在一起，那么你可以用任何东西来占卜——比如运动衫上的腋下汗渍——只要你知道如何解读它。

那些解读这些标志的人可能不是骗子。我们发现了太多的肝脏黏土模型，它们上面有需要解释类型的注释，还有完整的描述技术的文本，它们对肝叶的大小、颜色、密度、质地和形状的含义有很多细微差别。如果古代人复活，他们对这种实践与我们先前提到的通过解读地图上的曲线预测天气的占卜并没有真正的区别。

占卜预测未来的另一种途径是通过抽签、抓阄等方法来进行的占卜，即通过机械手段进行的占卜，例如抽签、掷骰子、掷硬币或其他物品。一种广泛使用的方法是单双法，即先提出一个问题，然后将一些东西——豆子、谷物或鹅卵石——倒出来并计数。奇数意味着一件事，偶数意味着另一件事。正如弗罗伦斯·南丁格尔·大卫（Florence Nightingale David）在《游戏、众神与赌博》（Games, Goods and Gambling）中所写的那样："这种方法显然没有给神太多的自我表达空间，但至少它产生了一个明确的答案。"

考古学家劳伦斯·瓦德尔（Laurence Waddell）于19世纪90年代曾在西藏度过一段时间，并写下了西藏僧侣用来预测人们转世形式的占卜方法，它涉及一个六面骰子和一个棋盘。

他获得了其中一套，并评论说他的骰子"似乎是灌铅的，投掷骰子之后它只会显示有Y字母的那面，这预示着幽灵的存在，因此需要进行许多昂贵的仪式来抵消如此不受欢迎的命运"。

对这种相互联系的信念，连同神谕、占星术和所有其他的东西，在大部分历史中都占主导地位。但它并不普遍，即使在古代也是如此。西塞罗就这个主题写了一本书，叫作《论预言》（On Divination），共两卷。第一部分提到他现实生活中的弟弟昆图斯为占卜辩护，而第二部分提到西塞罗如何反驳它。很多人认为西塞罗不相信占卜，但昆图斯和西塞罗的论点都很有说服力，似乎都不是等闲之辈。这本书故意没有得出结论，而是由读者自己决定，尽管这对西塞罗来说可能只是擅长的政治手段而已。

难道善于思考的人没有将这些伪科学抛之脑后吗？相信同步性不是与科学背道而驰吗？未必如此。宇宙的机制及未来如何展开很可能比严格的因果关系更复杂。人们不必喝神秘的酷爱饮料①（盲目

---

① 酷爱饮料（Kool-Aid）是位于伊利诺伊州芝加哥的卡夫亨氏旗下的调味饮料品牌。这种粉末形式是由埃德温·珀金斯（Edwin Perkins）在1927年基于一种名为"Fruit Smack"的液体浓缩物制成的。——译者注

轻信没有证据的论点）才能接受这种观念。当量子物理学家谈论两个通过整个星系分隔的量子纠缠粒子如何仍然能瞬间保持同步时，我们并不指责物理学家具有奇怪的思维方式，而这种思维方式正是同步性的本质。

事实上，可以说科学本身一直在逐渐破坏确定性、唯物主义的世界观。这种摧毁始于牛顿，他意外地证明了世界不是一台机器。他的万有引力定律显然是正确的，因为它们准确无误地解释了观察到的现象。但是有一个问题：他的定律依赖于一种叫作万有引力的神秘力量。正如乔姆斯基解释的那样，重力"不涉及接触。所以我可以……抬起我的手臂来移动月球……常识告诉我们，我只能通过触摸来使某物移动……但是牛顿物理学说，不，那不是真的。有一种神秘的力量可以迫使你让物体动起来"。

许多与牛顿同时代的人对任何将超自然现象重新引入科学的努力都非常敏感，因此他们厌恶牛顿的理论，唾骂他倚重的看似神奇的吸引力，并且表达了他们的愤怒。牛顿，一个虔诚的基督徒，他为自己辩护，坚持认为在引力的背后有一种纯粹的机械力。他只是不知道那是什么。然而，乔姆斯基关于你可以通过抬起手臂来移动月球的观点既真实又现实。在他看来，牛顿的定律并不是通过否定非物质的思想来破除二元论，而是通过展示我们通常的机械主义世界根本不存在。即使在今天，我们也不知道重力是如何运作的。我们只能描述它的作用。磁力是对"宇宙是发条"世界观的另一个挑战，是另一个我们仍然无法理解的神秘力量。但它并没有就此止步：随着科学认知的扩展，一切变得不像看上去的那样。我们发现，我们所看到和听到的并不像我们所感知的那样真实存在。相反，它们只是我们大脑中神经元放电形成的心理结构。我们并没有真正"看到"任何东西,因此我们不知道世界的真实外观和声音。后来我们打开了原子,我们认为它是宇宙的基本组成部分,却发现它充满了我们无法理解的各种更小的东西,它们是如此奇妙,以至于我们用苏斯①博士式的名字命名它们,比如夸克和超对称性夸克。当我们更深入地研究这些时,我们发现没有实体物质,只有波动。这看起来很奇怪,因为世界由实体物质组成,密度看上去很紧实。但这也只是一种幻觉,因为科学告诉我们,如果我们能够消除今天生活的数十亿人中的所有空间,我们所有人都可以舒适地被容纳在一块方糖的空间里。物理学家声称,宇宙主要由一种叫作暗物质的神秘物质组成,我们看不到,只能推断,而宇宙的膨胀是由一种叫作暗能量的东西来驱动的,我们也只能通过推断才知道,无法解释。科学反驳机械论世界观的方法清单几乎没有尽头:空间有很多维度,不仅仅是三个或四个。巴西的一只蝴蝶会在贝塞斯达引起一场暴风雪②;盒子里的猫既死又活;观察现实会改变现实;如果你旅行得快,时间就会变慢;最后,物质存在,反物质也存在。

同步性指的是影响其他事物的事物,即使它们没有因果关系。这听起来像是神秘主义,但这就是重点——科学也是如此。量子纠缠中的两个粒子尽管被星际空间隔开,但它们的行动一致。为什么在巫毒娃娃上插针不会让远方的人感到痛苦?如果一块磁石,一种天然存在的磁铁,可以吸铁,为什么水晶不能治愈人们呢?如果月

---

① 希奥多·苏斯·盖索(Theodor Seuss Geisel),也常译作西奥多·苏斯·盖泽尔,较常使用苏斯博士(Dr. Seuss)为笔名。是美国著名的作家及漫画家,以儿童绘本最出名。——译者注
② 蝴蝶效应(butterfly effect),指在一个动态系统中,初始条件的微小变化,将能带动整个系统长期且巨大的链式反应,是一种混沌的现象。"蝴蝶效应"在混沌学中也常出现。——译者注

球可以升高和降低地球的海洋——这是我们已经知道了4 000年的事实，为什么星星不能影响我们呢？

最后，关于未来如何形成的第四个信念是，未来的发生方式是由自由意志决定的。命运指的是正在被书写的未来，决定论认为这是不可避免的结果。同步性指的是它是不可思议和不可知的，但也许这些都不是故事的全部，决定未来的真正因素是自由意志。

自由意志是一个深邃的兔子洞，我们不敢往下走很远。对某些人来说，自由意志只是伪装的决定论。你的大脑是一台机器，大脑的输出——你的选择——是毋庸置疑的，因为你的选择是大脑物理系统的必然结果。但感觉却不是这样，不是吗？感觉就像我们有自由意志。当塞缪尔·约翰逊（Samuel Johnson）被问及人类是否有自由意志时，他回答说所有理论都认为我们没有，而所有经验都认为我们有。

自由意志可能是由你的超有机体产生的涌现实体做出的选择。如果是这样，那么这是决定论，还是同步性？这个问题的答案取决于正在发生的这种涌现是弱还是强。在弱涌现中，系统的能力和行为可能不存在于其任何成员中，但行为是可预测的结果。在许多人认为不存在的强涌现中，行为或能力不能如此衍生。意识就是一个例子。有人认为，没有什么可以解释一个物质块如何体验世界。

如果自由意志是未来发展的驱动力，那么这对我们掌握它的能力有何影响？这取决于我们总体上可以预测人们会选择做事情的程度。在《展望未来》（*Seeing into the Future*）一书中，马丁·范·克勒维尔德（Martin van Creveld）指出："修昔底德（Thucydides）对预测可能发生的事情并不感兴趣。然而，他明确地将他的作品和他对不朽名声的主张建立在这样一种假设之上：人性是不可改变的，并且总是会导致过去发生的事情重演。"

所以这些是我们关于为什么未来以这种方式而不是那种方式展开的四个主要决定因素：命运、决定论、同步性和自由意志。在我们内部，它们都并肩生活，以一种奇怪的综合方式生活。我会讲一个关于我自己的尴尬故事来说明：我认为自己是一位科学家，以理性的方式做出决定。更准确地说，大多数时候是这样。就像《办公室》(The Office) 里的迈克尔·斯科特（Michael Scott）一样，"我不迷信，我只是略微相信而已"。我去过朝鲜很多次，我正在考虑再去一次。现在我在一家餐馆，一个人吃着中国菜，犹豫着要不要去。邻桌的一位老妇人用她粗糙的手指指着和她一起吃饭的女人——但实际上是指着我，因为我就在她同伴的肩后，然后用一种女巫般的声音，相当响亮地说道："不要去。"所以那次我没有去。

同样，对冰岛人的调查显示，大多数人，通常是绝大多数人，相信他们的岛上真的存在精灵，我一直对此很好奇。一次去冰岛首都雷克雅未克旅行时，我特意询问了我遇到的不同人，他们是否真的相信这一点。我得到的典型反应是一声尴尬的轻笑，摇头说"不"，然后是这样的话："话虽如此……我确实曾经发生过一件非常奇怪的事情。"然后他们会讲述一些令人难以置信的相遇故事，听起来确实像有小精灵。当问他们是否同意在他们的国家道路铺设会绕过被认为是精灵居住的地方时，他们通常会说一些北欧实用的话，例如"安全总比后悔好"。他们真的相信有精灵吗？让我这样说吧：冰岛人可能会告诉你，只有运气才能决定掷骰子的结果，但他们还是会对着骰子吹气以求运气。我们不都是这样吗？

伟大的启蒙思想家是踏入两个世界的人，一个旧的，一个新的。他们是现代意义上的科学家，但他们也对着骰子吹气。牛顿发明了微积分，但他真的很想掌握炼金术。科学正在取代迷信作为解释世界的方式，但这两种世界观之间必然会有一些重叠之处。

这些确定未来的方法中的每一种都有数千年的历史。该领域没有太多创新。也就是说，在启蒙运动之前，这一领域并没有太多的创新，在启蒙运动到来之后，我们增加了第 5 种方法。这是一种全新的、纯数学的占卜方法，令人惊讶的是，它以随机性为基础，我们的现代世界就建立在它之上。

第二节　点数分配的问题

就数学问题而言，它们简单得可笑。有两个人——哈里和汤米，正在为一笔钱玩碰运气的游戏。在这个游戏中，掷硬币，每次出现正面时，哈里都会得到1分。相反，每次反面朝上的话，汤米得分。他们约定掷硬币5次，第一个拿到3分的人赢得全部赌金。然而，当哈里得到2分而汤米得到1分时，他们的比赛被打断并且无法完成（我不知道，也许有人偷了他们唯一的硬币）。怎样才能公平地分配这笔钱？

仔细想想这个问题。我们会不断地回到这个问题上。但在继续阅读之前，请考虑如何解决它。你会如何分配这笔钱？

你可以通过几种方式解决此问题。首先，你可以说最后的2次投掷将采用以下4种方式之一：HH、HT、TH、TT。鉴于在这4种情况中有3种哈里会赢，所以他应该得到3/4的赌金。或者，你可以说，汤米要赢得钱的话，第4次投掷的结果必须是反面，这种情况发生的概率是一半，而第5次投掷的结果也必须是反面，这种情况发生的概率也只有一半。因此，你可以确定汤米只有25%的机会拿到这个赌金，继而应该得到1/4赌金。无论你通过哪种方式解决此问题，你都会得到同样的答案。

如今，这类问题简单到甚至不会让老师在中学生的作业上盖笑脸章。然而，它在长达几个世纪里却难倒了当时最伟大的数学家。

第二章 骰子：我们如何预测未来

让我再清楚地说一遍：这是一道以前没有人能解决的数学题，直到1654年，两位在法国交换信件的知识巨人终于通过努力、辩论和反省设法破解了它。

这两人分别是在少年时期就被称为天才的31岁的法国数学家布莱兹·帕斯卡（Blaise Pascal）和46岁的数学家皮埃尔·德·费马（Pierre de Fermat）。他们都是有意思的人物：帕斯卡在很小的时候就掌握了广泛的科学知识，甚至在他18岁时就通过设计和销售机械计算器来帮助养家糊口。费马会说6种语言，还会写诗，其实他只是一个数学爱好者，靠律师的职业谋生，但他对这个领域的贡献却超过了帕斯卡。帕斯卡为了神学而放弃数学，并在46岁之前去世。另一位法国人梅雷骑士［安托瓦尼·贡博（Antoinie Gombaud）的外号］向他们提出了积分问题，帕斯卡和费马开始着手解决这个问题。

这是一个众所周知的问题，人们已经提出了几个可能的解决方案，但都错了。在我们了解这个问题最终是如何解决之前，让我们回顾一下这个问题的历史和各种不正确的解决方案。

1494年，达·芬奇的朋友——修道士卢卡·帕奇欧里（Luca Pacioli）在一本名为《算术、几何、比例总论》（*Everything about Arithmetic, Geometry, and Proportions*）的书中提出了这个问题。这是一本引人关注的书，它给了西方世界复式记账法，教授基础代数，包括一个高达60×60的乘法表，在从罗马数字转换为阿拉伯数字的世界中非常有用。并且，也许这本书最不重要的成就是积分问题的提出。这个问题并不是他制造出来的，当时已经广泛传播，而且他也没有解决掉这个问题。但在这本书出版40年后，意大利博学家吉罗拉莫·卡尔达诺（Girolamo Cardano）试图解决这个问题并且以失败告终。20年后，意大利数学家尼科洛·塔尔塔利亚（Niccolò Tartaglia）进行了尝试，也无济于事。40年后，另一位著名的数学家洛伦佐·福雷斯塔尼（Lorenzo Forestani）做了充分的准备，尝试解决问题，依旧无法破解。几十年后，一位名叫梅雷骑士的作家把它寄给了帕斯卡，帕斯卡在与费马的一系列信件中讨论了这个问题。最终，他们在1654年解决了这个问题，并在此过程中创立了概率论这一领域。

据我们所知，这就是这个问题的历史。不正确的解决方案呢？

第一个，也是迄今为止最常见的一个，是没有办法解决它。也就是说，它不是一个格式正确的数学问题。"二加二等于多少"是一道数学题，而"明天会发生什么"根本不是一道数学题，而且我们的问题看起来确实像第二个问题。

但即使是那些拒绝这种逻辑的人仍然接受结果是不可知的这一想法。当然，他们是对的。所以下一个解决方案是把钱平分。由于没有人知道谁会赢，所以公平的方法是把钱还给每个人。对于当时碰巧获胜的人来说，这并不是一个有吸引力的解决方案，但这个答案的提出具有普遍性。

早期观察者做的唯一正确的事情是，如果比分打成平手，赌金应该平分。这并不需要任何数学运算，但另一个早期提出的部分解决方案是，如果一个玩家根本没有积分；而另一个玩家有一些积分，那么有积分的人应该得到全部赌金，但这显然是错误的。如果游戏的目标是100万分，并且一个玩家以1∶0领先，该玩家不应该得到全部赌金。

然而接下来的解决方案变得更加合理。帕奇欧里，我们早些时候感谢他首次提出了这个问题，并且描述了出来，他根据每个玩家的点数来分配赌金，而不考虑他们需要多少点数。这显然也是一个错误的解决方案。如果一场要进行到3分的比赛的比分是2∶1，而一场要进行到100万分的比赛，比分也是2∶1，那么赌金的分配方式应该会有很大的不同。塔尔塔利亚的解决方案是朝着正确方向迈进的一步，但显然也是错误的。他的想法涉及将玩家领先优势的大小与他们比赛要进行到的总积分数进行比较，并以此为基础继续寻找解决方案。但是，明显的问题又出现了。在比赛结束时领先3分的玩家比一开始就领先3分的玩家处于更好的位置，但塔尔塔利亚在这两种情况下都会以同样的方式分配赌金。他也得出结论，也许这个问题是无法解决的，没有一种能让双方都认为公平的分配方法。

卡尔达诺提供了另一种更趋于现实的解决方案：也许重要的不是每个玩家拥有多少点数，而是每个人需要多少点数，因此应该按比例分配赌金。前提是正确的，但解决方案不是。假设你玩的掷硬币的游戏要进行到10个正面或10个反面，而比分是9个正面比1个反面。如果游戏停止，而一名玩家只需要1分就可以赢，另一名玩家需要9分才能赢，你会给领先的玩家90%的赌金吗？不。只有1分的玩家获胜的唯一方法是连续抛出9个反面，这在512次尝试中只会发生一次。因此，在这种情况下，真正公平的分配方法是得到9分的玩家获得511/512的赌金，另一个玩家获得1/512的赌金。

为什么解决这么简单的问题需要这么长时间？数学并不是要等到1654年才被发明出来。那时，代数已经有3 000年的历史，而勾股定理也有2 000年的历史了。早在1654年之前的几个世纪，中国天文学家郭守敬就把一年的长度计算误差控制在了25秒以内，波斯数学家贾姆希德·阿尔-卡西（Jamshīd Al-Kāshī）把圆周率精确到了 17 位。但是，如果你请郭守敬、阿尔－卡西或任何一位活在那个时代的数学家来解决点数的问题，你只会得到他们耸耸肩的回答。

解决点数问题的主要障碍不是数学，而是概念。解决方案需要一种全新的方式来思考未来或者更重要的事。正如英国数学家和科普作家基思·德夫林（Keith Devlin）在他的《未完成的游戏》(*The Unfinished Game*)一书中所写，在阅读帕斯卡和费马之间的通信时，你会"看到这两位伟大的数学家在理解预测未来这一事件的可能性的想法时遇到了巨大困难，更不用说如何去预测了，你会意识到我们现在认为理所当然的概念在过去是人类思维的一个巨大进步，而这一进步只有通过大量的智力努力才能实现"。

这本书的主题是教我们如何展望未来。这一章——"骰子"，是关于我们如何开发一种新的心智模型，该模型涉及考虑多种可能的未来以及每种未来发生的可能性。这是一个全新的东西，对我们来说，积分问题是它一个微不足道的简单体现，但对于几个世纪前的我们的先人来说，这是令人兴奋的东西。我们将反复回到点数和 17 世纪的问题，因为那是我们对未来的看法发生转变的拐点。我们现有的预测模型是不够的，我们知道这一点，点数的问题虽然广为人知，却没有得到解决，这一事实证明了这一点。正如哲学领域的巨人伊恩·哈金（Ian Hacking）在《概率的突现》(*The Emergence of Probability*)中所写的那样："值得注意的是，在早期的算术著作中出现的关于概率的问题……但这些书根本无法解决问题。直到 1660 年左右，没人能解决的这些问题，随后每个人都可以解决。"

在如何思考点数的问题上实现概念上的飞跃是向前迈出的一大步，但它本身并不是一门概率科学。概率不仅仅是如何解决问题的想法，也是解决问题的数学方法。帕斯卡和费马也处理了这个问题。

他们的数学创作在整个通信过程中经历了演变。帕斯卡的第一个解决方案是数学家所说的递归方法。他用适当的数学符号表达了这个方法，但对于我们来说，用汉语解释他的观点就足够了。他说，实际上，"让我们假设他们再玩一轮，他们有相同的获胜机会。问题变得容易了吗？如果没有，那就考虑他们游戏的这两种可能结果，看看如果他们再比一轮会发生什么"。例如在我们的示例中，下一次抛掷可能是正面或反面。如果是正面，那么哈里赢了，因为发生这种情况的概率是50%，仅凭这一点，哈里就该获得一半的钱。但如果是反面呢？那么再掷一次会决定什么吗？如果是这样，那么继续以相同的方式分配赌金的部分，使游戏沿着每条路径再推进一个假设的回合。

费马的方法有点不同。它被称为"枚举法"，同样，我们可以避开数学符号，简单地说枚举列出了游戏的所有可能结果。在我们的简单示例中，最后两个掷骰有四种可能：HH、HT、TH、TT。在其中三场比赛中，正面获胜，因此正面应该得到3/4的赌金。然而，有一个有趣的问题暂时绊倒了帕斯卡。他认为HH和HT应该只算作一种可能性。为什么？因为如果第4次是正面，那么游戏就结束了，哈里赢了，不会有第5次。所以从这个角度来看，我们只用计算三种可能性：H、TH、TT，不是吗？因此，赌金应该分成2/3到1/3。这个逻辑很诱人，人们可以很容易地理解帕斯卡在这方面的困难。你可以这样解决问题，说只有三种可能的结果，但H发生的概率是50%，而TH和TT发生的概率都是25%。因为只有TT的结果会导致汤米获胜，所以他只能得到25%的赌金。

接下来，帕斯卡通过加强该方法并引入称为"算术三角形"的东西来推进一步，这是一种解决更复杂情况的更简单方法。但两人都意识到，虽然这些方法是思考问题的有用方法，但在更复杂的情况下它们很快就会失效。想象一下，如果三个人掷一枚三面硬币并玩到 1 000 分，最终结果的分数是 231–445–312。那么赌金怎么分？好吧，同样的逻辑也适用，但它必须用公式来解决，这就是他们开发的方法。费马介绍了负二项式方法来解决有两个以上参与者的问题。

凭借他们的概念性解决方案和相关的数学公式支持，帕斯卡和费马点燃了其他解决方案的火花。基于他们的工作，其他人开始提出计算点数的问题的解决方案。哥伦比亚大学的生物统计系的副教授普拉卡什·戈罗彻恩（Prakash Gorroochurn）列出了点数问题的 13 个正确解决方案的历史，将其描述为"不仅是概率的第一个主要问题，而且……也是负责概率基础的问题"。

在帕斯卡和费马之前，找到与已解决的点数问题模糊相似的孤立问题并非不可能，或者至少正确答案是凭直觉得出的。但为帕斯卡和费马赢得了他们在历史上的崇高地位的是，他们发明了一个完整的数学领域来解决这个问题，以及其他上百万个类似的问题。

这是一个科学得到根本性突破以至于改变了一切的时代，与我们稳步渐进主义的时代截然不同。1543 年，尼古拉·哥白尼（Nicolaus Copernicus）的《天体革命论》（On the Revolutions of the Heavenly Spheres）出版。这本书改变了人们对宇宙的心理图景，以至于我们在科学、社会和政治方面随意使用"革命"一词的意义，所有这一切都来源于该书的标题。转眼间，哥白尼革命改变了人们对宇宙的认知。牛顿定律，连同他的微积分，会产生类似的效果。

帕斯卡和费马的工作也极具影响力,这在很大程度上是因为他们足够有名,以至于当他们所创造的东西的消息传出时,知识界为之振奋。这两个法国人对概率论这个话题的贡献不大,而且两人在他们通信的 10 年内去世了。但他们已经做得足够多了,因为多亏了他们,世界才为概率而疯狂。

第三节 1654年之前我们知道什么

当帕斯卡和费马通信时,概率知识真的不存在吗?在大多数情况下,是的。直到16世纪中期才出现对该主题的初步理解,然后才以初步形式出现。伊恩·哈金在描述1865年出版的《从帕斯卡时代到拉普拉斯时代的概率论数学理论史》(*A History of the Mathematical Theory of Probability from the Time of Pascal to That of Laplace*)时说:"它的书名完全正确。在帕斯卡之前几乎没有任何历史可以记录,而在拉普拉斯之后,人们对概率论的理解如此透彻,以至于几乎不可能逐页记录已发表的关于该主题的著作。618页文字中只有6页讨论了帕斯卡的前辈。"

考虑到数学总体上相当先进,概率论的晚期发展似乎令人惊讶。当你列出我们当时拥有的所有数学知识时,看起来点数问题以及一般的概率科学似乎是小菜一碟,但显然并非如此。这类似于一个社会知道如何制造内燃机和轮式马车,但从未意识到它可以制造汽车。毫无疑问,我们今天也有自己明显的盲点,子孙后代会看见这些盲点,想知道我们怎么会这么愚钝,例如:我们几个世纪以来一直有行李,但在有人想到将轮子安装到手提箱之前,我们就已经将人送上了月球。

然而,我怀疑概率论作为一门科学实际上可能出现得更早。当然,到1654年,将概率论发展为一门学科所需的所有因素都已经存在，能够通过将数学可能性分配给一系列可能的结果来预测未来。但我们知道这一切的时间并不是很长。所以也许并不奇怪，直到那时，如何思考这些问题的概念上的飞跃恰好发生在具有数学能力的人身上，他们将这些问题归纳为一个正式的系统。

第一，我们对机会对策、靠碰运气取胜的游戏的概率论有所了解。这些知识大部分归功于一位名叫吉罗拉莫·卡尔达诺（Gerolamo Cardano）的神奇人物。他生活在16世纪，在他漫长的一生中，他成了一名数学家、哲学家、作家、医生、化学家、生物学家、天文学家、占星家、国际象棋大师和赌徒。显然，对于具有文艺复兴思想的人来说，没有比文艺复兴时期更好的时机了。他还出版了200多部科学著作，其中包括一部关于赌博的著作，名为《赌博之书》(*The Book on Games of Chance*)，其中涵盖了一些我们称之为概率论的内容。例如他知道在一次掷骰中得到6的概率显然是1/6，但他还发现，如果你想计算出掷两个骰子时每个掷出6的概率，你需要将概率相乘，结果会得到1/36的概率。因此，如果有人应该获得概率论方面的先驱奖，我们应该把这条荣誉的丝带授予卡尔达诺，尽管他关于概率的文章并不全是准确的。顺便说一句，这本书也有大量关于如何在赌博中作弊的信息，他声称，他把这些信息都包含在书中，完全是为了防止他的读者上当受骗。当然，卡尔达诺，你说了算。

他在概率史上常常被忽视，因为他的赌博书在一个多世纪以来一直未能出版，直到帕斯卡和费马成为笔友之后，《赌博之书》才正式问世。他确实经常讲课，所以人们认为他到处兜售他的想法。但我们也不能夸大卡尔达诺的贡献。从某些方面讲，他写的是赌博，特别是某些游戏的赔率。他所知道的一切，你都可以通过简单的乘法得到，这与实际概率论计算所需的字母汤①公式不同——帕斯卡和费马开发的用于解决广义问题的公式。

但考虑一下：卡尔达诺是个天才，他可能是发明了密码锁以及汽车自动变速器的重要组成部分的人。他想出了在代数中使用字母作为未知数的想法，为此写了一整本书。他研究了三次方程和二次方程的解，以及负数的平方根。然而，他尝试但未能解决积分问题。

第二，在1654年，我们对骰子的概率论有了相当透彻的了解。骰子是古老的，比掷硬币要古老得多。它们是如此古老，以至于它们有点数而不是数字的原因是它们被发明的时候，还没有任何数字符号。今天到庞贝城的游客可以看到栩栩如生的男人玩骰子的壁画。考古学家不断发现来自古代的大量灌铅骰子（即用来作弊的）这一事实实际上表明了相比普通的骰子，古人更深入地了解概率论知识。也就是说如果我们不断发现的大量骰子仅限于普通的骰子，那么我们不会认为古人对概率论了解至深。当然被发现的不仅仅是灌铅骰子。我们还发现了一些古代骰子，它们的两面都刻着相同的数字，而另一个数字却没有被刻在任何一面。这也是很狡猾的手段。下次在拉斯维加斯玩骰子的时候，你可别想把这样的骰子藏在手里。

在帕斯卡的时代，掷3个骰子的活动已经司空见惯。使用3个骰子，你可以掷出3到18之间的任何值。这是显而易见的。但是600多年来广为人知的是，一共有56种组合可以出现：1-1-1、1-1-2，等等。有一首中世纪的预言诗，根据掷3颗骰子的结果来预

---

① 字母汤（alphabet-soup）是对大量缩写或首字母缩写的隐喻，以一种由字母形状意大利面制成的常见菜肴命名。——译者注

测你的未来，它有 56 个节。我们有证据表明，到 13 世纪，人们还知道 3 个骰子有 216 个不同的排列方式。理解 56 种组合和 216 种排列之间的区别很重要。前者无视骰子的顺序。它将 1-1-2 的掷骰计数为单个条目，但后者将其计数为 3，具体取决于顺序，即 1-1-2、1-2-1、2-1-1。我们很快就会明白为什么这很重要。

到 15 世纪，博彩业行家中流传着这样一种观点，即 10 比 9 更常被掷出。这很令人费解，因为每个骰子都有相同数量的投掷方式，即 6 种方式。例如对于 10 点，你可以抛出 1-3-6、2-2-6、2-3-5、1-4-5、2-4-4 和 3-3-4。

当最不可能的人，即伽利略，进入我们的故事时，问题就出现了。他是比萨大学的第一和杰出数学家——这在他的简历上看起来一定不错——但他的赞助人托斯卡纳大公科西莫二世·德·美第奇（Cosimo Ⅱ de' Medici）却把他从用望远镜观测太阳黑子这个活动中排除了出来。科西莫很可能想在赌桌上寻找优势，他要求伽利略弄清楚"10 比 9 更常见"这个说法是否有道理。毫无疑问，伽利略认为他的时间还有更好的用途。他尽职尽责，但他用白话意大利语而不是拉丁语写下了它，因为他不想用这样一个平淡无奇的话题玷污用于学术的拉丁语。他有条不紊、简明扼要地解释了为什么 10 比 9 更常见。虽然它们都有相同数量的组合，即 6 个组合，但它们有不同的排列。10 有 27 种排列方式，而 9 只有 25 种排列方式。这在很大程度上是因为 9 的排列方式之一是 3-3-3，它只能以一种方式掷出。

但这是情况中令人费解的部分。任何人都不太可能注意到 10 和 9 的相对频率的差异。要获得 95% 的置信度，即 10 实际上比 9 更常见，你需要掷 3 个骰子 5 000 次，仔细计算你得到的每 216 个排列中的某一个。那么人们是怎么知道的呢？这并不是唯一一个赌徒的传说，似乎超出了数学知识的情况。在可以证明顺子更常见之前，扑克玩家将同花排在比顺子更高的位置。在《游戏、众神与赌博》中，弗罗伦斯·南丁格尔·大卫表达了一种信念，即伽利略的赞助人"经常赌博，以至于能够检测到1/108的概率差异"这可能是真的，如果是这样，那是相当了不起的壮举。其他人则认为赌徒知道数学却守口如瓶，这也可能，但如果是这样的话，为什么这给赌徒带来的优势会成为常识，而辨别这种优势的技术却几个世纪以来一直不为人知？大卫·贝尔豪斯（David Bellhouse）在一篇题为《流氓在概率史中的作用》的迷人论文中研究了这个问题，并得出结论说"与公认的民间传说相反……赌博本身对概率论的发展几乎没有促进作用。另一方面，概率演算的发展对赌博策略的形成产生了深远的影响，即形成了一种游戏策略"。

你可能会认为所有这些都与作为一门科学的概率几乎没有什么区别。但回想一下我之前提出的概率问题：想象一下一种分数的问题，即如果3个人掷一枚假设有3面的硬币并玩到1 000分，最终结果的分数是231-445-312。那么赌金是怎么分的？卡尔达诺、伽利略和无数无名赌徒所使用的所有技术永远无法回答这个问题。他们所做的只是列举骰子和纸牌等简单事物的组合，然后数数它们。伽利略所做的只是计算排列并注意到掷出10的方法比掷出9的方法更多。他的计算不是基于公式的，他也没有将其发展为一门可推广的科学。但科西莫并没有要求他这样做，只是要求解决一个问题。伽利略做的比他被要求的还要多，毫无疑问他本可以做得更多，但他还有其他的事要做——天文观测，毕竟环绕木星运行的其他卫星可没打算计算它们自己。

第三，在1654年，我们在世界各地发生了复杂的商业交易，需要对风险评估有基本的了解。有股票、期货、期权、彩票和保险单，所有这些显然都是以风险为中心的。看似与风险评估能力没有直接关系的例子更多：在帕斯卡和费马通信之前发生的著名的郁金香狂热[①]可以被认为是人们买卖风险的市场，而不是郁金香的市场。

保险业，在今天是一个价值数万亿美元的行业，是我们关注的一个好地方，因为它需要对某些未来事件的风险进行量化，因此它与积分问题并非完全不同。

在古代世界，商人经常不得不借钱来为他们的贸易融资，并将货物作为抵押品。如果船在海上丢失，则无须偿还贷款。这种做法被称为"冒险贷借"，在4 000年前的《汉穆拉比法典》中得到了广泛的诠释。根据特定航程的风险，向商户收取的利率既高又易变。因此，这些贷款可以被解释为一种保险形式，如果贷款利息超越当时的现行利率，那么超额利息就是保险费。但它本身并不是一个真正的保险业，因为正如剑桥大学的经济历史学家保罗·米莱特（Paul Millett）所指出的那样，在古希腊和其他地方，"商人总是带着他们的货物航行。因此，如果船沉了，他们很有可能随之沉没，从而使保险问题变得无关紧要"。然而，到13世纪末，意大利商人已经停止了携带货物旅行，因为他们更喜欢坐着不动，作为"整日伏案工作的人"，而不是冒险的商人。在那种环境下，真正的保险

---

① 郁金香狂热（Tulpenmanie）1637年发生在荷兰，是世界上最早的泡沫经济事件。当时由奥斯曼土耳其引进的郁金香球根异常地吸引大众抢购，导致价格疯狂飙高，然而在泡沫化过后，价格仅剩下高峰时的1%，让荷兰各大都市陷入混乱。这次事件和英国的南海泡沫事件以及法国的密西西比公司并称为"近代欧洲三大泡沫事件"。2020年起随着比特币价格飙升，有人将比特币热潮类比作郁金香狂热。——译者注

业在14世纪中期出现。

一旦货物被投保，为其他事情投保也变得合乎逻辑。一个旨在以一定价格承担金融风险的整个行业应运而生。也许甚至有一种直观的感觉，即汇集的风险越多，实际风险就越小，但我们没有证据表明有任何事情明确承认这一点。你当时可以投保的范围可以与我们今天的选择相媲美。我们所知道的成千上万的例子中有3个常见的例子：一位旅行者购买了一份绑架险，为前往撒丁岛的旅行支付了大约1.5%的赎金费用作为最大赔偿；一位医生为他怀孕的奴隶购买了一份保险，保证在分娩时不会死亡，保费为赔付金额的8%；一位债权人为他的债务人——一位大主教，购买了人寿保险，保费为保险金额的10%。

保险有时与赌博无法区分。当船主购买关于货物安全到达的保单时，这就是保险。但很快出现的情况是，保险的买方和卖方在保险合同之外对货物没有任何经济利益。A可能会向B出售一份保险单，以保证某艘船安全抵达港口，这仅仅是作为一种财务博弈。在1912年出版的一本关于人寿保险历史的书中，曼彻斯特大学的A.芬兰·杰克（A.Fingland Jack）写道："在保险的幌子下，以他人的生命为赌注的习俗逐渐形成，在这种情况下，不可能假装这种'保险'存在真正的利益。例如针对特定时期内国王或教皇的死亡的赌注只能……成为赌博热情的结果。"顺便说一句，今天你必须表明你会因某人的死亡而受到经济损失，才能为他或她购买一份人寿保险，以免每个人都去为他们疯狂的冒失鬼叔叔买保险，虽然他们有充分理由怀疑这位叔叔会早死。

保险的发展是否意味着对概率基本原理的理解？并不是。正如詹姆斯·富兰克林（James Franklin）在《猜想的科学》(*The Science* of Conjecture)中所写:"虽然保险合同的编写显然意味着对风险的明确量化,但这样做是一回事,意识到这样做是另一回事。商人没有关于这个主题的理论著作,风险的概念化通常在文件证据中并不明显。"为保单收取的保费显然是基于一个概率——实际上是一个特定的概率。但这并不是科学得出的结论。然而,它确实为概率性地思考未来奠定了基础。

我们在1654年知道的第四件事与可变赌博支出有关,即某匹马在一场比赛中的赔率可能以20∶1的方式支付赌金。在一篇名为《机会语言》的论文中,贝尔豪斯和詹姆斯·富兰克林记录了从乔叟时代①开始的英国文学中出现的投注赔率。这个想法出现在莎士比亚的几部戏剧中,比帕斯卡和费马的信的发表早了几十年。吟游诗人莎士比亚使用"四赔一"和"五赔一"各一次,"十赔一"6次,以及"二十赔一"4次,与我们今天使用的方式相同,例如在《无事生非》(Much Ado About Nothing)中,在讨论王子是否可以被合法拘留时,一个角色说:"我敢以五赔一的赌注打赌他可以——任何了解英格兰议会法案的人都可以保证我的话的真实性。"该论文的结论是:"使用赔率来明确地描述概率,无论是以数字赔率这种明确形式还是未言明的形式,似乎已经非常普通。因此,很难想象在当时的文化中竟然没有人在简单概率博弈中进行基本的概率计算。"

但是没有人把这一切变成一门科学。似乎没有人说过,"未来可以各种方式以各种可能性展开,然后那些事情可以这些不同的方

---

① 乔叟时代(Chaucer's day),1397年4月17日,是杰弗里·乔叟(约1345—1400年)第一次在理查二世的宫廷大声朗读他的史诗作品《坎特伯雷故事集》的日子。——译者注

式展开",并且——这是重要的部分——将可能性转化为一个数学系统。每10艘船中就有一艘可能沉没,因此保险费用至少应占货物价值的10%,这是商人可以明确或大概知道的事情——但他们仍然不了解作为一门科学的概率论。

第四节　看透未来

回顾前一节列举的清单，我们可以公正地提问为什么概率论科学在1654年之前没有被发明，因为该问题不可避免地会被提及。有以下几个原因。

第一，概率论实际上并不是那么直观。对现在的我们来说，概率论是直观的，因为现在一切都已经整理好了，我们可以直接学习技术，但想象一下尝试发明它们。例如考虑这个简单的问题。在一次骰子中掷出6的概率是多少？1/6，对吧？但是如果我让你掷2次呢？至少其中一次掷出6的概率是多少？显而易见、直观且不正确的答案是，由于你在第一次投掷时有1/6的概率，在第二次投掷时有1/6的概率，那么你的总体概率肯定是2/6。100个人中的99个人可能会给你这个答案，直到你问后续问题："那么，掷6次会怎样？概率是6/6吗？或者7次怎么样？"要解决这个问题，你必须计算出不掷出6的概率，然后将它们相乘并从1中减去该值。谁会猜到？事实证明，直到最近还没有人猜到怎么解决这个简单的问题。但是一旦有一个人这样做，这在SAT考试中就成了可批评的对象。或者又有一个老问题："一个房间里有23人，2个人同一天过生日的概率是多少？"答案是：概率高于50%。这似乎不是真的，但是当你解释说A有22次匹配某人的机会，B有21次匹配某人的机会，而C有20次匹配某人的机会时，这突然变得有道理了。

第二，几个世纪前，我们现在所说的数据并不多。当今世界充满了数据收集。我们痴迷地计算和记录一切。我们有数万亿个传感器——每个都处理数字数据。但是在1600年是什么？正在执行什么数据收集？最接近的可能是堂区[①]的出生和婚姻记录。当时人们会数钱、数牲畜、数船只，当然，还有其他的，但数数甚至不是真正的数学，它肯定不会让你更接近概率。在游戏之外，你会在哪里应用概率论，比如1200年？

第三，直到帕斯卡时代，罗马数字仍然被广泛使用。但想象一下，如果那是你唯一的系统。DCIV（罗马数字604）除以LII（罗马数字52）是多少？

虽然阿拉伯数字在1300年左右开始在西欧取代罗马数字，但这个过程非常缓慢，直到1600年左右才真正普及。这是为什么呢？从一方面讲，很难让人们改变像计数方式这样基本的做法。在法国大革命期间，十进制时间是强制性的。一天有10个小时，1个小时有100分钟，1分钟有100秒。说它没有流行起来是一种轻描淡写的说法，也就是说，十进制时间根本没有流行起来。想象一下，如果今天试图让美国国会众议院通过十进制时间这项议案，会有多么困难。从另一方面讲，采用阿拉伯数字还存在其他障碍。例如美国金融历史学家、经济学家和教育家彼得·伯恩斯坦（Peter Bernstein）在《与天为敌》（*Against the Gods*）中写道：“佛罗伦萨在1229年颁布了一项法令，禁止银行家使用'异教徒'符号。结果，许多想学习新制度的人不得不伪装成穆斯林才能这样做。”

[①] 堂区（parish），亦称堂口，圣公会称为牧区，是天主教、圣公会等基督宗教宗派采用的教会（个别教会）管辖地区的划分方式，也是这些教会最基本的构成单位，以一座教堂作为堂区的中心。数个堂区可组成一个教区。——译者注

第二章 骰子：我们如何预测未来

用罗马数字计算复杂的数学是不可能的。虽然他们处理分数的方法有限，但没有什么能与阿拉伯数字系统相媲美。此外，还有一个完整的概念，即 0 作为数字中的位值，罗马数字系统中也缺乏 0 作为数字位值的概念。数字 101 中的 0 产生重大影响，因为没有它就只是 11。或者正如杰思罗在《豪门新人类》(*The Beverly Hillbillies*)的一集中所说的那样："关于 0 的有趣之处在于：就它自己而言，本身一文不值，但你把它放在一个数字后面，它就变得像炸药一样——激动人心。"

但即使是阿拉伯数字，如果没有数字符号，也没有多大用处，数字符号甚至更晚才出现。当帕斯卡和费马交换他们的书信时，等号、乘号和小数点的历史还不到一个世纪。表示平方根的激进根号存在时间甚至不足点啤酒的年龄，也就是说根号发明于 1637 年，帕斯卡和费马在 1654 年开始通信，这意味着当时根号只存在了 17 年，而 17 岁的孩子还不能点啤酒喝。百分号也是如此。正如詹姆斯·富兰克林所写，我们的基本数学工具，例如"十进制表示法、负数、代数符号、笛卡儿平面上的图形和对数，在 1600 年之前只是在某些地方为人所知，那时它们的使用还是试探性的，但到 1650 年已变得普遍。没有它们，基本上只使用自然语言和几何图来做数学是很困难的。有了它们，一切皆有可能"。

第四，几个世纪前研究概率基础的最简单方法是使用骰子。但骰子也被广泛用于占卜，这可能使它们看起来不适合科学探究。这个类比并不完美，但它可能类似于今天的科学家使用占卜板或塔罗牌作为真正科学探究的一部分。即使这个实验是纯数学的，外界的观感也是有问题的。因为骰子还被用于游戏和赌博，这并不是数学发展的沃土。

第五，有人认为从 15 世纪开始的现代经济的崛起要求数学更加复杂，而这正是推动该领域进步的动力。当然，数学作为一门纯科学很有趣，支持天文学等科学探究的数学也很有趣。但要真正让它起飞，它必须变得有利可图。

所有这些原因都是有根据的，但即使把它们放在一起，它们也不能真正解释我们如何知道这么多，仍然无法将这些点联系起来以便理解我们现代的概率概念。我们需要的所有数学知识都已经在那里了。缺乏的是概念框架。有五件事我们还没有理解，这五件事比我们刚刚讲过的所有原因更根本。它们不是我们可以固定到一个地点和时间点的想法，而是启蒙运动中诞生的五个基本真理，随着时间的推移逐渐发展。即使在今天，我们也没有掌握它们，它们仍然是热议的话题。但是在文艺复兴的鼎盛时期，当帕斯卡和费马开始交换信件时，我们开始看到它们的轮廓，正是它们使我们能够实现智力飞跃，以一种新的、令人兴奋的方式预测未来。

接下来的五节内容将探讨这些想法中的每一个及其对我们今天的影响。这五个都是科学真理，但即使是现在，我仍然对它们听起来是如此神奇的想法感到震惊——虽然它们没有重力那么神奇。接下来的五节中我将使用一些神秘的说法，因为这种说法最能捕捉到我们学会的一种至今似乎仍然神奇的能力的奇妙之处：这种能力可以看透未来。

第五节　数值现实

我们发现的五个让我们看到未来的想法中的第一个是我们居住在数字现实中。数字在我们的日常生活中有着巨大的影响力,它们是我们展望未来的主要工具。这很有趣,因为我们天生就不是特别擅长数字,不像计算机。计算机只知道如何做数学,而它们所做的一切都是以数字为核心的。我们的存在是一种有黏性的、有触觉的、生物性的存在。对我们来说,数字是一门外语,我们必须掌握它才能了解我们的世界和预测未来。

考虑影响你生活的数字的数量。我们可以从基本信息开始:你的年龄、出生日期、身高、体重、身体质量指数、收入、信用评分、银行余额以及收件箱中的电子邮件数量,这只是众多例子中的几个。然后是你会接触到的所有数字:温度、下雨的可能性、相对湿度、速度限制、飞行时间等。在你的房子里,你有一个恒温器设置,你的微波炉使用一定数量的瓦特,你的灯泡也是如此。你的房子有一个平方英尺、一个建筑年份、一个年度税单和一个年利率的抵押贷款。汽车也处理数字:它们有车型年份、里程、发动机排量、气缸数、燃油经济性和轮胎的胎压设置。学校也不例外——它们由上课时间、成绩、班级排名和学分决定。影响我们生活的数字列表永无止境。

这是一个新现象。正如 J. F. 比尔莱因在《平行神话》中所写:

"即使在今天,生活在传统文化中的人不知道自己的实际年龄也并不少见,这根本不重要。"古代没有可量化的统计数据。例如我们不知道古代领导人的支持率、士兵的死亡率以及他们的平均鞋码。

数字的概念必须被发明出来。五根手指与五块石头有某种共同之处,这种共同之处是一个抽象的概念,可以称为"五"的概念,这一概念并不是瞬间想到的。不止一种古代语言使用相同的词语来表示"五"和"手",这可能暗示了数字思想的起源。现在,我们轻松自如地处理数字,如此容易处理数字的做法在不久前会让人觉得奇怪。发生了什么变化?我们发现宇宙可以被破译,但它的内部运作不是文字而是数字,而它们最深的秘密是比率,即数字与其他数字的关系。因此,为了掌握我们的世界,我们必须学习一种新的方式来感知本质上是数字的现实。我们发现,如果我们想测量木星对它的一颗卫星(例如泰坦)的引力,我们无法用通俗的说法来做到这一点。我们必须将木星和泰坦分别转换为一个称为质量的数字,然后将它们之间的空间转换为一个称为距离的数字。只有在这样做之后,我们才能使用与我们日常生活中使用的完全不同的一组符号进行计算,并得出我们的答案。

想想这一切的奇妙之处。牛顿发现了一些关于行星运动的某种规律,可以用五个字母、四个符号和三个数字来表示:$F=(Gm_1m_2)/r^2$。令人惊讶的是,它还可以解释海王星的轨道以及——我们日常生活中看似无关的事情这是疯狂的部分,从草坪飞镖到海潮。科学反复提供能够解释特定观察到的现象的公式,同时这些公式也被发现在无数其他目上非常有用,使我们能够做出高度准确的预测,如果我们愿意的话,甚至能够将两吨重的探测器降落在火星上的泡泡糖包装纸上。当然,如果那里恰好有一张泡泡糖包装纸。

第二章　骰子：我们如何预测未来

这并不是说古代人不懂数学。古埃及人非常精确地计算土地面积。希腊人知道，也为之烦恼——2 的平方根，即正方形的对角线长度，2 的平方根是无理数。罗马人是高超的测量员和工程师，在这些领域巧妙地操纵数字。中国人想出了负数，巴比伦人将 0 作为位值持有者，印度给了我们数字系统，1 000 年前，代数出现在伊斯兰世界。

但这与现实本身是数字的想法不同。这个想法只有几个世纪的历史。伽利略平淡地表达了这一点："数学是上帝书写宇宙的语言。"你可以用文字来描述重力，但如果没有数字和数学，你就无法深入了解。我们没有更早地发现这个关于我们宇宙本质的真相，因为虽然我们有数学，但我们没有足够的知识来描述这个世界是如何运作的。$F=(Gm_1m_2)/r^2$ 不仅仅是一个公式，它是关于现实本质的陈述。它不仅仅是代数、几何、算术。这是一个宣言，一个发现，一个事实，几乎是一个神圣的真理。这就是说现实是数字的意思。

为什么物理定律本质上是数字的？一种解释称这是模拟假设的证明，也就是说，我们根本不存在，而只是计算机模拟的角色。我个人不相信这种解释。宇宙似乎只会使用机器的本土语言，这被视为宇宙本身也是这样一台机器的证明。而往往理论确定做到了，令其发现者感到惊讶不已。

有一个关于经济学家的老笑话，他看到现实世界中的某些东西在运作，便想知道它是否有可能在理论上起作用。我们可能对此感到可笑，因为经济学毕竟是一门社会科学，坦率地说，我们并不期望经济学的预测能够提供太多的精确性。但是对于科学理论，我们的要求远超过这个标准。我们期望这样一个理论是优雅的，并在经验观察下得到证实。理论经常如此，这让它的发现者大吃一惊。但为什么就连爱因斯坦也发现这个问题确实令人摸不着头脑，并表示"关于宇宙最不可理解之处就是它是可以理解的"？

1960 年，一位名叫尤金·维格纳（Eugene Wigner）的物理学家发表了一篇论文，题为《自然科学中数学的不合理有效性》，论文中提出了这个问题。他从多个角度审视了这个问题，但最终没有得出任何结论，只是意识到"数学语言适用于制定物理定律的奇迹是我们既不理解也不配拥有的奇妙天赐。我们应该对此表示感谢，并希望它在未来的研究中仍然有效"。

随着我们的世界变得越来越数字化，我们对数字的要求也越来越精确。事实证明，数字是我们掌握预见未来的关键。这一点在计时方面表现得最为明显。我们过去只有日晷和沙漏。那个世界里有人迟到过 5 分钟吗？谁能责备他们，告诉他们那天上班迟到了 700 粒沙子？最终我们得到了时钟，表盘上通常刻有不要浪费时间的告诫。它们只用一根指针来显示小时数，这对于大多数用途来说已经足够精确了。然后我们添加了分针。接着，加上了秒针。你的智能手机上的秒表功能可以测量到 1% 秒，这样的精确性是为了以防万一，比如说，你被意外地要求评判奥运会短跑比赛。也就是说在日常生活中，我们不需要用手机来衡量这么短的时间——除非你是体育赛事的评委。现在，我们制造的时钟非常精确，以至于如果加利福尼亚发生大地震，我们可以通过它对时间的引力扭曲来检测它。

在电影《黑客帝国》（Matrix）中，矩阵被表示为在计算机显示器上飞来飞去的绿色源代码。那些在矩阵中的人看到的是一个看起来很正常的现实世界，但在船上监视他们的盟友可以看到代码，并且在一定程度上可以读取它。我们的现实看起来有点儿像这样。我们用数学这个红色药丸①所能做的就是看到现实之下的代码和数学。甚至几乎没有注意到，我们整天都在这些世界之间来回穿梭。

---

① 红色药丸与蓝色药丸（red pill and blue pill）是一种流行的迷因，揭示一般日常生活中会令人感到不安的知识和残酷现实的"红色药丸"与保持愚昧并继续过着平凡的生活的"蓝色药丸"之间的选择。——译者注

第六节　决定论的极限

我们为概率铺平道路的第二个重要想法涉及理解决定论的固有局限性。就哲学而言，决定论似乎是常识的体现。万物皆有因，而每一个原因依次又都有自己的原因，如此往复，还有什么想法比这更明显的呢？如果你将宇宙倒回到开头并按下播放按钮，你会再次看到完全相同的电影，这确实是有道理的。

当然，有一种对决定论的标准批评说，在量子水平上，存在着真正的不确定性——即存在着没有原因的事件。这可能是真的，但与我们的目的无关。我们的日常生活不是在量子现实中生活，而是（主要是）在牛顿论现实中，也就是说我们主要有经典力学的世界观，而不是量子力学的世界观——经典力学是以牛顿运动定律为基础的。这不是我们在这里谈论的范围。

决定论的承诺在于它预测未来的能力。它假设如果你进行准确的测量，然后应用正确的公式，你也可以看到未来。随着你的测量变得越来越精确，你的预测也将越来越准确。

然而，尽管这听起来是常识，但这是错误的。令人着迷的事实是，对于复杂的系统，减少数据中的错误并不能保证获得更准确的结果。想想20世纪60年代美国数学家、气象学家爱德华·罗伦兹（Edward Lorenz）的故事，他使用计算机模拟天气。他会在计算机中设置初始条件，然后打印出假设的天气状况。他意外地发现，如果他将模拟中途的数据打印出来，然后将其作为模型的初始条件输入并重新运行模拟，则不会产生相同的结果。

结果甚至相差很大。这怎么可能呢？对于给定的一组初始条件，计算机应该在每一步都产生相同的输出。答案是，他的模型运行时使用的是小数点后六位的数字，但打印输出只打印到小数点后三位。他不知道这一点，但就算他知道，输入 0.347442 还是 0.347 又有什么区别呢？事实证明会有很大的差异。这被称为"蝴蝶效应"，罗伦兹发现了混沌理论。

如果罗伦兹使用四位数甚至五位数呢？奇怪的是，他所得的结果可能相差更远。在混沌中，设置初始条件的误差程度与预测的准确性之间没有关系。一只巨鹰在南美扇动翅膀不会在托莱多引发比蝴蝶更大的龙卷风。幸运的是，生活中的大多数事情都不是这样的。如果你在烘焙蛋糕的过程中测量成分时稍微有些马虎，那么蛋糕的味道可能还好，但随着误差的增加，蛋糕的味道就会变差。如果烘焙过程是混乱的，那么多放一粒盐会使蛋糕有毒，但多放两粒盐会使它完美，三粒盐会使它尝起来像炸鸡。虽然混沌中没有真正的随机性——它完全是决定论的，但即使测量值出现最低程度的偏差，也存在不可预测性。

这种不可预测性甚至比听起来的更糟糕。对于某些情况，例如天气，真正准确的测量实际上是不可能的。即使你的数字精确到一百位数，仍然有 101 到无穷大的数字可以让你的模型偏离目标。再次使用蝴蝶的比喻，如果一只蝴蝶真的会引起龙卷风，那么要预测天气，你就需要知道地球上每只蝴蝶的位置、重量、速度和方向。这就是为什么长期的天气预测实际上是不可能的。

那么决定论的极限是什么？对于大多数复杂系统而言，测量中存在的误差程度足以在预测中引入大量且不可预测的误差。有一个简单的案例，例如绘制炮弹将击中的位置，或者何时发射太空探测器，使其可以摆脱另一个星球的重力，这些都可以使用决定论非常有效地完成，因为小的误差不会像罗伦兹的例子中那样累积和混合在一起。但是对于我们想要预测未来的许多领域，我们不能从一组初始条件开始并弄清楚会发生什么，因为设置初始条件是不可能的。

启蒙思想家当然不知道这一点。他们希望找到的定律不仅可以用于预测飞行中的炮弹，还可以用于生物学、社会学、经济学和其他领域。既然它们也是自然现象，为什么不应该有这样的规律？答案是，虽然决定论对于相对简单的预测很方便，但它在驱动世界的复杂系统中会失效。我们到底该如何解决这个难题呢？这便是我们的第三个大想法：随机性的奇迹。

第七节 随机性的奇迹

前面的内容中，我们研究了关于未来为什么会以这种方式发生的不同信念系统。所有这些信念系统都缺少的一个元素，那便是随机性。无论事情是命中注定要发生的，还是通过同步性或必然性发生的，或者是通过自由意志选择的，没有一种观点对未来的概念是随机的。进一步清楚地说，人们长期以来一直认为某些事情是不可知的，但这与随机性有很大不同。正如我们很快将看到的，随机性不仅可以驱动未来，还是我们预测未来的最佳工具。

什么是随机性？目前还没有关于它的完美共识定义，但广义上我们可以说随机事件没有模式并且不能单独预测。它们是独立的，不受任何先前事件的影响，否则，它们可以被预测。

随机性取决于你如何定义，它要么无处不在，要么不常见，要么几乎不存在，要么不可能。让我们来看看每一种情况。

无所不在。实际上，随机性无处不在，而不仅仅是发生在掷骰子和抛硬币上。它存在于噪声和静电、太阳黑子和伽马射线中。如果你去海滩舀起一桶沙子，里面可能有100万粒沙子。如果你花时间将它们全部数一遍，那么该数字中的最后一位数字是随机的。如果你拿一块海报板，用记号笔和直尺把它分成10等份，你可以把它放在你的后院，看着雨滴打在上面，然后写下每滴雨落在海报板的哪一个位置。这是一个很好的随机数生成器。

令人惊讶的是，随机性也存在于社会现象中，这是我们即将花费大量墨水去探讨的事实。甚至你也是一个随机现象。千万亿代人之间的某种东西将你与多年前出现的第一缕生命火花分开。如果其中一个发生了任何不同的情况，那么，就不会有你。随机性也许是物理世界的基本真理，从宇宙大爆炸将物质分散到整个宇宙开始。

罕见。实际上，随机性非常罕见。当你眯起眼睛仔细看的时候，你会发现本该是随机的事物中存在着微小的模式。硬币抛掷略微偏向正面，骰子的结果可预测地受到初始条件的影响，甚至我们在户外的海报板也受到雨滴自然排列的影响，这并不是随机性应该有的样子。很多事情看起来是随机的，但并非如此。我们在现实世界中的发现是，许多事物都围绕一个均值聚集，因此它们根本不是随机的。人类的行为通常充满各种各样的排除随机性的微妙。比如让人们从 1 到 10 之间随机选择一个数字，1/4 的人会选择 7。

随机性甚至可能不会潜伏在圆周率的无穷多、看似无规律的数字中。我们已经将圆周率计算到小数点后数十万亿位。每百万个数字的列表难道不会是一个随机的数字串吗？我们真的不知道。我们可以说前一万亿位数字看起来分布相当均匀，最常见的数字 8 比最不常见的数字 0 仅多出约 100 万。100 万听起来很多，但它只是万亿中的百万分之一，所以在这种情况下它是微不足道的。但是圆周率可能无论如何都不应该是随机的，毕竟它是一个非常具体的值，代表着非常真实的事物。

随机性如此善变，以至于很难伪造。佐治亚理工学院荣誉教授、专攻概率论的美国数学家西奥多·希尔（Theodore Hill）给他的学生布置了以下作业：要么掷硬币 200 次并写下结果，要么假装掷硬币 200 次并写下假设的结果。第二天，他毫不费力地从假结果中准确地挑选出真正掷硬币的人的结果，准确率很高。这有诀窍吗？真正的硬币抛掷的结果几乎总是有至少 6 个正面或反面。造假者很少大胆地在他们的"看起来像真的"数字中插入那么多重复的结果。劣质的随机数生成器相对容易被黑客破解。幸运的是，纳粹并不擅长为他们的恩尼格玛密码机生成真正随机的密钥，而是选择重复多次的同一个字母或他们自己的首字母。从本质上讲，他们使用"密码"一词作为他们的密码，从而使密码被破解并缩短了两年的战争时间。

生成随机数是一件棘手的事情。计算机无法真正做到这一点，因为它们本质上是确定性的。创建随机数的程序将在 1 000 台计算机上生成相同的数字，除非它们至少使用一些随机的东西来生成结果。通常情况下，鼠标的移动或用户双击图标之间的毫秒数都可以被使用。

人类活动会产生很多数字，但它们不是随机的，或者说本福特定律是这样说的，我们产生的以 1 开头的数字比以 2 开头的数字多，以 2 开头的数字比以 3 开头的数字多，以此类推。为什么？想想前 20 个数字，从 1 到 20。其中有多少以 1 开头？我数了 11 个，也就是一半多一点儿。但这个百分比在接近 100 时会下降。然后，突然达到 100，连续出现 100 个以 1 开头的数字，将百分比重新推升到一半以上。然后达到 1 000，连续出现 1 000 个以 1 开头的数字。所以，毋庸置疑，在无穷大的数字中，一切都趋于平稳，但我们的日常生活并不是由无穷大的数字构成的。它们是绑定的集合，就像我们的年龄、银行余额等。

几乎不存在。也许只有几件事是真正随机的，它们只发生在量子水平上，在诸如放射性衰变的现象中。铀 -238 的半衰期约为 45

亿年。这意味着，如果你在客厅里放着一桶这种东西，当它慢慢变成钍-234时，它会不断地放射阿尔法粒子。45亿年后，正好有一半的铀会变成钍。但是哪一半呢？没有办法知道。人们几乎可以想象所有这些原子核都围坐在一起，互相注视着，猜想着接下来谁会衰变。但科学家告诉我们没有办法知道，也的确无从得知。这也许是整个宇宙中唯一真正的随机性。

不可能的。或者也许这是完全不可能的。我们只是推测，诸如放射性衰变之类的量子领域的事物纯粹是概率性的，而不是机械性的。我们实际上并不知道。尽管这是过去一个世纪以来普遍存在的信念，但我们并不能肯定这一点。毕竟，爱因斯坦对整个事情持保留态度，这激发了他关于上帝不会与宇宙掷骰子的名言，而以薛定谔的猫思想实验成名的埃尔温·薛定谔（Erwin Schrödinger），相信量子力学有一个潜在的决定论现实。

最后，对于几乎所有目的来说，这并不重要。考虑抛硬币，自从有硬币以来，掷硬币就一直被用来表示随机器。古罗马人把掷硬币称为船或头像，因为硬币的一面是战舰，另一面是统治者的头像，然而，抛硬币实际上并不是随机的。想象一个硬币，正面朝上，放在桌子上。用拇指和食指抓住硬币的边缘，将其抬起1/10英寸，然后放开，进行世界上最懒惰的硬币抛掷。我有100%的把握可以说是正面朝上。毫无疑问，那里没有随机性。但是如果你把它抬高1英尺然后把它掉在地上呢？我这样做了，几乎一直都是正面。但是如果你把它扔到3万英尺高的飞机窗外呢？好吧，我们没有人知道结果如何，就像我们不知道蝴蝶的动作是否会产生某地的龙卷风一样，也就是人们常说的蝴蝶效应。

但关键在于：从6英寸处掉下的硬币并不比从1/10英寸处掉下

的硬币更随机。我们只是没有足够的数据，也没有足够的思维敏捷性来判断后一种情况，因为它受到混乱的支配。然而，随着下落距离的增加，猜对硬币的概率从100%变为50%，也就是说抛硬币的距离越远，猜对抛硬币结果的可能性就越小。从我们的角度来看，无论出于何种目的，它都变得随机。无论是计算机还是数学家都无法确定飞机上200次抛掷的结果与200次随机抛掷的结果，并分辨出哪个是哪个。

真正的随机性问题只在一定程度上很重要。真正的问题是，未来的事件——在这种情况下投掷，是否可以比真正随机的事件更准确地被预测。如果不是，那么它是否"真的"随机是没有实际意义的。

为什么这很重要？这是因为随机性是我们预测未来的基础。还有什么比这更违反直觉的吗？随机性似乎是帮助预测未来最没用的东西。这听起来像是来自DC漫画的奇异世界（《比扎罗世界》里的东西）。但它确实对我们有很大帮助，因为这就是本节标题中提到的"奇迹"——在一组随机事件中存在大量的可预测性。这句话连打出来都很奇怪，更不用说让人理解了。随机性如何可以预测？让我们来探索一下。

如果你掷硬币1 000次，会出现正面的频率是多少？你甚至可能根本不需要考虑这个问题——会有大约500次，或多或少。但是你怎么知道呢？你可能还没有真正掷过1 000次硬币，也没有遇到过任何人这样做过。虽然500次对我们来说似乎是显而易见的答案，但这只是因为我们出生的世界就是这样的思考模式。这个问题的一个更合理的答案似乎是"没有办法知道"。你怎么会知道？这似乎是一个超出科学探究甚至理性分析范围的问题。如果你相信抛硬币的结果是随机的,你怎么能对结果做出明智的预测呢?西塞罗在几千年前就看到了这一点,当时他反问:"事件怎么可能……预测会发生什么……由于盲目的机会?"换句话说,如何预测一个偶然发生的事件呢?投掷 500 个正面的概率不是和投掷 800 或 200 个正面的概率一样吗?从严格的直觉上看,正面的数量不是应该处于无序状态吗?

然而事实并非如此。如果你掷硬币 1 000 次,那么你得到超过 600 个正面或反面的概率不到十亿分之一。不到十亿分之一!从实际意义上来说,这意味着根本不会发生。确定的东西怎么可能是随机的呢?在 17 世纪 50 年代之前,没有人能提出这个问题,更不用说回答了。

17 世纪 50 年代之后,科学家普遍注意到,抛硬币和掷骰子等随机事件似乎确实遵循长期模式,几乎没有错误。不仅仅是骰子和硬币,还有其他各种看似建立在随机性之上的东西,比如男性与女性的出生比例,我们可以将其视为生物学上的掷硬币。当时最常见的解释是,这些事情表明全能者不仅控制着行星的运行轨道或季节的流逝,而且还控制着这些规律性。人们注意到,男性出生与女性出生的相对数量每年都相当稳定,这一事实更容易被视为上帝之手,而不是某种奇怪的随机特性,特别是因为总是有更多的男性出生,这似乎是上帝的恩典,因为战争中不可避免的损失,总是需要过剩的男性。17 世纪的法国数学家亚伯拉罕·棣莫弗(Abraham de Moivre)表达了这样的观点,他说:"如果我们不被形而上学的尘埃蒙蔽了双眼,我们将被一条简单而明显的道路指引,从而得到伟大的创造者和万物之主的承认。"

无论背后的力量是什么,17 世纪的数学家都非常认真地理解这些长期模式。他们掷骰子或掷硬币 1 000 次，然后写下结果。他们学到的是，虽然无法预测掷骰子或掷硬币的结果，但结果的总数是可以预测的，而且准确性惊人。掷硬币或掷骰子的次数越多，整体结果就越容易预测。这就是奇迹，随机性是可以预测的。

　　认识到随机性具有这种稳定性不仅仅是琐事，因为它不仅仅适用于掷硬币和掷骰子。一旦我们意识到，随机性实际上无处不在，我们就正确地推断出可预测性也无处不在。我们接下来需要做的是发展一门关于随机性的科学，我们也是这样做的，我们称之为"概率论"。

第八节　概率思维

帕斯卡和费马时代的前后，我们想到的第四个大想法是概率思维。这不仅仅是一些事情比其他事情更有可能发生的模糊概念。古代作家津津有味地讨论这个话题，对巧合、运气、不可预测性、机会和不确定性的本质发表意见。亚里士多德宣称"可能发生的事是通常发生的事"，并反复强调这一想法，将其与确定的事物和不可知的事物进行对比。然而，这一切都只是哲学，而不是数学，也没有人试图把它变成一门科学。因此，我们不仅要发现可以系统地计算概率的想法，还要发现如何做到计算。我们惊喜地发现概率思维几乎可以应用于生活的方方面面，而不仅仅是掷骰子和掷硬币。

概率表示为 0 到 1 之间的数字。按照惯例，我们通常用百分比来表示概率，比如下雨的概率是 80%，而不是 0.8。概率为 0 的事情，比如太阳从西边升起，是不可能发生的。相反，一定有发生概率为 1 的事情。这些甚至都不是真正的概率。0 和 1 之间的一切才是真正的概率范围，而这正是文艺复兴时期我们开始理解的内容。从技术上讲，所有概率都是估计值，它们不是你可以衡量的东西，比如 1 英里或 1 分钟。因为它们以可能性程度来表示，所以那些以概率研究概率论的人通常不会做出预测本身，而是谈论置信度。我最近在一部单面板漫画中看到了这一点，其中运输安全管理局一位特工问一位统计学家，他的行李中是否携带任何爆炸物。回答是

"可能没有",严格来说,这是正确的回答。

近400年过去了,可以说我们已经把概率论的科学全部整理出来了,但还远远不够。科学哲学家亨利·马格瑙(Henry Margenau)在1950年出版的一本名为《物理现实的本质》(*The Nature of Physical Reality*)的书中写道:"哲学家们讨论概率意义的一般性,目前几乎没有证据表明他们对任何观点达成一致,而且文献正变得越来越混乱。"从那以后的几十年里,情况并没有好转。

那么问题出在哪里?首先,考虑一下硬币正面朝上的概率为50%的结果。这到底是什么意思?这是否意味着"据我所知,正面和反面朝上的可能性相同"?也就是说,概率是衡量无知的标准吗?或者,换一种说法,这是否意味着真正存在着100%出现正面的可能性,但我们无法迅速地测量和计算所有的物理作用力,所以我们不知道?因此,实际上从来没有真正的不确定性,只是我们无知。或者这是否意味着"如果我无限次掷硬币,有一半的概率是正面朝上"?换句话说,确实存在真正的不确定性。

这一切都可以用稍微不同的方式来表述:概率是否只存在于我们的头脑中,还是说它广泛存在于宇宙中?如果是后者,那么究竟是什么呢?《呆伯特》(*Dilbert*)的创作者斯科特·亚当斯(Scott Adams)在他的小说《上帝的碎片》(*God's Debris*)中谈到了这一点。一位老人问一个送货员,为什么一枚硬币抛了1 000次后,大约有500次正面朝上。他回答后,老人的表情看上去不怎么满意,于是送货员问他答案是什么。老人告诉他,没有"为什么",所有其他问题都有"为什么",但唯独概率没有。他阐述道:"概率是无所不能和无所不在的。它会立即在任何时间、任何地点影响每一枚硬币。它不能被屏蔽或更改……概率是宇宙中一切事物的指导力量，无论是有生命的还是无生命的，远的还是近的，大的还是小的，现在或任何时候。"

老人说概率并不在你的脑海里，也不是衡量无知的标准。相反，它是宇宙中最普遍存在的力量。从这个意义上讲，概率是一门关于随机性的科学，一门仅因我们前面讨论过的"奇迹"而起作用的科学，即在足够数量的随机事件中存在一个潜在的顺序。

但显然还有另一种概率——这种概率没有独立的现实，只存在于你的脑海中。想象一下，你正坐在审判谋杀案的陪审团中。法官已指示如果被告的罪行被证明"排除了合理怀疑"，你就判定该被告有罪。有趣的是，几个世纪以来，法院一直拒绝就合理怀疑的含义给出一个数字。但是，你在自己的脑海中说，只有当你有98%的把握证明是被告干的，你才会给被告定罪。你一开始对这件事毫无信心，然后随着案件的展开，你逐渐变得有80%的把握、90%的把握，以此类推。你在这里处理的当然是概率，但除了你的头脑之外，任何地方都没有真正的不确定性：谋杀的事情要么是被告干的，要么不是；是他犯了这个罪的概率要么是0%，要么是100%。你只是不知道哪个是正确的。概率只是你对自己不确定性的衡量。

这两者之间的区别就好比说，明年7月4日下雨的可能性为1/10，而大脚怪存在的可能性也为1/10。在一个层面上，它们的意思相同，而在另一个层面上则完全不同。

概率有两种类型。第一种观点是相信概率是真实存在的，它的追随者称自己为客观主义者、物理概率论者或频率论者；第二种观点是概率是衡量你无知的标准，它的追随者将自己称为主观主义者、贝叶斯概率论者或证据论者。天啊！他们完全无法和睦地相处。他们就像养牛人和牧羊人。YouTube上到处都是相关的视频，每个小组都在热情地争论他们支持的观点。甚至还有贝叶斯概率论和频率论的说唱之战。

　　人们很容易说这两种概率类型的追随者都是对的。也许我们只是用同一个词来表示两种不同的事物，在第一种情况下应该将它们称为"风险"，在第二种情况下应该将它们称为"不确定性"。正如伊恩·哈金在《概率的突现》中所写："研究概率的学生，无论是数学家还是哲学家，几个世纪以来都说这个词有两种截然不同的含义，我们为它的模棱两可而苦恼。这说不通。这种概率的看似模棱两可的概念似乎在我们的思维方式中根深蒂固，单靠语言立法是无法解决问题的。"我认为他是对的。每一方极端主义者都有一种宗教激进主义的观点，认为他们自己的立场是唯一正确的、唯一完全科学的。他们的汽车不太可能贴有某种数学"共存"的保险杠贴纸。更有趣的辩论不是哪一个是"正确的"，而是谁从谁那里衍生而来。

　　有趣的是，这两种概率思维方式都是在17世纪中期突然出现的。不过，它们之间的区别并没有被注意到。人们可以从帕斯卡、拉普拉斯和其他人的著作中推断出他们在处理任何给定问题时会想到哪种类型，但他们似乎根本没有注意到其中的差异，很容易在两种概率概念之间来回切换。主观观点，即概率是对无知的衡量标准，很早就占主导地位，正如你在决定论世界观中所期望的那样。世界上所有实际发生的事情发生的概率都是100%。只是我们的无知模糊了未来。客观主义观点的价值较低，因为除了骰子和硬币这些无趣的案例之外，几乎没有其他地方可以应用它。但是随着越来越多的数据被公布出来，比如出生、死亡、疾病、温度等，客观主义的观点变得更加有用。

毫无疑问，哈金的观点是正确的，除了语义之外，这里还有真正的区别。幸运的是，出于我们的目的，我们不必在哈特菲尔德和麦考伊①之间做出选择。他们不同意的是哲学，而不是数学，当我们探索人类如何学会展望未来时，让我们感兴趣的是数学。

就其本身而言，概率论是强大的。知道某件事发生的概率是有用的，但要真正增强对未来的预见，我们还需要做一件事：构想多个概率的未来。在此基础上，帕斯卡和费马解决了点数分配的问题，并创造了一种思考和预测未来的新方法。

---

① 哈特菲尔德-麦考伊宿怨（The Hatfield-McCoy feud），指的是 1863—1891 年，居住在西弗吉尼亚州和肯塔基州边界两个家族之间的冲突械斗。两个家族傍大桑迪河支流塔格佛克河而居，西弗吉尼亚州的哈特菲尔德家族当家的是"恶魔安斯"威廉·安德森·哈特菲尔德（William Anderson Hatfield），肯塔基州的麦考伊家族则以伦道夫·麦考伊（Randolph McCoy）为首。——译者注

第九节　许多可能的未来

17世纪的人们知道两件看似毫不相干的事情。首先，他们知道单次掷出骰子的任何特定面朝上的概率约为0.17，这更像是骰子本身的属性，而不是预测。计算增加骰子和多次投掷的概率更复杂，但原理还是一样的。其次，人们也知道未来充满了各种可能发生的事情。商人知道他的船可能沉没或成功驶入港口，而后一种情况发生的可能性更大。

一种名为瑞茜花生酱杯的美国糖果曾经有一系列流行的电视广告，其中一个人正在吃巧克力棒，另一个人用勺子在挖一罐花生酱。由于一次偶然的事故，巧克力落在了花生酱中，一种新的口味被发现了。这就是我们的第五个也是最后一个概念发现，它使点的问题得以解决，并催生了现代概率的诞生。如果你能把这两个想法结合起来呢？如果各种未来事件的概率可以像骰子一样在数字上被操纵呢？如果你不仅可以将概率放在一组事件上，还可以将概率放在这些事件的每个潜在分支上呢？然后从每个潜在的分支上，一直到某种解决方案？

今天，我们并没有被这种概念化未来的方式所震撼。对我们来说，这种方式似乎显而易见，但在那个时代却并非如此。正如斯坦福大学的权威人士基思·德夫林（Keith Devlin）（他是研究帕斯卡–费马通信的权威）所说："用数字预测未来的想法……意味着将数字运用于我们所生活的世界之外，也就是说，将数字运用于明天和下周……这是一种被认为是不可能的事情。"

这种方法类似于对所有可能的未来进行模拟，其中大部分永远不会发生。我们的目标不是选择哪种情况会发生，而是选择每种情况发生的可能性有多大。在1654年之前，大多数人都通过回顾过去来解决积分问题——也就是到目前为止游戏中发生了什么事情。你还能做什么？甚至亚里士多德也不认为你可以用数学来预测未来，因为数学是关于确定性的，而不是明天的不确定性，明天可能发生任何事情。

在任何给定的回合中，国际象棋选手都有一组他们自己的套路。在他们的头脑中，他们会预计对手如何回应他们的每一步棋，然后他们又会如何回应对手的每一步棋。即使是优秀的选手也只能看到几步之后的情况。我们日常生活中的事件就是这样，我们所能看到的前进次数也同样是有限的。我们学会做的是深入我们的数字现实中，查看所有可能发生的事件链，然后估计每个事件的可能性。我们把它变成一门科学，我们通过统计学来模拟未来，而不是预测它。

这是我们必须发现的五个重要想法，以便解决点的问题并发明我们设想未来的现代方式。我们发现我们的现实是数字的，并且我们发现了常识性决定论的致命缺陷：复杂系统的行为是混乱的。在那里我们发现了随机性的顺序，我们用它来创建概率论的科学，并将其应用于对可能的未来的新理解。

有了所有这些，点数的问题几乎解决了。推理可以是这样的：需要数学来解决哈里和汤米被打断的游戏所带来的问题。结果无法预测并取决于随机性，但我们可以自信地为随机事件分配概率。

游戏可以进行和结束的方式是有限的,并且可以估计每个结果的概率。因此,应该根据每个玩家赢得比赛的可能性来按比例分配奖金。

今天,我们仍然没有掌握这五大思想中的任何一个。我们对现实的基本性质以及它的决定论的程度还没有完全理解。关于概率的真实性质仍然存在激烈的争论,我们对随机性的定义没有达成共识,甚至对随机性是否存在也没有达成一致观念。我们为未来建模的方式是不一致的,不同的未来模型由其支持者拥护,他们的热情就像是在为自己的球队加油一样。在17世纪,数学家对此知之甚少,但他们看到或凭直觉发现了概率论的科学,这导致"预测"一词脱离了其长期以来的同义词——"预言""预告"和"占卜",它开始表示完全不同的东西。人类以前用这种新方式来展望未来做了什么?那是我们的下一站。

第十节　概率论引爆全世界

我们即将从 17 世纪 50 年代中断的地方继续我们的故事。但在我们继续之前，请停下来想象一下，从 17 世纪 50 年代的人们的角度来看，我们对概率的无数次使用在当时是多么不可思议。今天，我们几乎在生活的方方面面使用概率。频繁地使用甚至让我们习以为常。无论是明示还是暗示，我们都在脑海中不断计算可能性，例如在某条回家的路线上遇到堵车的可能性。但我们也将它用于我们的健康方面，例如判断疫苗或治疗的功效，以及在我们的财务方面，例如评估某项投资的风险。在社会层面，它被用于科学、交通、政府、国防和体育。概率为供应链提供动力，保持适量的产品库存，它以垃圾邮件过滤器的形式存在于你的收件箱中，并且所有的语音和图像识别程序都完全由概率驱动。然后，在一切都看不见的地方，它执行着无数其他功能，例如为优化高层建筑电梯和交通信号灯时间的算法提供动力。

但即便如此，这也只是冰山一角。如果你是与婚恋网站上认识的人结婚的数百万人中的一员，那么在你上床睡觉之前，你基本上是在与概率亲吻，跟概率说"晚安"。概率为你选择你可能喜欢的新闻节目，将你的简历与可能的工作相匹配，并决定你是否获得贷款。各国出于对可能性的评估而开战，例如交战国拥有化学武器的可能性或发展核武器的意图，而这一切都始于积分问题。

第二章 骰子：我们如何预测未来

帕斯卡和费马通信的细节在关系密切的欧洲知识分子的圈子中广为流传，引发了人们对概率论这一门新兴学科的极大兴趣。欧洲恰好有一大批天才，他们愿意接过概率的接力棒并不断将其发展。其中一位是荷兰数学家、物理学家和发明家克里斯蒂安·惠更斯（Christiaan Huygens）。现在很少有人谈及他，但他是有史以来最伟大的科学家之一。他在多个领域都取得重大发现，他发明了复合望远镜目镜，发展了离心力定律，并发现了土星的卫星泰坦。在业余时间，他还发明了摆钟。

帕斯卡和费马诞生了概率，但惠更斯将其提升到了成熟期。一段时间以来，他一直对与赌博有关的赔率感兴趣，在得知最近的帕斯卡与费马的信件后，他写了一本书，将这些信件中的想法发展成了一门成熟的科学。1656年，惠更斯将手稿寄给帕斯卡和费马，征求他们的意见和建议。两个人都给出了积极的回答，并且每个人都在文本末尾的集合中添加了一两个概率论问题。第二年，书籍《论赌博中的计算》（*On Reasoning in Games of Chance*）成功出版，共16页。从赌博的角度出发是一个很好的诱饵，这本书广为流传。

这16页内容中，惠更斯迅速指出，这些想法并非由他提出，而是建立在帕斯卡、费马和其他人的工作基础之上。这是真的，但他确实也付出不少。这本书确实极大地发展了数学。惠更斯的创新之一是期望值的概念：赢得1 000美元的千分之一的机会值1美元。对我们来说，它是第二天性。这是一项有用的创新，可用于比较替代行动方案。尽管惠更斯表面上写了一本赌博的书，但他扩展了关于概率在其他领域应用的思考。在接下来的半个世纪里，这是概率论的首选文本。

帕斯卡停止研究数学，开始研究宗教思想。当他创造了著名的关于信仰的理性论证，即帕斯卡的赌注时，他将概率思维带到了该领域，帕斯卡的赌注包括无限概念和决策理论——使用风险评估做出最佳决策的数学。费马也继续在其他领域做出贡献，尽管他偶尔会回到概率论。欧洲大陆的其他国家都在为概率而疯狂。不仅是数学本身，还有它可以应用的所有地方。这是一门实用的工具，在天文学或化学中几乎没有用处，但在金融、人口学和统计学方面却必不可少。它起源于骰子和纸牌，很快就被用来解决各种各样的实际问题，例如年金的销售和人寿保险的发行。

即使是那些没有直接致力于将概率发展为一门科学的人，也对如何将其应用到他们自己的领域感兴趣。牛顿仔细地注释了惠更斯的书，德国人戈特弗里德·威廉·莱布尼茨（Gottfried Wilhelm Leibniz）创造出与牛顿的微积分相媲美的微积分，他对概率的本质进行了一系列哲学角度的观察，包括对我们后来所谓的"博弈论"的思考。他还想出了一种测试随机性的创新方法。假设有一张纸，上面有十几滴墨水，它们是随机降落的还是被故意放置在那里的？他假设生成该分布所需的公式越复杂，点随机出现的可能性就越大。

随着17世纪接近尾声，得益于瑞士数学家雅各布·伯努利（Jacob Bernoulli）的贡献，概率论又迈出了一大步。他证明了大数定律。我们大多数人知道它的形式简单、直观：你掷硬币的次数越多，你观察到的结果就越接近理论结果。这是真的，但这并不是大数定律所说的。它说你掷硬币的次数越多，观察到的结果在平均值附近的指定范围内的概率就越高，并且在给定所需的置信度的情况下，你可以计算实现它所需的投掷次数。

我们今天经常在民意调查中看到这一点。大多数民意调查显示，它们的准确度在正负 3 个百分点之内。通常很重要，但很容易被忽视的是，这仅在 95% 的情况下是正确的。你可能已经注意到，许多民意调查都是基于大约 1 000 个人的。这是因为要获得 95% 的置信度，即确定你的结果在正负 3% 的范围内，你需要查询差不多 1 000 个人。伯努利对所有这些进行了数学分析，使用这三个数字中的任何两个——可接受的误差、置信度和接受调查的人数——你就可以计算出第三个。

这是一个非常宝贵的工具，因为现在我们不仅可以计算概率，还可以添加一个全新的维度，即样本量需要达到的置信水平和误差率。这个哲学上的"恍然大悟"的时刻是：我们意识到，虽然我们生活在一个没有确定性或完美知识的世界，但我们可以选择可接受的不确定性和误差水平，准确地知道我们出错的概率有多大。那至少是有意义的。所有这些都在一本名为《猜度术》(*The Art of Conjecturing*) 的书中进行了介绍。这些想法在 17 世纪 90 年代被部分传播，但伯努利一直在修改手稿，直到 1705 年他去世后才刊印出来。300 年后，这本书仍在被刊印。

在那个时代成为一名科学家一定是令人振奋的，因为一切似乎都为理性思维的探索而展开。你可以决定你将成为那个研究声音、液压或循环系统或任何东西的人，并且有合理的机会发现新事物。牛顿曾经为了更好地理解颜色将针扎入眼睛，散克托留斯花了 30 年的时间来测量进入他体内的所有物质与排出体外的物质，以便了解新陈代谢，让－安托万·诺莱（Jean-Antoine Nollet）通过让电流流过排着 1 英里长的队伍的僧侣来测量电流的速度。我们将在哪里应用新的概率论的科学？那是我们的下一站。

第十一节 死亡和税收

我们首先将概率论应用到死亡率上。这些数据很容易获得并且具有很高的财务价值,因为它可以用于定价年金,而政府则利用年金筹集资金。事实上,真正的谜团是为什么尚未收集死亡率数据。它根本不需要概率,也不需要超出简单计数的范畴。任何人都可以在墓地周围走走,记下人们死亡的年龄,或者翻阅政府的出生和死亡的旧记录。但显然每个人在周日下午都有更重要的事情要做。直到约翰·格朗特(John Graunt)出现。

约翰·格朗特是谁?他不是数学家、神童或科学家。他出生于1620年,只是一个普通的伦敦服饰商。出于已失传的原因,他开始仔细研究自16世纪末以来编制的伦敦每周死亡率列表。它们展示了伦敦每周有多少人死于什么原因,以及出生人数。它们的主要目的是帮助政府了解该市周期性瘟疫的毒力和程度。周期性的瘟疫不是有规律的,这就是为什么死亡率报告也不是定期发布的原因。它们真的很吸引人,因为它们包括大约60种死因和每种死因的发生次数,包括"被吓死"和"被发现死在街上"等有代表性的死因。

显然,格朗特也发现了它们的魅力,因为在1662年,他根据这些数据集发表了对1604—1661年伦敦死亡率的分析报告。这是一项多么出色的工作啊!以前没有人做过这样的事情。他不只是收集数据,还从中得出了绝妙的推论,并进行了解释。在42岁时,这位服饰商一蹴而就，创造了整个人口统计学。这家伙以为自己是谁？瑞士专利局文员？像爱因斯坦那样？

在格朗特的时代，没有人知道英格兰的人口，甚至不知道伦敦的人口。伦敦本来应该有 100 万人口，但这只是一个猜测，而且结果证明也是一个糟糕的猜测，因为格朗特得出结论说伦敦的人口远低于这个数字的一半。他还推断，英格兰和威尔士的人口肯定约为 650 万，我们现在认为这个数字有点高，但在大概范围内。格朗特注意到死亡人数总是超过出生人数，因此他估算了每年移居伦敦的净人数。聪明，不是吗？到 1669 年，惠更斯能够使用更高级的数学方法来改进格朗特的结论，其他几个欧洲国家也使用自己的本国数据来源复制了格朗特的工作。所有这一切的发生仅仅在帕斯卡 – 费马书信之后的 15 年。

格朗特的一项创新是创建死亡率表，用来估计不同年龄的死亡率。格朗特只有两个数据可以作为构建这一列表的依据。首先，他有理由相信 6 岁之前的死亡率是 36%。此外，他相信，只有 1% 的人能活到 76 岁或以上。由此，他建立了一张表格，逐年显示特定人口中将有多少人死亡。它看起来很有说服力，格朗特也从未解释过他是如何计算的，但如果你自己看 5 分钟左右，你就能确切地知道他到底做了什么。他只是假设年初还活着的人到年底死亡的死亡率是恒定的，与他们的年龄无关。换句话说，一个 10 岁的孩子明年死亡的概率与一个 30 岁或 60 岁的人一样。这显然不是世界的运行方式。年纪越大，明年死亡的可能性就越大。事实上，在美国，10 岁以后死亡概率每年都会上升。到你 66 岁时，它会超过 1% 的门槛，有些人认为这是进入老年阶段的必经之路。如果你碰巧达到了 100 岁，那么你将有 30% 的机会在你的下一个生日之前离开这个世界。在格朗特的时代，人们并不知道这一点，并认为一旦你离开婴儿期，无论你的年龄如何，你的死亡概率都是恒定的。

这可能难以理解，但人们确实相信这一点。在我们的社会中，过早死亡很少见，大多数人能活到老年，死亡率随着年龄的增长而上升的想法似乎很明显。但是想象一下，你出生在一个很少有人死于老年的世界。有人可能在16岁时死于感染，或在22岁时死于分娩，或在31岁时死于肺结核，或在47岁时死于被骡子踢中头部。死亡在选择受害者时会显得相当不分青红皂白。如果你要问一个人，30岁的人是否比50岁的人更有可能死亡，没有人会知道？他们中的人在任何一个明天都可能被一头骡子踢到脑袋，或者疾病可能传播并且没有偏好地杀死年轻人和老年人。所以人们普遍认为，除了婴儿，每个人在某一年的死亡概率都是一样的。

好吧，这就是大多数人的想法。但在波兰的弗罗茨瓦夫市，有一种古老的迷信，认为49岁或63岁的人更容易死亡。一位名叫卡斯帕·诺依曼（Caspar Neumann）的德国牧师——当地的流言终结者，他决定驳斥这种说法。他使用各种数据源和频繁巡视墓地的方式，收集了他所在地区的死亡年龄数据。他表明49岁或63岁并没有什么特别之处。此外，在莱布尼茨的帮助下，诺依曼将这些数据交到了求知欲十足的埃德蒙·哈雷（Edmond Halley）手中，哈雷利用这些真实数据制作了一个准确的死亡率表，并于1693年发表。

新表有一个有趣的含义。如果预期寿命没有像人们认为的那样随年龄而变化，那么这就表明死亡本身基本上是随机的，死神是一个反复无常的家伙。但是一旦你意识到这不是真的，意识到在死亡率中实际上存在可辨别的模式，事情就会有所改变。死亡成了一个可以计算的概率问题。

第二章 骰子：我们如何预测未来

哈雷之类的人对死亡率表感兴趣，并不是出于纯粹的科学原因，而是出于对人寿保险和年金等金融工具的定价。几个世纪以来，政府一直使用年金保险来筹集资金，甚至可以追溯到古罗马时期。这笔交易简单明了：你一次性向国家支付一笔款项，它每年都会向你支付一笔固定的金额，直到你去世为止。根据购买时的寿命预期来确定价格，这是一件大事，或者至少人们会这样认为。

有一个突击测试：两个人走进政府办公室，想要购买每年支付1 000美元的年金，直到他们去世。其中一个人20岁，另一个人80岁。谁应该为年金支付更多的费用？显然是年轻人。但在17世纪50年代之前，每个人都要支付相同的金额。例如任何人都可以"8年内购买"的方式购买该年金，这意味着如果你将支付给国家的款项视为按照当前利率计算的贷款，那么国家将向你发放一笔金额，以便在8年内偿还这笔假设的贷款。但由于它是年金，国家会一直支付，直到你去世。如果你在8年之前去世，那么政府就赢了，它可以"借"你的钱，而不必全额偿还你。如果你坚持了8年以上，那么政府相当于做了一笔糟糕的交易。"购买年限"倍数可能会根据买方的可靠性和当前的经济状况因地点或时间而异，但价格通常不会因年龄而异。如果你相信任何人在特定年份死亡的概率无论年龄大小都相同，那么年金的价格不应该因年龄而异这一观点，对你来说是有道理的，这是人们的普遍认知，但事实并非如此。正因为如此，年金经常定价过低，并且被年轻、健康的人购买，给政府带来了真正的麻烦。

它们应该如何定价？一位名叫约翰·德·维特（John de Witt）的荷兰人对这一问题有重要的见解。维特是一个有趣的人物，他既是一位天才数学家，也是一位著名的政治家，他46岁时被一群支持君主制的暴徒杀害并吃掉部分身体，在那之前他在荷兰共和国到达了权力的顶峰。但在 1671 年，就在他非常倒霉的一天到来之前，他发表了一种基于购买者年龄来评估年金价值的方法。他将死亡率与惠更斯的期望值概念结合起来，计算出在年金整个有效期内可能支付的金额。这是一种高度复杂和巨大的进步，但这种方法并没有被英国政府采纳，他们仍然乐意以 7 年内购买期向所有购买者出售年金，不论年龄大小。

这让我们回到了哈雷 1693 年的研究。他对死亡率表的主要兴趣不仅仅是看他明年死的可能性有多大。他采用了比维特更好的死亡率数据，并进行了比维特更复杂的年金定价计算，更准确地评估了预测未来支付的贴现值。所有这一切，距离帕斯卡和费马在积分问题上苦苦挣扎仅过去了 40 年。

对死亡率更准确数据的追求推动着精算行业发展至今。在某种程度上，这是因为人寿保险和年金是同一枚硬币的两面。向你推销人寿保险的人希望你过上长寿、繁荣的生活，每月保费很多，而向你推销年金的人却鼓励你去玩悬挂式滑翔。如果根据死亡率表对你死亡可能性的预测过于悲观，也就是说，它们认为相比实际情况，你死亡的可能性更大，那么人寿保险就会定价过高，导致销售额减少，而年金的买方市场会让你破产。显然，如果死亡率表朝另一个方向偏离，整个事情就颠倒了。

第十二节　法律

第谷·布拉赫是16世纪的丹麦天文学家,尤其是他佩戴的金鼻子在今天最为人所知,他在大学时的一场决斗中失去了他本来的鼻子。这个故事经常被遗漏的部分是这场决斗的原因:在数学公式上的意见分歧。这几乎概括了第谷·布拉赫对数学的激情程度。

也许他出生在错误的时间。生活在望远镜发明之前时代的天文学家只能用肉眼进行天体测量,而布拉赫是精确测量的狂热者。他的精确度是他之前任何人的10倍。他通过花费大量资金发明和制造专用设备来做到这一点,这些设备非常好,以至于有一个毫无根据的谣言说开普勒杀了他只是为了不受限制地使用这些设备。除了拥有最好的设备之外,他还通过纯粹的重复达到了如此精确的水平。他会夜复一夜、一遍又一遍地阅读相同的读数,然后算出它们的平均数。

平均数的概念似乎是显而易见的,但事实并非如此。包括开普勒和伽利略在内的天文学家显然都使用了它,但只是作为协调不同天文测量结果的一种技巧,而不是作为一种通用的数学工具。除了天文学家之外,很难找到其他人一个世纪内在平均数的任何领域进行数值平均,部分原因是没有那么多数据可以平均。奶农没有记录奶牛的平均每日产奶量,牧师也没有在他们的教区里点名计算每个星期天出现的信徒的平均人数。我们现在可能会这样思考,但他们当时并没有这样做。如果他们有 Excel，或者甚至有一支铅笔，他们可能会这么想，但这些都不存在。

如果你仔细想想，发现平均值是没有意义的。也许你听说过一个人在河流中淹死的平均深度为 1 英尺。平均值背后的想法听起来有点儿反常："我们有 100 个准确的数据。让我们把它加起来，除以 100，写下答案，然后把原始数据扔掉。"当我告诉人们杰夫·贝索斯（Jeff Bezos）和我的平均净资产为 1 000 亿美元时，似乎很少有人对此印象深刻。统计学家明白这一点，这就是为什么他们对事物与平均值之间的差异比对平均值本身更感兴趣的原因。事实上，统计学可以被认为是对变异性的研究。

但是第谷·布拉赫是一个例外，他能够通过丢弃数据来获得更好的数据。通过平均，第谷·布拉赫在一个晚上犯的错误抵消了他在其他晚上犯的错误。飞镖选手可能练习了一整晚都没有击中靶心，但他所有飞镖投掷的平均值可能是 1。

几十年后，在 1632 年，伽利略发表了《关于托勒密和哥白尼两大世界体系的对话》，其中他超越了单纯的取平均值的范畴。他注意到天文学家在他们的观测时所犯的错误中有一些有趣的地方：小错误比大错误更常见，而且错误本身似乎在各个方向上都是一样的。他建议采用我们现在所说的中位数，实际上可以减少异常值的影响。中位数比起初听起来要重要得多，我们将很快回到这个问题上。

想象一下你掷硬币 10 次。大概有多少次正面？好吧，在 10 次抛掷中，你无法确定确切的数字，但很有可能会出现 4 次、5 次或 6 次正面。现在想象你重复这个 10 次抛硬币的过程 1 024 次，每次写下你得到了多少次正面。如果你将这些数字绘制在图表上，你（几乎肯定）会得到一条看起来很熟悉的钟形曲线。该曲线的峰值是5次正面，即0到10之间的中点。从那个峰值开始，6次和4次正面的出场次数将少于5次，然后是7次和3次甚至更少，一直到最末端的0次和10次。

从统计学上讲，在1 024次重复"10次硬币投掷"的过程中，你只会得到一次0正面。为什么？抛一次，得到反面的概率是1/2。连续得到2次反面的概率是1/4，3次反面的话是1/8，一直到连续10次反面，这种情况发生的概率是在210次中出现1次，也就是说它的概率是1/210，即1 024次中出现一次。按照这个逻辑，你期望有多少次恰好是1次正面？你实际上并不需要数学来解决这个问题。如果在10次抛掷中只有一种方法可以出现0次正面，那么有10种方法可以获得1次正面。首先，第1次抛掷的结果是正面，第2—10次抛掷的结果是反面。或者，第1次抛掷的结果是反面，第2次抛掷的结果是正面，第3—10次抛掷的结果是反面，以此类推。那么，你得到5次正面的概率是多少？有252种方法可以做到这一点。它可能是HHHHHTTTTT或HHTHHTTHTT或由5次正面组成的250种其他组合中的任何一种。

也许你已经在一个带有高尔顿板的科学博物馆看到过这种演示，即一个垂直安装的扁平盒子，里面有许多像金字塔一样排列的木钉，顶部有一个洞。一个乒乓球掉进洞里，立即击中上面的木钉。球可以向左或向右弹跳，弹到每一边的次数相等。如此反弹后，它落在另一个木钉上，在那里它再次向左或向右反弹，一直向下。经过10层木钉后，球停在11个插槽之一的底部。后续落在同一位置的球将堆叠在上面。如果你将1 024个球倒入孔中，它们会在底部排成钟形曲线，我们称之为"正态分布"。术语"钟形曲线"

只是形状的总称，而正态分布是上述特定的曲线。

我在我的桌子上放了一个装满钢珠的小高尔顿板。我一次又一次地把它翻过来，看着钢珠跳到底部，每次我这样做，我都得到几乎完全相同的曲线，即正常曲线。我的高尔顿板有 1 024 颗钢珠，在每次翻转时，连续向右或向左弹 10 次的钢珠数量非常少，通常总共只有 1 颗、2 颗或 3 颗。中间总是有一个大驼峰，里面有数百颗钢珠。如果有一天我把我的高尔顿板翻过来，我得到一个低谷——两端都是高点，中间有一个鸿沟——那么，意味着世界开始以非自然的方式运行，这完全不可能，因为这不是宇宙的运作方式。

我对所有这些都进行了反复强调，以便说明我们将花费大量时间来研究这一点：正态分布是随机性的产物，是球从钉子上弹起，硬币在空中抛来抛去的产物。每次你看到它，一个随机的过程都潜伏在它的下面。这很奇怪，因为我们将在似乎根本不受随机性驱动的地方遇到它。

谁是第一个抛一堆硬币并偶然发现正态曲线的人？法国统计学家兼赌徒顾问亚伯拉罕·棣莫弗当仁不让。由于他的宗教信仰，他被迫住在英国，因此他与牛顿和哈雷成了好朋友。在 18 世纪初，他注意到二项式分布（例如抛硬币的次数）呈现曲线形状，并且掷硬币的次数越多，曲线就越平滑。他意识到他可以用这个事实作为计算在 50 次投掷中获得超过 30 次正面的概率的捷径，这是他在赌博工作中遇到的那种问题。对于投掷次数较少的情况，你可以像我们上面所做的那样计算可能排列的数量并从中计算概率，但是随着投掷次数的增加，该方法变得不可行。所以他想出了一个公式，可以通过确定曲线部分下方的面积来计算赔率，这是对牛顿微积分的完美应用。1733 年，棣莫弗在第二本关于统计的教科书《机遇论》(The Doctrine of Chances)中发表了他自己的发现。事情到此结束了。

你会记得伽利略观察到在天文测量中，小误差比大误差更常见，而且误差在各个方向上都是相当随机的。多年来，其他努力协调几个略有不同的读数的天文学家都得出了相同的观测结果或几乎相同的观测结果，但他们中没有一个人真正继续伽利略已经开始的工作并想出一种系统的方法来通过多个不同的测量值进行准确的估计。

皮埃尔 – 西蒙·拉普拉斯，可以说是法国有史以来最杰出的科学家。他出生于18世纪中期，活了77岁，精通十几门科学，发表了大量著作，为拿破仑提供建议，并且拥有一些超前的光辉想法，比如有些恒星可能有如此大的引力，以至于光也无法逃脱它们，也就是黑洞。他也被自己的天文计算中的差异搞得晕头转向，并着手找出协调不同测量值的最佳方法。他在1778年通过创建我们称之为误差定律的方法解决了这个问题，也就是说，如果你绘制同一现象的所有不同测量值，你会得到一条像亚伯拉罕·棣莫弗一样的曲线，一条具有正态分布的钟形曲线。

起初，这似乎没有任何意义。亚伯拉罕·棣莫弗通过抛硬币获得曲线，他的图是随机性图。拉普拉斯的图表是错误之一，这是完全不同的东西。但经过反思，共同的线索出现了。每个恒星观测都是一个独立的事件，不受其他事件的影响。并且每一个都受到一系列潜在问题的影响，例如镜头的失真、计时精度的差异、大气条件的变化等。将这些因素中的每一个都视为高尔顿板上的一个钉子。事实上，通常情况下，误差会相互抵消，观察结果会非常准确，就像乒乓球分别向左和向右弹跳几次，最终正好落在中间。其他时候,不太常见的情况是,所有的误差都在一个方向上,你得到的测量结果就会有偏离。通过这种方式,伽利略的两个观察结果——即小错误比大错误更常见,错误在任何一个方向上的可能性都相同——为我们提供了对称的正态曲线,其中中间的驼峰是所有稍微偏离的测量值。曲线的最顶端,即平均值、中位数和众数,是对真实测量值的最佳估计。

快进到1809年,我们发现拉普拉斯发表了我们称之为中心极限定理的证明,这是一个值得探索的重要思想。

高尔顿盒子给出一个正态分布,因为球在下降时随机反弹到一侧或另一侧。正态分布很方便,因为如果一组数据以这种方式分布,则可以很容易地对其进行各种有趣的计算,涉及标准偏差、方差等。简而言之,统计学家喜欢正态曲线,因为我们非常了解它们的工作原理。但是那些不符合正态曲线的情况呢?以其他方式分布的数据呢?通过中心极限定理,我们就可以理解所有这些问题。

假设你在一家糖果制造公司工作。巧克力本应该是完全一样的重量,但事实并非如此,它与制作巧克力的器械和巧克力成分有关。这些机器会制造一些完美的,然后是一些在一个方向上偏离太远的,然后是一些太轻的。接着机器被重新校准,有一段时间巧克力相当一致,然后过重,然后只是略重,等等。简直一团糟,我们没有漂亮、干净的金属球以相同的频率向左右弹跳。我们只有这个大杂烩,描绘其重量的分布图不是正态分布,也许是波浪形的,上下波动。或者它中间有两个驼峰,或者它可能是一个低谷。那么我们要怎么做才能了解糖果的重量分布呢?

假设你在工厂的流水线上工作,负责将巧克力包装成30条一盒。中心极限定理表明,即使单个巧克力的重量不服从正态分布,装满巧克力的盒子的重量也将服从正态分布。很疯狂，不是吗？巧克力的重量不是正态分布的，但装 30 条巧克力的盒子的重量是正态分布的[①]。这很重要，因为这意味着数据本身不是正态分布的，实际上可以通过将随机选择的几块巧克力放入一个盒子里，使其表现为正态分布。

1810 年，当拉普拉斯偶然发现德国数学家卡尔·弗里德里希·高斯（Carl Friedrich Gauss）的一本名为《天体运动论》（*Theoria Motus*）的新书时，这一切都在拉普拉斯的脑海中浮现。高斯当时创造了一个小小的奇迹。一个月来，意大利天文学家朱塞普·皮亚齐（Giuseppe Piazzi）一直在追踪他发现的一颗名为谷神星的矮行星。然后它消失在太阳后面。皮亚齐一直等到它应该出现的时候，但找不到它。各位数学家和天文学家竞相使用皮亚齐的数据来帮助他找到他失去的星球。凭借宝贵的少量数据，高斯花了 3 个月的时间计算它的位置，并预测了一个与每个人都在寻找的地方相距甚远的位置。结果证明他是对的，他的坐标精确到了半度。在《天体运动论》中，他解释了他是如何做到这一点的：使用最小二乘法，也就是我们今天所说的回归。

拉普拉斯发现这是正态分布的另一种表现形式，与他的误差理论和中心极限定理有很大的重叠，他用它来推进自己的工作。高斯也继续扩展关于正态分布的原则，今天通常被称为"高斯分布"。这不是一个很好的名字，虽然高斯是一个神童，在 3 岁时就纠正了他父亲的一个数学错误，而拉普拉斯发表他的误差定律时高斯才 2 岁，所以他们是否合作过，令人怀疑。高斯和拉普拉斯用各种名称

[①] 30 是中心极限定理真正发挥作用的神奇数字。例如装 3 条巧克力的盒子的概率并不比装 1 条巧克力的盒子的概率更接近正态分布。——作者注

来指称正态曲线，包括偏差定律和误差频率定律。弗朗西斯·高尔顿（Francis Galton）后来普及了"高斯分布"这种叫法。

如果不是发现生物学、社会学和心理学中的许多事物都是沿着正态曲线分布的，那么所有这些在很大程度上都还是数学奥秘。这有点儿令人不安，因为正态曲线是随机性的产物，这表明我们也是。

第十三节　数据

1729年，法国政府举行了一次抽奖活动来筹集资金。伏尔泰仔细阅读了错综复杂的规则细节，并在年轻数学家拉孔达明（La Condamine）的帮助下，确定了一种合法的彩票游戏，即他可以用少量的钱来保证自己发财。举个现代人更容易理解的例子：假设美国政府想促进人民买美国储蓄债券，那么政府会说："购买任何金额的债券，我们会给你一张彩票。如果你中了，我们会将你的债券价值翻倍。"这会很好，购买1 000美元债券的人可能会赢得1 000美元，购买1美元债券的人可能会赢得1美元。然而，巴黎政府所做的实际上是在说："如果你赢了，我们不仅会让你的债券价值翻倍，而且我们也会给你100万美元。"这就不一样了，不是吗？伏尔泰意识到他所要做的就是购买大量小得离谱的债券，这样他就几乎可以保证赢得他的债券的价值（1美元）加上100万美元。所以他就是这样做的。他后来谦虚地写道，他很"走运"，但事实是他"有数学天赋"。政府得知伏尔泰的所作所为后暴跳如雷，但由于伏尔泰并没有违反任何规定，因此，政府解雇了提议该活动的财政部部长。

是的，我知道。今天，每个人都会弄清楚如何玩这个游戏，确切地说是儿戏。我讲这个故事是为了表明当时的政府在数学和概率问题上的掌握程度仍然不足。有人可能说这在今天也是缺乏的，但这是另一本书的主题。政府经常以不正当的激励措施来做这样的事情，无意中制造了庞氏骗局、灾难性的债务工具和各种各样的狂热。

不是政府不够老练。他们只是碰巧运作在一个放大了他们拙劣计算技能的模式上。但是随着时间的推移，我们对概率和数据的熟悉程度也在提高。1761年，托马斯·贝叶斯（Thomas Bayes）牧师证明了贝叶斯定理，这是主观主义概率论观点的一个体现，即当你获得更多信息时，你对事件概率的计算会发生变化。这种方法就像我们在模拟的谋杀案审判中担任陪审团成员时可能非正式使用的方法。随着新证据的出现，你可以不断更新自己对被告有罪或无罪的信念。贝叶斯在数学上准确地形式化了如何做到这一点。而今天，主观主义者带着一种无声的崇敬说出了他的名字。

除了概率背后的数学进步之外，18世纪在数据的呈现方式方面也取得了长足的进步，使更多受过教育的公众群体更容易获得数据。1735年，数学家莱昂哈德·欧拉（Leonhard Euler）很好奇，在所有桥都只能走一遍的前提下，如何假设一个人走遍柯尼斯堡镇的七座桥中的每一座[①]，并确定这是不可能的，从而创造了我们今天所说的图论。1752年，第一张等高线图被绘制出来，并发明了带有x、y和z坐标的三维空间符号。一年后，我们开始使用时间线对数据进行可视化，不久之后，我们开始对数据进行颜色编码。几年后，我们发明了折线图，普莱菲的《商业与政治地图集》（*Commercial*

---

① 柯尼斯堡七桥问题（Seven Bridges of Königsberg）是图论中的著名问题。这个问题是基于一个现实生活中的事例：当时东普鲁士柯尼斯堡（今俄罗斯加里宁格勒）市区跨普列戈利亚河两岸，河中心有两个小岛。小岛与河的两岸有七座桥连接。在所有桥都只能走一遍的前提下，如何才能把这个地方所有的桥走遍？——译者注

and Political Atlas）在 1786 年为世界提供了条形图，8 年后，第一张商业图纸问世。饼图的发展结束了 18 世纪。

在数学技术和结果的呈现方面都变得更加复杂的同时，唯一缺乏的便是我们可以应用所有这些技术的数据。但这是迟早的事。到 18 世纪末，一种称为物候学的数据收集在知识界风靡一时。物候学是对生物学中周期性事件的研究，例如第一只蝴蝶或某些水果的出现。这并不是什么新鲜事，因为日本人记录樱花首次出现的时间距今已经有 1 000 多年了，但它在 18 世纪后期变得更加普遍。托马斯·杰斐逊（Thomas Jefferson）对此非常狂热，在过去的几十年里，他收集了大量的原始数据。例如你可以在他的文件中看到他在担任美国总统期间编写的《1801—1808 年的蔬菜市场报告》，报告中显示了大约 40 种水果和蔬菜在华盛顿市场上出售的日期。报告甚至还用当时刚刚发明的时间线形式呈现。世界各地都有像杰斐逊这样的博物学家记录一切，包括每日的温度、第一场降雪、鸟类的迁徙、鸡的产蛋习惯等。

与此同时，政府也正在大规模地参与数据游戏。数据与官僚机构、中央政府和工业化密切相关。农业经济体中没有常备军的国家对人口统计并不感兴趣，但现代国家则离不开数据。事实上，我们的"统计"一词此时起源于德语的"statistik"，意思是管理政府所需的信息。

政府数据被大规模系统地收集和处理，其中大部分是关于人和社会的。政府统计了出生、死亡、疾病、谋杀、自杀、住院、破产、诉讼，以及更多的数据，通常从多个维度进行统计，例如按职业和社区划分统计的疾病。他们会非常详细地记录每一起重大案件，例如每起谋杀案中使用的武器。自杀尤其令人感兴趣，每一个人的数据都被详细记录，包括一天中的时间、方法、性别、年龄、婚姻状况和宗教信仰。

到1830年，收集的数据已经足够多，以至于人们注意到了一些真正令人震惊的事情：他们收集的这些数字具有惊人的规律性，几乎令人难以置信。日复一日，年复一年，它们中的许多数字都保持一个基本的稳定性。早在每年出生的男孩与女孩的比例中，这一点就已经被注意到了，但谁能想到谋杀案的比例也会有类似的稳定性，甚至精确到每种凶器的使用频率？这怎么可能呢？万能的上帝可能会为了我们的幸福而控制性别比例，但为什么还要在谋杀中保持凶器的选择不变呢？即使在今天，我们也很难理解这些统计数据的一致性。2018年美国死于车祸的人数为36 500人，而2019年为36 100人。同样，在同一两年中，工作场所因电力而死亡的人数分别为160人和166人。

怎么会这样？这就是高尔顿板的作用。并非所有的正态曲线都必须是二项式的曲线，即两个同样可能的选项，正面和反面。掷一个20面的骰子100次，数一数你掷了多少次13。平均而言，在100次投掷中，你将掷出5次13。但有时会超过5次或不到5次。重复满100次，绘制那些结果为13的投掷，你就会得到一条正态曲线。

你可以把每次有人开车1英里想象成掷4个百面的骰子。我们可以合理地假设每年的掷骰子总次数（行驶英里数）大致相同。我们有同样的人口，同样的工作日，同样的周五晚上。致命的车祸是多种不太可能的不良事件共同发生的结果。有人一定闯红灯，然后其他人一定会看不见他们，然后他们一定会转向迎面而来的车辆，那里一定会有一辆汽车，等等。如果我们每一个百面的骰子只有一个面上是一个黑色X，它表示不太可能发生的坏事件，并且一次掷骰子的结果需要同时有 4 个这样的骰子才能导致死亡，那么在每 1 亿次投掷 4 个这样的骰子中，就会有一次出现 4 个黑色 X。这实际上就是美国的死亡率：每行驶 1 亿英里就有 1 人死亡。要达到 2019 年的 36 100 人死亡人数，需要掷 3.61 万亿次 4 个骰子。这是当年在美国行驶的总里程数。

　　从这个角度来看，人们可以解释车祸死亡人数稳定的统计平均值。当然，随着汽车变得更好、更安全，它们会随着时间的推移而变化，但它们每年都是稳定的。你能把这种高尔顿板式的生活观推到多远？它是否能解释人类行为的差异？我们是否会说谋杀的决定同样是一把多面骰子的投掷，如果它们都以某种方式出现，就会迫使你去谋杀某人？朗伯·阿道夫·凯特勒（Lambert Adolphe Quetelet）肯定是这么认为的。

第十四节　这正常吗

凯特勒是一位比利时数学家，出生于 1796 年。他最初是一名天文学家，他的偶像是牛顿，他对牛顿竟然能找到解释如此多现象的简单定律感到惊讶。为了追随他的脚步，凯特勒说服政府建造了第一个天文台并让他负责。当他在国外参观天文台时，比利时的一场革命残酷地结束了他的梦想。他回不去，懊恼不已，咒骂自己倒霉。为什么会有革命？为什么社会如此不稳定？如果有人能想出类似牛顿的统计定律来解释这一切就好了。"等一下，"他可能想，"我就是那个人。"

因此，他着手创建"社会物理学"，将统计学应用于人类和社会。因为他是天文学家，所以他最精通的是天文学。"人和行星到底能有多大的不同？"他可能这样想过。因此，他开始寻找有关人们的有用数据，例如身高、体重、年龄、出生人数——任何方面的数据。在此过程中，他甚至发明了我们现代的 BMI（体重指数）测量方法。他查看的数据越多，看到的正态分布就越多。

想想苏格兰士兵的胸膛吧。凯特勒发现了一本医学杂志，里面有近 6 000 名苏格兰士兵的胸围。他执行的第一个计算是确定平均长度，结果是 39.75 英寸。这个简单的动作是革命性的。人们以前对恒星的位置进行了平均，这是有道理的，因为我们正在谈论对同一事物的多次测量。但平均胸围到底意味着什么呢？接下来，他将所有的测量值绘制成图表，发现它们实际上非常符合正态分布，其中的最高点，也就是顶点，为 39.75 英寸。对凯特勒来说，这意味深长。正如天文观测的平均值是真实的一样，真正的胸脯的尺寸是 39.75 英寸，这是柏拉图理念的胸脯，我们其他人都是错误的。事实上，凯特勒将 6 000 多名苏格兰士兵的胸围测量值类比为误差，称其好像是一个粗心的裁缝对同一名士兵进行了 6 000 次测量。因此，39.75 英寸是凯特勒所谓的 "l'homme moyen"，也就是普通人的平均胸围测量值。

许多社会都有"普通乔"[①]的概念。在整个拉丁美洲，他就是胡安·佩雷斯（Juan Pérez）；在意大利，他是马里奥·罗西（Mario Rossi）；在丹麦，他是莫顿·梅尼格曼德（Morten Menigmand）（即莫顿·普通人）。这些主要是夸张的描述。凯特勒所讨论的不是这些夸张的刻板形象，而是更数学化的概念，就像那个拥有 2.2 个孩子的郊区家庭。为了理解这一点，他邀请我们想象一个角斗士和 1 000 名雕塑家，每个雕塑家都受命用石头雕刻角斗士。没有一尊雕像是完美的复制品，但所有雕像的平均值将是角斗士的完美复制品。比如赋予其更结实的肌肉。但最初的角斗士仍然是名副其实的"普通人"。

1835 年，凯特勒在《论人类及其才能的发展》的论文中提出了这一观点。在他的世界里，平均并不代表平庸，它是理想的。这种观点不仅受到天文学的影响，还受到工业革命的影响，工业革命也寻求原始模型的完美副本，其中所有的差异都是错误的。

---

① 典型平均美国人（Average Joe），术语"平均乔""普通乔""乔西普""乔午餐桶""乔斯纳菲""乔吹""乔施莫"和"普通简"，"普通乔"和"普通简"在北美主要用于指完全普通的人。——译者注

凯特勒推行这个观点的程度尚不清楚。一方面，他指出："凡是与一般人的比例和状况不同的东西，都会构成畸形和疾病。"凯特勒说，在任何一个时代，如果有这个时代普通男人的完美复制品，他将是世界上最美丽的人。1942年，雕塑家阿布拉姆·贝尔斯基（Abram Belskie）对此进行了测试，并制作了诺玛和诺曼这两个人形雕像，这些雕像是由1万多名年轻人的平均尺寸制成的，本质上是普通男人和普通女人。在随后的搜索中，人们找不到与他们中的任何一个完全匹配的人。

另一方面，凯特勒认为，道德善良等积极特征也分布在正态曲线上，很难看出一个道德水平一般的人如何优于道德高于平均水平的人。

不幸的是，正态分布中的"正态"一词使人联想到"正常状态"之外还存在"异常状态"。亚伯拉罕·棣莫弗没有贬义的意思。他只是在抛硬币，谈论正常的结果。但是当你把它应用到人身上时，有正常就一定有异常。"偏差"是一个非常温和的数学术语，人们不会愿意在简历上写自己是"不正常的人"，而这个词常用来形容人群中的"偏差"。偏离正常状态是不好的想法，仍然以无数方式与我们同在。当你完成血液检查时，你的数据会显示在参考范围的旁边。参考范围不是医学上的意见，而是对人口平均值的数学计算。你的身体可能比平均水平有更多的X或更少的Y，但你仍然会在你的报告数字旁边看到小星号，因为它代表"不正常"。将任何事情称为"异常"几乎总是消极的，但我们从不将漂亮的模特称为外观异常。

不管凯特勒的意图是什么，在《论人类》（A Treatise on Man）出版50年后，高尔顿板的创始人弗朗西斯·高尔顿在创造"优生

第二章 骰子：我们如何预测未来

学"①一词并提出其原则时引用了凯特勒的著作。我们将回到那个话题。

但是，人类特征和行为的范围是正态分布的，其基本思想是什么？凯特勒认为正态曲线随处可见。他是对的吗？当然，在宇宙中的所有分布中，正态分布是最常见的。而且，使用采样、平均和中心极限定理，你可以合法地使本身不是正态分布的事物符合该曲线。但是，在凯特勒所应用的所有领域中尝试这样做需要很大的想象力和一些洞察力。在他的一生中，有人甚至为这种认为一切事物都是正态分布的观点创造了一个术语：凯特尔兮兮。

凯特勒会定期向世界宣布他又发现了符合正态分布的特征。其中之一就是自杀率，他声称自杀率每年基本上保持不变，所采用的方法也是如此。这是一个令人震惊的发现，因为根据凯特勒的世界观，我们所有人——我们每个人——距离结束我们的生命无非不幸地掷一次骰子。

在凯特勒发表《论人类》之后，人们开始看到他们自己周围的正常曲线，从而体现艺术能力和智力等属性。有些人从面包的大小、酒的质量和妇女头发的长度中看到了这一点。其他人在植物和动物的行为中观察到它，据说这加强了"正态分布也适用于人类社会"的论点。那些将凯特勒视为自己工作灵感的人包括卡尔·马克思（Karl Marx）、弗洛伦斯·南丁格尔、物理学家詹姆斯·马克斯威（James Maxwell）和医生约翰·斯诺（John Snow），后者将他的技术应用于疾病并帮助结束了霍乱的流行。正如托德·罗斯（Toold

---

① 优生学，或称"善种学"（Eugenics），是研究通过非自然或人为手段来改进国民遗传基因素质的学术领域，主张操纵、控制特定人口的演化进度，以及演化的方向。——译者注

Rose）在《大西洋月刊》所写的那样："实验心理学之父威廉·冯特（Wilhelm Wundt）阅读凯特勒的著作并宣称，'可以毫不夸张地说，从统计平均值中学到的心理学知识比从除亚里士多德之外的所有哲学家那里学到的要多'。"当然，除了亚里士多德。

凯特勒随处可见正态曲线，因为那是镇上唯一的曲线。当时还没有人开发出检验正态性的数学测试方法，所以很难反驳他关于正态曲线无处不在的断言。如果他是对的，这就意味着个人行为和整个社会之所以成为今天的样子，是因为抛了无数次的硬币，而每次都是完全随机的。人们相信我们每个人都是 100 万次高尔顿板翻转的复合体。第一次翻转给了你基因，第二次翻转给了你家庭，第三次翻转给了你环境。然后每天，高尔顿板一次又一次地翻转。

我个人认为这是一种相当悲观的人生观。这是旧的决定论披上新外衣后的回归，这一次是一种人口决定论。个人没有自由意志，社会有着以钟形曲线形状的特定命运。凯特勒看到了这一切，他写道，"道德秩序属于统计领域"，然后补充说，"对于那些相信人性完美无缺的人来说，这是一个令人沮丧的事实。似乎自由意志只存在于理论"。

无论是否悲观，这一观点既没有被证明错误也没有被证明正确，因此仍然是一个悬而未决的问题。如果这是真的，我们可以讨论其含义：第一层含义是犯罪分子不应对他们的行为负责的论点。这种观点在凯特勒时代及之后一直存在。因猴子审判[①]成名的克拉

[①] 猴子审判（Monkey trial）。1925 年 3 月 23 日，美国田纳西州颁布法令，禁止在课堂上讲授"演化论"。美国公民自由联盟便寻求一位自愿在法庭上验证这条法律的田纳西教师，于是制造了轰动整个美国乃至整个世界的历史性事件："猴子审判"。又因涉案的教师名叫斯科普斯（Scopes），所以也叫"斯科普斯案"。为斯科普斯辩护的律师团领袖是著名的刑事法专家、民权律师克拉伦斯·丹诺。——译者注

伦斯·丹诺（Clarence Darrow）向监狱中的一群囚犯发表讲话，称他们"待在这里没有任何帮助，就像外面的人无法避免待在外面一样"，并补充说，囚犯待在那里，"是由于某些情况完全超出了他们的控制范围，他们对此毫无责任"。

逻辑如下。去年在你们镇上发生了100起谋杀案。今年又将有100起，明年也将有100起。总有人会犯下这些罪行。这是肯定的。这意味着，在这种思维方式中，必须有人犯下这些罪行，而罪责将落在一个人的身上，这个人在他所处的情况下只能这样做。我们该如何惩罚他？

这个想法现在仍然非常活跃。我们真的不确定该如何处理这个社会性问题。在法庭上，通常与令人心碎的成长经历有关的情况会在刑事判决期间出现，并且通常会导致一定程度的宽大处理。我们对被告人感到同情和怜悯是对的，但在量刑时考虑这些因素是否意味着被告人至少部分没有责任，或者在某种程度上不用负责任？如果他们可以不那么负责任，那么他们难道不能像丹诺所说的那样"完全不负责任"吗？

这是决定论世界观的一个分支。它说："你是一台完全受物理定律支配的生物机器。自由意志是一种幻觉。你不能改变自己的行为，就像行星不能改变它的轨道一样。"

还有第二层含义。如果社会是由统计数据来管理的，那么政策也应该由统计数据来驱动。基于统计数据做出的决策，即"遵循数据"的决策，不仅被认为是正确的，而且在道德意义上也是正确的。然而，众所周知，统计数据缺乏道德。国家统计政治是你能想象到的最不道德的政府形式，它倾向于以更大的利益为名，对边缘化的人群犯下各种残暴的行为。这最终体现在优生学运动中，这是我们的下一站。

第十五节 优生学

现在让我们把目光转向弗朗西斯·高尔顿，他是一位英国博学家，出生于1822年，活到近90岁。他是伊拉斯谟斯·达尔文（Erasmus Darwin）的孙子，伊拉斯谟斯·达尔文是他那个时代最著名的科学家之一，弗朗西斯·高尔顿也是查尔斯·达尔文（Charles Darwin）的堂弟、同辈和朋友。

高尔顿喜欢计算事物，并建议其他人也这样做。他计算一切，从胡须到犬种，以及介于两者之间的所有事物。比如他在听课，他会计算咳嗽声的次数。如果他在葬礼上，他会计算喷嚏声的次数，如果他在桑拿房里，他会计算……反正你懂这个意思。

不过，他绝不是书呆子，他无所畏惧。有一次，他毫不犹豫地走进关着狮子的笼子。他探索了非洲的大部分地区，在那里他是当地人所见过的第一个高加索人。这有助于描绘他的真实面貌——一个富有的、绅士化的、典型的英国人的形象。我最喜欢的高尔顿故事是，他在一个非洲村庄拒绝参加一个仪式——仪式主人应该用一些液体漱口并将其吐到他的脸上，从而冒犯了他。我不禁想象，当主人向他解释仪式过程时，他愤怒而震惊地说："我才不去呢！"

他对我们故事主线的贡献是他发明了"均值回归"的想法。这是一个重要的概念，但很多人对它一无所知。它提出，如果你超级聪明或真的很高，你的孩子就不太可能像你一样聪明或像你一样高。这是为什么呢？

如果你非常聪明（从你能出色选择阅读材料可以看出），那是因为你的乒乓球在穿过高尔顿板时 10 次全部反弹到"聪明的一面"。你真是走运了。现在，我们把你的乒乓球从盒子里拿出来，然后把它扔回去。它不太可能 10 次都反弹到"聪明的一面"。它可能会因为"聪明的基因"反弹一次，而介于"小时候读过很多书"，它可能会再次反弹，但是对于其他 8 次反弹，它只能靠自己了，而且很可能它不会像你一样走运并获得满分。正如彼得·伯恩斯坦所写，均值回归"解释了为什么骄者必败，以及为什么乌云中总有一丝光明。每当我们用事情将恢复'正常'的预期作为基础做出任何决定时，我们都会采用均值回归的概念"。

关于其重要性说明如下：一名老师给学生测试。一半学生成绩好，另一半成绩差。老师认为，如果成绩差的孩子多做作业，他们就会表现得好一些，所以他们会得到更多的作业并再次进行测试。这一次他们表现得好一些了！因此，老师得出了不正确的结论是，多做作业的学生成绩一定是好的。

这里的逻辑缺陷很明显：一些"差生"在第一次考试当天就生病了，或者只是表现得比平时差。当他们重新接受测试时，就像把乒乓球倒回高尔顿板的顶部一样。有些"差生"似乎会做得好一些，有些优生看起来更糟，但他们都只是回归到平均值。

高尔顿还发明了相关性的数学概念和一种计算方法。他年轻的门徒和热心的圣徒传记作者卡尔·皮尔逊（Karl Pearson）创造相关系数时充分发展了这个概念。皮尔逊还形式化了标准差——一个有用的概念有很多原因，其中最重要的一点是它为我们提供了经验规则，规定在正态分布中，68% 的数据在一个标准差之内，95% 在两个标准差之内，并且 99.7% 在三个标准差以内。

至此，来到了 19 世纪末，我们拥有了今天使用的主要统计工具。在 20 世纪初，人们可能有理由认为新世纪将是科学启蒙的世纪。此话不假。科学继续取得长足的进步，揭示了宇宙的奥秘并改善了人们的日常生活。但 20 世纪也始于令人费解的招魂术的兴起。通灵板于 1901 年出现，据称它以法语和德语中的"是"来命名自己。根据目前孩之宝公司①版本的通灵板，它适用于 8 岁及以上，这意味着虽然你需要 21 岁才能点啤酒，但你只需要满 8 岁就能召唤魔鬼。阿瑟·柯南·道尔（Arthur Conan Doyle）爵士本应该是他自己笔下福尔摩斯的理性主义的典范，但事实并非如此。

1917 年，阿瑟·柯南·道尔相信两个年轻女孩拍摄的仙女照片是真实的。他后来与他的朋友哈里·胡迪尼（Harry Houdini）闹翻了，因为后者不断揭穿道尔相信的灵媒。奇怪的是，颅相学的"科学"仍然被广泛相信。它在 20 世纪初就已经衰落了，但我们今天形容艺术或幽默的时候，仍然会使用"高雅"（highbrow，意为"高额"）和"低俗"（lowbrow，意为"低额"）。

虽然通灵板、颅骨隆起和神秘主义在很大程度上是良性的，但有一种新的实践是以人文启蒙和科学的名义发展起来的。它被称为"优生学"，来自希腊语中的"好出生"，弗朗西斯·高尔顿是它的拥护者。

一开始他只是对天才很感兴趣，想知道这种特质是否会在家族

---

① 孩之宝公司（Hasbro, Inc.），是一家美国的跨国玩具和棋类游戏公司。孩之宝公司还与探索传播联手推出电视节目以推广其产品。公司总部位于罗得岛州的波塔基特，其大部分产品在东亚地区制造，其著名产品有《地产大亨》《龙与地下城》等。——译者注

中遗传。他确定确实如此，并得出结论：生物学是主要原因，表示他反对"自然平等的假象"。他还注意到一个本该使他警觉的事实——家庭中的天才很快就会消失。只有大约 1/3 的天才儿童成了真正的天才，接下来他们的孙子辈只有 1/3 是天才。就好像他们回归到平均值。

高尔顿不这么认为。相反，他更多地将其归因于天才倾向于与女继承人结婚这个事实。二者之间有什么联系呢？因为根据伯恩斯坦的说法，高尔顿认为"女继承人必须来自不育很多孩子的家族……如果她们有很多兄弟姐妹与之分享家庭财富，那么她们就不会继承足够的财产从而被归类为女继承人"。换句话说，天才家庭会因为天才娶了不育很多孩子的女性而逐渐消亡。这种逻辑相当可笑，但显然对高尔顿来说足够合理。

高尔顿提出了"最优秀的人与其他最优秀的人繁衍后代，同时阻止不优秀的人繁殖"这种观点。以这种方式，物种可以得到改善。再一次，他发明的想法"均值回归"说这是不可能的。但智力上的盲点就是即便如此，他还是继续自信地发展他的理论。

正如《低能儿》(*Imbeciles*) 的作者亚当·科恩（Adam Cohen）在接受 NPR 采访时所言，优生学"确实从达尔文的思想中衍生出很多想法。正如达尔文所描述的那样，优生学家关注的是达尔文所描述的进化和适者生存。他们相信，'如果我们只计划什么人繁殖，什么人不繁殖，我们就可以帮助大自然'"。

即使有人倾向于这样的观点，也无法粉饰高尔顿的观点——它们太可怕了。他在 1904 年写道："优生学是一门涉及改善和发展种族固有品质的科学。但改善的含义是什么呢？出于对几乎无望的困难的考虑，我们必须尽可能将道德问题排除在讨论之外，因为关于

'一个人的整体品德是好还是坏'的道德问题引起了几乎无法解决的困难。"

到目前为止还很糟糕。当有人开始说"我们必须把道德排除在讨论之外"时,这绝不是一个好兆头。但这个想法正是集权主义者的核心。

他接着说,需要做三件事。第一,人们需要了解优生学的"科学性",并接受它为事实。第二,要找到"实际发展"的方法。这一点已经令人恐惧。第三,"它必须像一种新的宗教一样被引入国家意识层面。事实上,它有很强的理由成为未来的正统宗教信条,因为优生学确保人类应由最适合的种族代表来与自然的运作方式合作。大自然盲目地、缓慢地、无情地完成的事情,人类可能会有远见地、迅速地、仁慈地完成"。

如你所知,结果并不那么好。需要明确的是,高尔顿不是纳粹,这就是悲剧所在:他的本意是好的。精通统计学的统治者通常会这样做。

在他写下这篇文章的3年后,美国通过了第一部强制绝育法。最终,30个州也会这样做。他们的合宪性问题被提交给美国最高法院,该法院在1927年维持了弗吉尼亚州的强制绝育法。这并不是以5∶4险胜,大法官以8∶1的结果做出了裁决,唯一的反对者是法庭上唯一的天主教徒皮尔斯·巴特勒(Pierce Butler),他没有写下任何反对的意见。历史会为他见证。

多数人的意见(即支持强制绝育)被记录下来,由小奥利弗·温德尔·霍姆斯(Oliver Wendell Holmes)撰写,霍姆斯过着如此漫长而有影响力的生活,冗长的生涯让他来到了约翰·昆西·亚当斯(John Quincy Adams)和约翰·肯尼迪时代。霍姆斯的聪明才智在当时令人钦佩，阿瑟·柯南·道尔甚至以他的名字命名了自己的伟大侦探。

这本书是关于展望未来的，这就是霍姆斯在自己的观点中提到的。在为强制绝育辩护时，他写道："如果社会能够阻止那些明显不适合的人继续生育他们的同类，而不是等待着处决他们因犯罪而堕落的后代或让他们因愚蠢而挨饿，这对全世界都更好。维持强制疫苗接种的原则足够广泛，足以涵盖切割输卵管。白痴三代已经够了，不需要更多。"

福尔摩斯认为他可以清楚地看到"堕落后代"的未来，所以他有理由不让他们活下去。据此，强制绝育成了当地的法律，前后进行了6万多台绝育手术，最后一次是在1981年。

从20世纪50年代开始，类似的戏剧再次上演，脑叶切除术也出现了类似的情况，大量不情愿的患者接受了额叶切除术（有史以来最糟糕的诺贝尔奖），这种做法也被通过数据和对更大利益的关注来证明是合理的。这个例子的出现表明，通过消除"不受欢迎的人"来完善社会的技术官僚主义可能并未离开我们，甚至可能没有减弱。

第十六节　下一件大事

第一台晶体管计算机被称为"TRADIC",即"晶体管数字计算机",这个名字只有工程师才想得出。它由贝尔实验室于1954年为美国空军建造,这一分水岭将成为我们下一章的出发点。从1654年的帕斯卡-费马信件到1954年那台计算机的300年间,我们仅使用我们的智力,即在没有机器的帮助下,稳步地建立起了概率论科学。我们开始生活在一种永恒的未来中,我们的目光永远注视着明天。

我认为,未来主义小说类型诞生于帕斯卡和费马时代,这绝非巧合。保罗·K. 阿尔肯(Paul K. Alkon)在他的《未来主义小说的起源》(*Origins of Futuristic Fiction*)一书中写道:"直到18世纪……只有两部此类早期作品为人所知:弗朗西斯·切内尔(Francis Cheynell)的6页小册子……1644年出版的《奥利库斯的梦想,即国王们突然来到伦敦》(*Aulicus his dream, of the Kings sudden comming to London*);还有雅克·古丁(Jacques Guttin)1659年不完整的浪漫史,《模仿者,未来世纪的历史》(*Épigone, histoire de siècle futur*)。"他认为,在此之前,人们普遍认为不可能写出关于未来的文章。

300年后,世界痴迷于未来。1954年,每个人都在想象明天的汽车和明天的房子。未来主义小说无处不在,从《1984》和《华氏

451度》[1]等高级文学作品到带有耸人听闻的封面和诱人标题的低俗平装书本。有未来主义的广播节目、漫画书、电影和电视节目。现代意义上的"未来主义者"由此诞生了。

谷歌维护着一个名为谷歌N元语法检视器的工具。你可以输入一个单词或短语，它会显示这个单词或短语在出版书籍中每年的使用频率。我将范围设置为1654—1954年，并使用"预测""未来""预报""估计""推测"和"估算"等词进行了6次查询。在每种情况下，图表在该时期开始时几乎为0，并在三个世纪内稳步上升。

然而，人类有五个基本的限制，这些限制持续削弱我们使用概率科学展望未来的能力，到1954年，我们敏锐地感受到了这些限制。让我们详细看看每一个。

第一，大多数人并不擅长数学，这可以用许多简单的问题来说明。考虑一下：千分之一的人患有一种疾病。对该疾病的检测有5%的假阳性率。一个对该病检测呈阳性的人实际上患有该病的概率是多少？答案大约是2%。如果1 000个人接受测试，其中一个人会得病并测试呈阳性，而其他50人会得到假阳性。只有大约1/4的人能正确回答这样的问题。许多医生也混淆了。

或者，冥王星每次绕太阳公转约40亿英里。你得到一根很长的绳子，然后沿着冥王星的轨道将它放到太空中。所以你有这个巨大的绳子圈，你决定要把它向各个方向扩展1英尺。你需要将绳长延伸到什么程度？ 100万英里？ 1 000英里？不，只要6英尺。你只需将圆的半径增加1英尺，而圆周的公式是$2\pi r$，所以你只需要2圆周率英尺的绳子。

---

[1] 《华氏451度》(*Fahrenheit* 451)，美国作家雷·布莱伯利（Ray Bradbury）所著的反乌托邦小说，于1953年出版。——译者注

这些问题的低成功率通常被提出这些问题的人用来羞辱我们，让我们认为自己并没有那么明智。这不公平。我们可能生活在一个充满数字的现实中，但我们对世界的感知不是定量的，而是定性的。数字是我们的第二语言，但对很多人来说不太熟悉。

第二，我们的第二个限制，即使有准确的数据，我们的推理能力也存在先天缺陷。出于某种原因，我们的大脑有数百个认知偏差，这些偏差导致我们的推理并不准确。我们只会猜测我们为什么产生这些认知偏差。它们是我们遗传密码中的错误吗？或者它们是否传达了一些不明显的生存优势？这是因为我们的大脑更喜欢故事，而不是逻辑吗？无论如何，阅读它们的列表是非常令人尴尬的。这里举一些例子：

- 默认效果：当出现多个选项时，我们倾向于使用默认选项。
- 框架效应：根据向我们呈现相同信息集的方式，我们得出不同的结论。
- 一厢情愿的偏见：我们高估了积极成果的机会。
- 确认偏差：我们寻找数据来证实我们已经相信的信息。
- 持续影响效应：我们不再认为真实的信息仍然会影响我们的决策。
- 并且，我个人最喜欢的以"押韵为理由"的效应：如果某些信息押韵，它更可能是真的。

第三，我们收集和存储数据的能力非常有限。首先，数据收集通常是劳动密集型、烦琐且容易出错的工作。我们在存储和检索信息方面的努力往往扩展性很差，随着它们的大小线性增长，它们的复杂度会成倍上涨。我们的头脑不是用来清楚地计算降临在我们身上的所有各种事件、行动和结果，所以我们扔掉大部分数据并用一个公理替换它。毫无疑问，我不止一次被锤子砸到我的拇指，但我不记得有任何具体的例子，只记得应该避免这种情况。这在认知上是有效的，但作为数据存储设备，很遗憾，我们缺乏这种能力。此外，人们一生中学到的所有东西在他们死后都会丢失，除了他们传递的那一小部分。因此，作为一个物种，我们的集体记忆进展比我们的集体经验潜在地能够实现收集和存储数据方面的能力要慢得多。

  第四，即使我们有数据，我们的大脑在使用它时也是有限的。我们在任何时候都只能在"内存"中保存一点点"记忆"，但我们不可思议的强大的传感器会让我们的大脑充满了远远超出我们处理能力的数据。因此，我们不断地根据部分信息做出决定。我们通过开发启发式方法（经验法则）来处理我们有限的信息，从而弥补了这一缺陷。它们本身并不是认知偏见，因为它们是理性的。尽管没有理由相信押韵的东西是真实的，但你可以看到，我们倾向于在信息很少的情况下形成意见，这或多或少有点儿道理，以免我们在熊向我们跑来时陷入优柔寡断的泥潭。此外，即使面对相反的证据，我们也倾向于坚持自己的信念，这种倾向会使我们无法随着更多数据的披露而不断在两个行动方案之间来回切换，比如在逃跑还是爬树的问题上改变主意。启发式不是最好的策略，但它可能总比没有策略好。

  即使启发式与我们的现代伦理不相符，我们也很难动摇它们。相信长得像你的人胜过那些不像你的人的倾向在史前世界中是有道理的，在那里亲缘关系是最强烈的忠诚形式，但今天这只是种族主义。当然，并非所有的启发式方法都是与生俱来的。我们一直根据经验开发新产品。启发式的质量通常取决于它所基于的反馈回路的即时性。厨师学习良好的启发式方法，而高中辅导员则没有学习。

第五，我们的第五个限制是我们没有足够的脑力来处理事件如何展开的复杂性。如果历史有一个最重要的教训，那就是一切都有意想不到的后果：哥伦布将世界从地中海转向大西洋，从而结束了文艺复兴，古腾堡引发了一系列导致新教改革的事件，凡尔赛条约导致了二战。我们的发明以前所未有的方式改变着我们：空调破坏了社区，因为人们不再坐在门廊上与过往的邻居打招呼，而灯泡创造了夜班，这是工厂产量翻番的一种方式。互联网和智能手机带来的意想不到的后果不计其数。

事实证明，同步论者是对的，至少在某种程度上是正确的。有一些难以理解的因果关系将看似毫无关联的事物联系起来。未来以一种超出我们预测能力的方式展开，我们只能用相对一般、直接的方式进行预测。如果下个月的天气都是混乱的，那么明年的选举会有多糟糕？

这些都是人类与生俱来的问题，限制了我们看清未来的能力。我们能解决它们吗？改正我们错误的智力？毋庸置疑，答案是否定的。我们之所以成为现在的样子，是有原因的。我们针对其他目的进行了优化，其中最重要的方面是故事思维，而不是逻辑思维。所以我们做了其他事情：我们教石头如何思考。

第三章

会思考的石头：人工智能
如何帮助人类

第一节　进步

你的身体以大约 100 瓦的功率运行，其中大约 1/4 需要为你的大脑提供动力，这大约是超级计算机所需能量的百万分之一，而它的工作量要小得多。你母亲说得对：你真的很棒。

直到 1 万年前，农业时代的曙光来临之前，我们根本无法增加能源使用量。但是当我们开始耕作时，情况发生了变化，因为我们开始使用动物来拉犁、抽水和运行磨坊①。从那时到 19 世纪，我们只有畜力，后来我们通过燃烧木材获得了蒸汽动力，然后是煤炭。煤炭是一个奇迹，因为它产生于 1 亿年前落在地球上的阳光。不久之后，电力就出现了，它利用看似无限的储量从能量密集的化石燃料中产生。今天，西方人均使用恒定的 1 万瓦特电力（总是可以使用 1 万瓦特电力），也就是说，我们使用的电力相比我们的生物极限增加了 100 倍。

这就是技术的作用，它放大了人们的能力，所有的繁荣都来自它。如果没有技术，我们将陷入一种不稳定，生存本身将是一份全职工作，而用托马斯·霍布斯的话来说，生活将是"孤独的、困苦的、丑恶的、残酷的和短暂的"。但是有了技术，我们就拥有了丰富和安逸。我并不像我的曾祖父母那样努力劳作，但我过着比他们

---

① 跑步机最早是在英国监狱里被发明出来惩罚人的，而他们踩在跑步机上面会运行一个真正的磨坊。——作者注

以往任何时候都更加奢侈的生活，因为我使用技术来成倍地增加我的能力。他们从井里打水，而我只需打开水龙头。

但完全支撑着我们生活水平的并不是技术本身。想想动物，它们拥有技术，尽管技术非常简陋。它们的工具处于使用草芽来对付一些白蚁的水平。从广义上讲，我们的工具要先进数十亿倍。然而，我们并不比它们聪明数十亿倍。如果把人类和最聪明的动物进行比较，我们比最聪明的动物聪明1 000倍——"1 000"这个数字不是确定的数字，是为了强调这一点而随便想出来的数字。我们在伟大的城市中生活与海豚的生活存在差距。也就是说，我们住的地方和动物住的地方完全不同。我并不指望它们会发明互联网，甚至电报，但你会认为100万年后它们会展示它们所谓的智慧，但它们没有。今天的海豚过着与上几千代海豚完全相同的生活。

有什么不同？假设你被丢到一个荒岛上，身上只有衣服。你会立即感觉到只有100瓦的功率是有限的，但你很可能会开始召唤你内心的鲁滨孙，并开始建造一个避难所，寻找食物和水、生火等。你可能会为自己观看了所有《流言终结者》(*MythBusters*)的剧集，甚至是《吉利根岛》(*Gilligan's Islands*)的一些剧集而拍手称快。你能够完成所有这一切，并不是因为你自己想通了这一切，而是因为你内心积累了知识，这些知识可以追溯到肖维和鲁邦·杰里吉·萨利赫的洞穴画家的完整血统。

真正的泰山，一个由猿猴抚养长大的婴儿，对人类文化一无所知，不可能做这样的事情。当然，他会有一种心理语言，但从技术上讲，他必须从一开始适应人类社会的生活。我们的世界之所以如此，是因为我们积累了知识，而不是我们个人的智慧。一部智能手机可能蕴含着总价值1 000亿年的进步。当然，这个数字只是猜测，但我怀疑这不是夸张。3 000 年前，我们学会了如何开采现在用来制造智能手机的镍。之后，人们不需要再次发现如何开采镍。几千年来，我们学会了如何更好地精炼和分析这种金属以及其他每一种金属。为此，我们必须掌握锻造技术并制造一系列专用设备。我们必须开发供应链和其中的运输工具，货币系统、会计系统、法律和法典法规，以及所有的一切。为此，我们必须发明教育系统，培训教师，建立图书馆。但要做到这一点，我们必须发明字母表、掌握印刷术、发明建筑和构建文明。为了让所有从事这项工作的人保持健康，我们必须发明医学和医学实施所需的工具。为此，我们需要农民种植粮食来养活所有人。反过来，农民也需要衣服和住所。所有这些努力，所有这些人这些年工作的总和，都是制造智能手机所必需的。那么，智能手机是 1 000 亿年来累积人类不断进步的产物，这一想法真的那么疯狂吗？

这就是我们和海豚之间的区别。它们没有进步。进步需要回忆过去和想象未来的能力，而动物没有这些能力或以任何有意义的方式做到这一点。我们展望未来，了解我们的机构，使其与现在不同。我们开发了一种积累万古知识的方式，每一代人都汲取我们已经知道的知识并在此基础上加以发展，使其变得更好。历史学家威尔·杜兰特（Will Durant）撰写了大量关于我们的集体遗产和知识必须如何代代相传的文章。链条中的任意一次断裂，都会让我们再次成为野蛮人。但好消息是每一代人都在扩展这一传统。他写道，进步的发生"并不是因为我们生来就比过去的婴儿更健康、更漂亮或更聪明，而是因为我们生来就有更丰富的文化遗产，出生在更高的平台，知识和艺术的积累为我们的生活提供了基础和支撑"。海豚没有这样的平台。

我们曾经认为能量是生命的关键组成部分，闪电击中原始水池可以启动它，就像它赋予弗兰肯斯坦的怪物生命一样。但现在，我们明白，重要的不是能量而是信息。科幻小说作家丹尼斯·E.泰勒（Dennis E. Taylor）写道："火具有生命的大部分特征，它吞食、生长、繁殖。但火不保留任何信息。它不学习，也不能适应新的环境。由闪电引发的第 500 万次火灾的表现将与第一次一模一样。但是第 500 次细菌分裂不会像第一次那样，尤其是在有环境压力的情况下。那是 DNA，还有 RNA（核糖核酸）。"

这是正确的。过去，我们存储信息的唯一地方是我们的 DNA。虽然它运作得正常，但是太慢了。编码一条新信息可能需要数百万年的时间。奇妙的事物可以被编码在 DNA 中，例如白蚁如何建立它们的通风系统，或者帝王蝶如何完成它们的迁徙，甚至可能是直立人如何制造手斧。但只有很少的东西可以被写入 DNA 中，只有当下生存所必需的东西。

作为一个物种，我们的突破是我们学会了在我们的 DNA 之外编码信息。我们学会这样做的第一个地方是在我们的脑海中，通过语言。我们可以外化我们所知道的，告诉别人，而这些知识就可以像有利的基因突变一样传播开来。那些有这些知识的人不会吃绿色浆果，DNA 可能需要 1 000 代人才能学会这个技巧，但现在可以在几年之内在我们的物种中传播。就这样诞生了"阿哥拉"。人类个体变得更加专业化，学习了不同的东西，并且在这样的过程中，我们作为整体变得比任何个体都更聪明。

在那之后，我们学会了以书面形式对信息进行编码。这使得我们的虚拟遗传密码长达数万亿页。其中大部分都是垃圾 DNA，它们对任何事物并没有真正的帮助或伤害，但并非所有 DNA 都是垃圾

DNA。数百万人一生的学习很快成为"阿哥拉"基因组的一部分。因此,"阿哥拉"通过自然选择进化出了制造智能手机的能力。这种能力是其生物学的一部分,就像制造白细胞是我们生物学的一部分一样。

让我们说得更清楚些。制造手机的是"阿哥拉"。没有人能制造智能手机。也许这并不令人惊讶,但正如经济学家伦纳德·里德(Leonard Read)在他1958年的文章《我,铅笔》(I, Pencil)中所写的那样,甚至没有一个人知道如何制作铅笔。想一想:如果你被丢在一个荒岛上,即使你知道所有你所知道的,你能在十几辈子的时间里制作一支铅笔吗?我不能。英国设计师汤玛斯·思韦茨(Thomas Thwaites)试图从头开始制造烤面包机。我所谓的"从头开始"指的是开采铜,冶炼它,以及所有其他的事情。他在这个项目上花费了数年时间和数千美元,而这个"烤面包机"只需工作几秒钟。但即使是他也不是真正地从头开始——他拥有庞大的人类知识库,以及世界金融系统、交通系统和杜兰特基座的所有其他元素。但"阿哥拉"几乎可以毫不费力地制造智能手机、铅笔和烤面包机。正是"阿哥拉"制造了将我们带到月球的火箭。

知识只能通过DNA传播的那40亿年使我们得到了觉醒。之后5万年来,我们都只能通过文字、口头、故事和教义来传播知识。接着来到了5 000年前。当时知识就可以书面形式传播。这是一个巨大的飞跃,因为知识可以无限地存在,超越时间和空间。你可以从那些你从未见过的早已死去的人那里学到东西。又让我们到了大约1950年。今天,知识可以无限量地存储,并以免费数字化的形式传播。现在,"阿哥拉"的基因组是全球性的,并且每秒都在变化。

这些过渡步骤中,每一个都比前一个步骤发生得快得多。最后的变化，即我们以数字方式编码和传播知识的能力，是第一个超越生物学的变化，因此它将更快地推动我们前进。100年后，地球上的生活对我们来说将像旧石器时代的人一样难以想象。我们将成为一个庞大的智力网，我们将掌握未来，我们将使用人工智能做到这一点。

第二节　瞧瞧这奇迹

地球上 4/5 的动物是微小的线虫，它们的长度相当于头发的直径。它们用只有 302 个神经元的大脑成功实现了进化。勤劳的蜜蜂的大脑有 100 万个神经元，并用它们来建立复杂的多代社会。章鱼有 5 亿个神经元，它可能通过这些神经元获得了意识。然后就是我们，拥有 1 000 亿个神经元的大脑——比银河系中恒星的数量还多——我们用它来统治地球。

我们凭借广博的智慧和灵巧的双手，构建了减轻我们身体负担的各种工具。几个世纪前，我们开始制造计算机来减轻我们的脑力负担；到 1890 年，我们有了可以读取穿孔卡片的电动制表机；在 20 世纪 30 年代，我们制造了使用继电器作为开关的计算机；到 20 世纪 40 年代，人们改用真空管；到 20 世纪中叶，我们创造了晶体管来代替电子管。晶体管和神经元有很多共同点：它们的大小大致相同，都可以作为单个逻辑电路运行，都由电力驱动，并且都可以并行运行。

这些晶体管每年都变得更小、更便宜，并且消耗的能源也更少。确实如此，因此我们开始将更多的晶体管组合在一起，以便制造设备来完成日趋复杂的任务。根据《创世记》，上帝用泥土塑造人来创造人。反过来，我们也用黏土制作了傀儡，也就是制作我们晶体管的纯硅，而且它们的性能每年都在进步。我们想象着有一天，它们可以做任何我们想让它们做的事情。

自发明晶体管以来的75年里，我们已经制造了大约50垓个晶体管，也就是5后面跟着22个0。这是一个如此之大的数字，我们没有好的参考框架来说明，但也许可以这样解释：它大致等于地球上所有神经元的数量。每个人的总神经元加上每只鸟、鱼、爬行动物的神经元，一直到每条小线虫的神经元。每增加一只果蝇和一只蚊子，再增加10万个神经元；每增加一只蟑螂和甲虫，又会增加100万个神经元。将所有这些加在一起，这大概就是我们制造了多少个晶体管。我们现在制造它们的速度比生物群落制造神经元的速度要快得多。我们如此疯狂地建造的，究竟是什么？没有人很确定，但这丝毫不会减慢我们制造晶体管的速度。

我们已将我们的命运与我们的造物融为一体，并与机器共生。我们现在就像博格一样，是《星际迷航》中半有机体、半机械的外星人。计算机需要我们来维持工厂的运转和电力的流通，尽管它们将在几十年内完成这些任务。然而，我们变得越来越依赖它们，我们真的不能没有它们了。想象一个没有电脑的世界。不仅是智能手机和笔记本电脑等显而易见的计算机，还有嵌入我们周围一切的数以亿计的计算机。如果它们都停止工作，那么一切都停止工作。每台拖拉机，每条管道，每家工厂，所有的一切。当然，我们周围有一些手工工具，也许是在花园里工作的锄头，但我们甚至会失去制造更多这些工具的能力。世界将变得寂静，除了远处阿米什人建造谷仓的声音。

没有计算机意味着不仅要回到计算机出现之前的1950年，而且意味着回到电气出现之前的1890年，因为电网是由计算机控制的，太阳能电池板、风车、核电站和炼油厂也是如此。没有电，生活将戛然而止,供应链将中断,城市将空无一人,一半至 90% 的人口将死亡。忘记计算机主宰一切的反乌托邦吧,真正的噩梦是它们停止工作。

我们似乎可以接受这种依赖,或者至少我们还不清楚我们依赖机器的程度值。我们太爱我们的电子产品了,以至于无法真正害怕它们。电脑让生活变得美好。它们不仅仅是我们的智能手机和平板电脑,它们为我们周围的一切提供动力。你的房子里可能散布着大约 1 000 个计算机芯片,你的汽车也是如此。

如果我们确实居住在一个数字现实中,那么计算机就是我们的终极创造。那是它的原生栖息地,它比我们更适合这样的世界。正如哲学家马歇尔·麦克卢汉(Marshall McLuhan)几十年前所说:"计算机是人类最非凡的科技服装,它是我们中枢神经系统的延伸。与它相比,轮子只是一个呼啦圈。"

想想新电脑是怎样的。你的祖父母,甚至你的父母,都比晶体管还老。在不到一个人的一生中,我们从对世界没有真正影响的计算机发展到没有它们就无法生存。随着时间的推移,我们对它们日益增长的依赖只会变得更加突出。它们处理数据的速度之快,毫无差错,使我们的能力相形见绌,甚至难以理解。16 世纪,鲁道夫·范·科伊伦(Ludolph van Ceulen)的整个职业生涯都在将圆周率计算到 35 位,甚至将圆周率刻在他的墓碑上。今天,在百思买一台运行 Windows 操作系统的 400 美元的台式电脑,然后可以使用一个 50 行的程序在 5 分钟内将圆周率计算到一亿位数。

很容易看出这一切是如何在许多人心中灌输恐惧的。计算机是如此陌生,如此冷酷,如此没有人情味。它们似乎无处不在,无所不能,不受管束。这一切都在发生。

1519年登陆新大陆后，埃尔南·科尔特斯（Hernán Cortés）下令烧毁所有船只，以便他的手下知道没有回头路。我们也烧毁了船只，可我们建立了一个没有撤销按钮的世界，我们不能回去。

这都是事实，但我们不必因此而对自己在世界上的地位产生怀疑。创造永远不会大于创造者。计算机在某些工作上可能比我们做得更好，但挖土机和搅拌机也比我们做得更好。在形而上学的意义上，计算机与我们的其他工具有根本的不同吗？我不这么认为。

我们之前已经讨论过几次涌现——当系统具有其任何组件都没有的特征时。计算机表现出一种涌现。10亿个晶体管可以做任何单个晶体管都做不到的事情。但它本身并没有什么神秘之处。我们可能对计算机可以玩《危险边缘》[①]感到惊讶。但我们可以通过法庭调查的方式分解每个答案，并准确理解计算机选择它的原因。计算机可能会表现出令人惊讶的行为，但一旦我们深入研究，就没有什么是根本无法理解的。因此它们是确定性的。从哲学上讲，计算机与机械时钟没有什么不同，机械时钟在上弦后会以它可能的唯一方式运行其程序。

我们是这样的吗？我们也像钟表吗？不。我们展示了一种特殊的涌现，即整体的能力不能从部分中获得。它被称为"强涌现"，正如我之前提到的，有些人不相信它存在，认为它是对某种几乎神奇和不科学的东西的称呼。但我认为它确实存在，而且它不是魔

[①] 《危险边缘》（*Jeopardy*）是由梅夫·格里芬（Merv Griffin）在1964年打造的美国电视智力竞赛节目。就像同一类的其他节目，节目涵盖了历史、语言、文学、艺术、科技、流行文化、体育、地理、文字游戏等多方面内容。然而，与这些节目不同的是，《危险边缘》采取一种独特的问答形式：参赛者须以答案形式提供各种线索，以问题的形式做出正确的回答。——译者注

法。当然，它非常罕见，但我认为我们是一个强大的涌现现象。我认为生活本身就是这样一种现象。你可以把一个细胞一块一块地拆开，却永远找不到生命。然而细胞活着。因此，生命是特别的，以我们无法理解的方式产生。你的身体里没有一个细胞有幽默、同情、怜悯、悔恨、希望、梦想或想法等特质。没有细胞可以坠入爱河。你的任何部分都没有这些品质，但不知何故，你却拥有所有这些品质，没有人知道这是怎么回事。还有意识，你体验世界的事实。你可以感受到温暖，这与测量温度不同。没有人知道物质如何体验宇宙。根据我们对机器的了解，它们无法体验世界。因此，人类不是机器。

因此，不仅在能力上，而且在价值上，计算机现在以及将来也会一直远不如我们。事实上，它们没有价值，没有道德地位。我们制造它们是为了做一件事，以深不可测的速度操纵1和0，而且它们做得非常好，但即便如此，这也是我们的功劳，而不是它们的功劳。它们没有超越自己的计划、改善自己的愿望，因为它们没有自我。

但如果你不相信任何关于强涌现的说法，你会认为它是神奇的想法。那么你是否应该担心计算机成为我们的主人或取而代之？再次强调，不应该。那根本不可能发生。我们已经在足够多的电影中看到过，虽然它看起来很合理，但我们与计算机不同。看起来我们似乎是同一类事物，因为随着机器完成更多以前只有人类才能完成的任务，它们似乎越来越以和我们一样的方式思考。

但是计算机会思考吗？不，这只是一个比喻。就像所有的隐喻一样，它包含了真实的事物与一些不真实的事物，并交织在一起。带有网络摄像头和麦克风的计算机无法"看到"或"听到"。计算机不会"决定"或"得出结论"甚至"理解"任何事情，但这些俗语是一种简便方法，甚至我在本节中都使用它，因为这对我来说更方便。

但是，我同意计算机看起来确实会思考，而且有些人认为它们的确如此。数学家艾伦·图灵（Alan Turing）写道，如果我们无法区分与计算机的对话和与人类的对话，我们难道不应该说计算机会思考，即使它的思维方式完全不同？恕我直言，我不同意图灵的说法。思考与言语完全不同。博学家丹尼尔·希利斯（Danny Hillis）用玩具积木和纱线制作了一台电脑，可以完美地玩井字游戏。想象一个类似图灵的测试，其目标是弄清楚你在玩井字游戏的时候，和你玩的是人还是一堆修补匠玩具。如果你看不出来，这是否意味着修补匠玩具会思考？不。如果杜莎夫人蜡像馆的蜡像与人没有区别，我们是否会得出结论，它已经跨越了某种形而上学的门槛？

考虑一下中文房间的思想实验。它是由美国哲学家约翰·瑟尔（John Searle）提出的。场景是这样的：有一个房间里装满了特殊类型的书。房间里有一位不会说中文的图书馆管理员。房间外面是讲中文的人，他们用中文写下问题，然后把它们从门底下塞进去。图书馆管理员拿起其中一个问题，看了看第一个字符，然后在书架上找到了书脊上有那个字符的书。在那本书中，图书馆管理员查找第二个字符，它有一个标记，可以用来拿到另一本书并查找下一个字符，以此类推。找到最后一个字符后，最后一本书有一个指令，要求将一系列字符复制到一张纸上，然后将其放置门下，图书馆管理员忠实地照做了。图书馆外的讲中文的人拾到了这条信息，发现这是一个绝妙的答案，既睿智又机智。瑟尔提出的问题是："图书馆管理员会说中文吗？"大多数人会说不会。

类比很简单：图书馆管理员是计算机，书籍是程序。当你的GPS引导你穿过车流时，计算机并不"知道"它在做什么。它只是运行一个程序。如果说这和思考是一样的，那么就像相信一个发条的行走玩具有穿过房间的意愿。

　　计算机是奇迹。但它们只是事物，而不是生物。它们无法想象未来，它们只能做数学。但没关系，因为我们有足够的想象力。

第三节 人工智能 101

第一台完全晶体管化的计算机于 1954 年问世。两年后，达特茅斯学院的助理教授、28 岁的约翰·麦卡锡（John McCarthy）创造了"人工智能"（AI）这个术语，并在某个夏季召集了一群计算机科学家进行了一项研究——"如何让机器使用语言，诠释抽象和概念，以及解决只有人类才能解决的各种问题"。

我发现他们可太天真了。在一个夏天就能创造人工智能？在 1956 年？但仔细想想，他们的乐观并非没有道理。人们已经发现了简单的科学定律，可以解释物理学、光子学、磁学、热力学和量子力学中大量可观察到的现象。我们有充分的理由希望，智能也可以从一些简单的定律中产生。但事实证明并非如此。智能复杂至极，以至于我们仍然无法理解它，甚至无法就它的定义达成一致。

鉴于此，人工智能没有正式的定义也就不足为奇了。甚至对于它在何种意义上是人为的，人们也没有达成共识。之所以如此描述，是因为我们创造了它，而不是自然智能吗？还是因为它不是真正的智能，就像人造花不是真正的花一样？麦卡锡自己也后悔创造了这个词，觉得它为机器设定了过高的标准。

当人们使用 AI 这个词时，有两种不同的含义，它们没有任何共同之处。但由于人们对两者的区别不甚了解，所以笼统的术语 AI 被用来描述它们两者，这引起了很多困惑，就像"双周"（biweekly）

可以表示"每周两次"或"每隔一周"(每两周)。因此,当你读到有关你的垃圾邮件过滤器中的 AI 变得更加高效的标题,以及另一个有关 AI 如何接管世界并奴役我们所有人的标题时,你会情不自禁地开始对自己的垃圾邮件过滤器抱有某种不信任的态度。但在这些情况下,人工智能意味着两个不相关的东西。

"奴役我们"意义上的人工智能的反乌托邦概念被称为"通用人工智能"。它是一个程序,可以做任何人类在认知上能做的事情。它具有创造力,可以自学新事物。没有人知道如何构建它,甚至不知道它是否可能存在。

我曾经主持过一个 AI 播客,其间我问了我的大约 100 位嘉宾中的大多数人,他们都是 AI 领域的主要思想家,问他们是否认为通用 AI 是可能的,如果是,我们什么时候能实现它。只有三位嘉宾说这是不可能的。顺便说一句,我碰巧同意这三个人的观点。在相信我们可以构建通用人工智能的绝大多数人中,对从现在起我们需要多长时间才能实现人工智能的估计范围从 5 年到 500 年不等。通常情况下,估计的时间都是 20 年左右,但"通用 AI"这个术语出现已经超过 20 年,现在已经有 70 年了。

事情就是这样。那些相信我们可以制造通用 AI 的数以百计的人工智能专家都会 100% 同意我们目前不知道如何做到这一点。这就是为什么不同的科学家提出了各种各样的可能性,试图确定我们什么时候能够制造出一个通用的 AI。那么,如果没有人知道如何制造它,为什么每个人都如此相信我们能做到这一点呢?我也会向他们提出这个问题,我总是得到不同版本的相似答案:"具有通用智能的机器是可能的,因为人类就是具有通用智能的机器。"

那些渴望看到建立通用 AI 的人是一种宗教的一部分,其追随者正试图建立一个神。据他们说，通用 AI 这种神将是无所不知的。哦，仁慈的——通用 AI 将是一位仁慈的神，它将授予虔诚的信徒永恒的生命，要么通过他们的肉体不断更新，要么通过一种形而上学的结合，将意识上传到机器中，在那里他们将永远生活在天堂的和谐中。他们相信世界末日，他们称之为"奇点"的伟大天启，他们相信它就在眼前。而这一切都基于一个神圣的信条：人是机器。

其他人也相信同样的信条，但他们担心我们正在建立的神不会是仁慈的。也许它将远超我们，就像我们对待蚂蚁一样，也许它会以漠不关心的冷漠态度对待我们。或者更糟的是，上帝会将我们视为寄生虫，浪费稀缺的资源，或者像害虫一样侵扰它的世界，或作为一种危险的病毒。哪一个都无所谓，因为它们中的任何一个都需要消灭，而上帝可以很容易地做到这一点。

通用 AI 对许多人来说是一个如此可怕的概念，其原因是，我们以前曾在电影中看到过它做过可怕的事情。事实上，我们不止一次看到过这种类型的电影，这使我们经常做一些叫作"从虚构的证据中推理"的事情。我这样做过。我有时会发现自己在想："这完全可能发生，我以前见过这种情况。"但后来我想起我以前在哪里看过它：去年夏天在电影院，以及之前的那个夏天。不要误会我的意思，我很喜欢看复仇者与流氓 AI 奥创的战斗，但这并不意味着它是真实的，甚至不意味着它比《不可思议的浩克》(*Incredible Hulk*) 更可能发生。这只是另一个可怕的童话故事，就像我们第一次发现自己置身于一个我们尚未完全理解的变化世界时所讲述的那种故事。

我们是机器吗？这是一个大问题，它关系到我们共同的命运。如果我们是，那么我的播客嘉宾是正确的：最终我们将建立一个机

第三章 会思考的石头：人工智能如何帮助人类

械思维，它将不间断地越发强大。如果我们不是机器，那么人类将永远保持卓越，至少在这个星球上是这样。我在世界各地发表演讲时，经常问我的听众是否相信自己是机器，通常约有15%的听众举手。这样脱节的答案令人震惊：我采访的97%的人工智能专家认为他们是机器，而只有15%的公众认为他们自己是机器。

这个问题的答案很简单——我们要么是，要么不是。但是，我认为，我们是机器的信念从根本上是有害的，因为它破坏了人权的基础，即作为人类，无论你的优点、财富或能力如何，有一些如此非凡、超然和独特的东西会立即赋予你特殊地位。但是，如果我们只是机器，那么杀死一个人就具有与关闭笔记本电脑电源相同的道德特征。这两者有什么不同？

很少有研究小组在致力创造一种通用的AI。我只希望我知道的组织可以认真创造它。绝大部分的钱都花在了第二种AI上。好消息是，在我们探索和掌握未来的过程中，我们根本不需要通用AI，因此我们可以搁置哲学辩论，只关注另一种AI，狭义AI，它是一种我们已经广泛使用的工具。这是一种完全不同的技术。

狭义的AI是可以执行单个认知任务的计算机程序。示例包括垃圾邮件过滤器、GPS导航和了解你对温度偏好的恒温器。我们开发狭义AI的方法（我从现在开始将其称为AI）已经经历了三个不同的阶段。第一个阶段是尝试在计算机中对世界的某个特定方面进行建模。例如如果你想让AI玩井字游戏，你就需要编写一个体现该游戏的AI，按照人类玩家的思维方式编写策略。这是一种简单的方法，但它只适用于最简单的任务。之后出现了第二个阶段也就是所谓的专家系统。有了这些，你会找到世界上最好的井字游戏玩家并说："对于9个可能的第一步中的每一个，你会如何回应？"然后，对于每个响应，再次询问专家他们会做什么。这种方法在一些地方很方便，比如工业，在这些地方问题很明确，选择有限。你可能会注意到，这两种阶段都受到我们人类理解水平的限制，与第三种阶段不同。第三种阶段是我们将要探索的方法，因为它是我们现在使用 AI 预测未来的方式。它被称为"机器学习"。对于井字游戏程序的机器学习方法是教会计算机游戏规则，但不教它策略，然后让计算机自己玩数百万次，以此教授自己最好的游戏方式。

机器学习是我们今天进行绝大多数人工智能的方式。要教计算机如何识别猫的照片，你给它数千张猫的照片及数千张其他内容的照片，然后开始向它展示新的照片，问它是不是一只猫，并告诉它判断是对还是错。随着时间的推移，计算机会了解猫的样子。

毫无疑问，你一定见过这种情况——甚至也曾参与其中。多年前，网站用于确保你不是机器人的测试要求你从模糊或缺少像素的图像中输入一些文本。你是帮助一家公司训练人工智能光学字符识别程序的志愿者。然后，几年后，测试发生了变化。你会看到路边数字的照片，并通过破译那些你花费时间来帮助培训某些公司的 AI 读取街道地址的数字。现在还有第三个测试，要求你找到照片中所有停车标志或人行横道。当你这样做时，你是在为训练一些企业的自动驾驶汽车免费工作。

为什么这一切都需要人类？因为人类进行模式匹配的能力远远超过了计算机。如果你在一个雾蒙蒙的早晨，在远处发现一个朋友从你身边走开，你仍然可以从他们步态的一些细微的特征中认出他们，或者只是瞥见他们的后脑勺就认出他们来。太棒了。此外，你可以看到一个新物体——这是你以前从未见过的东西——然后可以立即从照片中挑选出它，即使它大部分是模糊的。可以给孩子看一张猫的照片，甚至是一张猫的画，然后让孩子一整天挑选猫的图片。如果孩子碰巧看到一只马恩岛猫，他们可能会说："看，一只没有尾巴的小猫。"尽管他们从未被告知有这样的东西存在，因为他们有这样一种与生俱来的模式匹配能力，以至于他们可以感知我们都可以识别但无法解释的"猫"的一些微妙特征。

没有人知道为什么我们如此擅长模式匹配或我们如何做到这一点。我可以给你看一幅外星人的画，只有一张画，即使它背对着你或者趴着，你也能在照片中找到它。你可以在水彩画中发现它，或者在黑白电影中发现它，或者即使它被渲染为婴儿或老人时识别它。所有这些都来自一幅甚至根本不存在的生物画。

我们能做到这一点的部分原因是另一件事，我们确实擅长这件事，计算机却一点儿也不懂：迁移学习，即我们从一个领域获取知识并将其应用于另一个领域。我们知道以某种方式掌握的技巧，哪些可以转移，哪些不能转移。这是一个思想实验：想象 1 分钟前渔夫刚刚从溪流中捕获的一条鳟鱼。现在想象一下实验室里一罐甲醛中的一条一模一样的鳟鱼。它们有以下哪些共同点？重量？长度？气味？温度？颜色？我猜这个测试对你来说并不太难，尽管你可能没有把鳟鱼浸泡在甲醛中的一手经验。但你是怎么知道答案的呢？如果你能解决这个问题，请告诉我，那我们就能平分诺贝尔奖奖金啦！计算机根本无法进行这样的迁移学习。教人工智能识别猫并不会让它更接近能识别狗的人工智能，所以我们一次只能训练人工智能一件事。

如果我们不能把这些事情做得这么好，我们讲故事的天性可能永远不会进化。故事之所以有效，是因为我们能够识别其中的模式，并且可以使用迁移学习将它们应用于其他事物。《狼来了》的故事并不是那么有趣，除非我们可以将它与类似的情况联系起来，而这些情况中没有一个涉及男孩、哭泣或狼。如果说有什么区别的话，那么就是我们的模式匹配能力太好了。我们在云中看到动物的形状，在吐司上看到面孔。理查德·加里奥特（Richard Garriott）在他的《探索/创造》(*Explore/Create*) 一书中描述了自己的角色扮演游戏《网络创世纪》(*Ultima Online*) 的创作过程。一个微不足道的，几乎是一次性的功能是，如果你厌倦了史诗般的探索，你可以拿起一根钓鱼竿，在水中放下一根线，里面放满了"看起来很普通的鱼"，你可以有 50% 的可能钓到。无论你是否钓到鱼，这都只是一次简单的抛硬币而已。仅此而已。然而，加里奥特写道，玩家认为他们从自己的成功中看到了模式，并说他们开始"相信在离岸两三码①远的地方钓鱼比在河岸附近的地方钓鱼收获更多。有些人相信，晚上钓鱼比下午钓鱼更有效率。人们创造了自己的神话"。迷信就是这样产生的。如果一个棒球运动员在一个赛季中一次都不换袜子并取得了令人难以置信的胜利，那么你将能够在下个赛季中嗅到他到来的味道。

计算机的模式匹配与我们完全不同。我们很聪明，但它们不是。它们完全依靠蛮力。它们拍摄所有猫和非猫的照片，并将照片分解成微小的像素块。它们查看所有的两像素组合和三像素组合，等等。每个像素都被分配了一个与其颜色相对应的数字，所有猫的照片中的数十亿个簇对计算机来说都是猫的微小照片。输入一张新照片，计算机会将其切成小块，并将它们与它庞大的其他小块数据库进行比较。任何两个像素可能是猫，也可能不是猫，计算机对这

---

① 1 码 ≈ 0.9144 米。——译者注

个问题的最佳猜测可能只有 50.001% 的准确率，但它每秒可以进行数十亿次计算的事实意味着它通过更加努力地工作可以获得更高的置信度，而不是更聪明。大数定律和中心极限定理都是现代机器学习的支柱。

这台机器不知道猫长什么样，甚至不知道猫是什么，但它只根据猫的数学模型就能更好地发现猫。计算机从不说某物是猫或者不是猫，它只是返回一个介于 0 和 1 之间的值，说明它是猫的可能性有多大。它涉及与掷骰子和掷硬币相同的基本计算。因此，所有的机器学习都是概率性的。帕斯卡和费马不会对这种数学产生困惑。他们发明了概率论。他们无法理解的是这一切的规模。但平心而论，这也超出了我们的理解范围。

当计算机准确地说某物是猫时，我们自然会假设它会像我们一样通过了解猫的样子得出这个结论。但事实并非如此。如果你将计算机进行的计算打印出来，你会发现那只是一堆恰好能够识别猫的数字。人类和机器模式匹配方式之间的这种根本区别就是为什么人工智能中的"可解释性"如此困难。"为什么人工智能会认为这是一只猫"这个问题真的不能用语言回答。在识别猫时，缺乏可解释性并不是什么大问题，但对于贷款申请来说，这是一个大问题，尤其是对于刚刚被拒绝抵押贷款的人，因为计算机说他们可能会违约，但无法给出得出这个结论的任何可理解的理由。

我说了这么多，只是为了指出计算机在看照片时不会想："我很确定那是一只猫，看那些尖尖的耳朵。"事实上，计算机根本就没有思考。它只是比较一堆与像素簇颜色相关的 1 和 0。它只不过是一个花哨的发条时钟。

目前人工智能的瓶颈在于清理数据，然后告诉人工智能它所做的事物中什么是对的，什么是错的。我们的梦想是一种叫作无监督学习者的东西，只要你指向互联网，它就会在没有人类说"对、错、错、对、对"100万次的情况下把事情弄明白。然而，我们距离拥有它还有很长的路要走，没有人完全确定如何构建它——甚至没有人确定能否构建它。

第四节　数码镜像

用干净的、有标记的数据来训练我们的 AI，本身并不是一项艰巨的任务，而只是一个非常缓慢和耗时的过程。正因为如此，我们可以应用人工智能的所有领域都被搁置了，直到这些领域的数据都得到了整理。即使今天所有关于人工智能的创新停滞不前，我们仍需要几十年的时间来完成那些我们已经知道如何利用人工智能完成的任务。

在人工智能的应用中，我们不是瓶颈，数据是明确且清晰的——因为这是由传感器记录的数据。传感器是旨在收集特定类型信息的设备。它们具有比我们的生物传感器更广泛的功能，并且可以在更恶劣的环境中运行。它们受某种自身的摩尔定律[①]支配，因此它们总是变得更好，而价格却不断下降。迄今为止，我们已经部署了大约 1 万亿个。在传感器出现之前，计算机被密封在无法与外界接触的盒子中，依靠人类来输入数据。当传感器连接到机器上时，它们可以看到和听到。它们可以在没有我们参与的情况下收集

---

① 摩尔定律（Moore's law）是由英特尔（Intel）创始人之一戈登·摩尔（Gordon Moore）提出的。其内容为：集成电路上可容纳的晶体管数目，约每隔两年便会增加一倍；而经常被引用的"18 个月"，则是由英特尔首席执行官大卫·豪斯（David House）提出：预计 18 个月会将芯片的性能提高一倍（即更多的晶体管使其更快），是一种以倍数增长的观测。——译者注

自己的数据。

传感器为计算机开辟了广泛的新应用领域。例如典型的智能手机有十几个传感器将其连接到外部世界，就是基于 GPS 的位置传感器。许多电话不断以完全匿名的方式广播它们自己的位置。当足够多的人这样做时，可以实时记录整个国家的交通流量。实际上，计算机正在它们的数字内存中复制我们的模拟世界，就像一种数码镜像一样运行。因此，当车在现实街道周围流动时，它们同时也在虚拟街道周围流动。当然，这只是一堆 1 和 0，但这就是我们模拟世界的数字反映。

有了这个数码镜像，计算机可以最高效地引导整个国家的交通。如果它们看到在州际公路的某个地点有 100 部手机以每小时 3 英里的速度移动，它们可以合理地假设那里发生了碰撞。如果它们进一步发现相邻通路上的交通没有受到影响，就会将车流从州际公路转移到相邻通路上。但并非所有的交通都被引导，只有足够多的交通被引导以平衡局面。机器可以在我们不接触数据的情况下做到这一点。计算机和传感器的这种应用已经被利用并且非常有益。系统运行的每一天，都会收集更多数据以进一步训练算法，因此它们总会变得越来越好。我注意到，我在手机上使用的用于疏通车流的程序通常会将我的到达时间精确到一两分钟之内。这难道不是一个预见未来的惊人例子吗？

随着传感器的价格在某些情况下下降到几分之一美分，我们将能够为我们生活中越来越多的部分构建这样的系统，而不仅仅是交通。我们不仅将所有东西都计算机化，还会将其传感化。我们已经将 500 亿台智能设备连接到互联网，而且我们正在朝着 50 万亿台的目标迈进。

第三章 会思考的石头：人工智能如何帮助人类

正如我们之前所探讨的，我们过去只能将数据存储在DNA中。然后随着文字的发展，数据呈指数级增长，创建了我们的虚拟基因组。活字印刷和廉价的纸张意味着基因组增长得更多，然后随着数字时代的到来，它再次呈指数级增长。现在，你经常会看到诸如"我们每天创建的数据比有史以来的更多"之类的统计数据。这些统计数据毫无意义，因为它们完全不同，但它们确实得到了一些重要的东西，即"阿哥拉"的基因组正在迅速扩大。这最终会导致什么结果？

试想一下，如果我们生产了如此多的传感器，以至于我们能够记录一切——也就是说，如果我们创建的不仅是我们的交通，而且是我们整个世界的数字反映。我们可能会记录什么？一切。你说的每一个字，你去的每一个地方，你遇到的每一个人，及他们对你说的每一句话，你的眼睛所追踪的一切，以及你对它们的生理反应。想象一下，如果你的每一次呼吸都被记录下来，你的每一次心跳都会被记录下来。你拥有的每一个物体都会被传感器激活。你的衣服、首饰、家具，一直到你的牙刷。每一个锅碗瓢盆、电器、器具都装有传感器，可以记录你吃的每一口食物的营养成分。当你去商店时，你挑选但未购买的所有东西都会被记录下来，当你外出就餐时，你确切地点了什么以及你吃了多少也会被记录下来。与每个人的每一次互动，你停下来闻的每一朵花，你在音乐会上鼓掌的用力程度，你输入的每一个字，你花的每一块钱都会被记录下来。

这会发生，不是因为"老大哥"[①]会强迫我们，而是因为我们会要求它。如果勺子可以防止我感染沙门氏菌，我想要一个；如果牙

[①] "老大哥"，《1987》书中的人物。——译者注

刷能告诉我我感冒了，我也想要一个。

也许这就是你对反乌托邦的看法。如果是这样，请坚持一下这个想法。现在，只考虑它可能带来的好处。

回想一下人类的五个缺点，这些缺点限制了我们预见未来的能力，限制了我们主宰自己命运的能力。我们不擅长数学，不擅长推理，不擅长收集数据，我们可以处理的数据量有限，无法理解我们所处的世界的复杂性。带有传感器的计算机在数学上非常完美，并且在推理上也可以完美无缺。它们可以收集无限量的数据并对其进行分析，并且拥有足够的处理能力，能弄清楚所有事物与万物之间的连接方式。

这些是什么类型的连接？没有人知道碘缺乏症在美国如此可怕而且如此普遍。但在1924年碘盐被引入，并承诺它将消除甲状腺肿大之后，整个国家的智商上升了3.5分。在碘缺乏水平高的州，智商上升了15分。在美国，人们对南方人的刻板印象是无精打采和愚蠢的，这在赤脚走路、从土壤里捡钩虫的穷人中往往是真实存在的。这种病在南方的农村地区很流行，1926年关于该主题的一项研究表明，感染钩虫的人似乎"生活在另一个完全独立的世界里，与他周围的日常世界只有很少的接触"。为什么这只发生在南方？根据1940年的美国人口普查，当时马萨诸塞州94%的人有抽水马桶，而密西西比州只有19%的人拥有抽水马桶。将外屋的洞挖得更深一点儿，就大大降低了钩虫的发病率。解决了这一问题，提高了整个地区的智商。南方的一个类似疾病是由于以玉米为主食的饮食方式而导致烟酸缺乏。用烟酸强化玉米粉进一步提高了整体智商并解决了许多其他健康问题。从油漆中去除铅提高了全国的智商，而从汽油中去除铅的影响更大。由于城市的汽车密度最高，因此它们的环境铅密度也最高。汽车中的铅被认为是导致整个20世纪60年代和70年代城市犯罪率上升的原因。在它被消除后，犯罪率下降了，智商再次上升。

人类世界的数码镜像很容易就能揭露这一切。碘、钩虫、烟酸、铅——一切都在数据中，一清二楚。但是我们的世界是一个杂乱无章的数据库，所有的东西只有在随机的情况下才能突出显示从而被我们发现。当一些服用抗抑郁药安非他酮的吸烟者报告说他们对香烟的渴望有所下降时，研究发现这种药物是一种强大的戒烟辅助剂。它现在以载班（Zyban）为商品名出售。

历史上充满了这类随机发现。俄罗斯人和芬兰人过去常在牛奶中放一只棕色的青蛙，以防止牛奶变质。直到后来我们才发现青蛙的分泌物是抗菌的。二战期间，驻非洲的德国士兵报告说，当地人通过食用新鲜、温暖的骆驼粪来治愈痢疾，我们现在知道骆驼粪含有一种强效的抗生素。

有人想知道这些是如何被发现的。是谁第一个将棕色青蛙放入牛奶中并碰巧注意到牛奶的保存时间变得更长？或者谁喜欢吃新鲜的骆驼粪便，有一天偶然发现他们的痢疾痊愈了？谁知道我们还没有发现什么？也许在跳俄式深蹲踢腿舞的时候唱约德尔调可以让你的寿命延长十年。反向思考一下，也许我们今天正在做的事情可能让我们所有人都感到震惊。也许几年后，我们一觉醒来就会看到诸如"苹果：大自然的沉默杀手"这样的标题。

没有人可以写下他们所知道的一切。即使他们这样做了，谁能通读这一切？谁知道有多少次有人发现了骆驼粪疗法，然后它就被接受了？以前，我们只能保存真正好的东西，所以柏拉图的著作流传下来了，但他姑姑的拇囊炎治疗的方法却失传了。现在，想象一下这种情况：如果我们永远不会忘记任何事情，如果从此刻起每个人的生活经历都永远被保存下来，并且这些数据被用来改善未来每个人的生活，那么我们会生活在什么样的世界里？如果这项技术早在1 000年前就被发明出来，生活会有何不同？今天，我们会生活在这样一个世界里，我们的选择被数十亿先人的每一个选择（无论好坏）所影响。

获得这项技术后，我们的后代会惊叹于我们取得的任何进展。对他们来说，我们的生活就像是上岸休假的醉酒水手，摇摇晃晃地根据错误的推理和逸事数据做出反复无常的决定。我们中的一个人只是时不时地吃一些骆驼粪或在自己的牛奶中放一只青蛙并学习一些新东西。

我们需要计算机和传感器来改善我们的生活，让每个人都能获得时代的智慧。我们无法自己收集所有的数据并试图在没有机器的情况下理解它，因为我们的大脑无法胜任这项任务。想象一下这种情况：如果过去1 000年来每个人所做出的每一个小决策以及其结果都被记录在索引卡上，并存储在某个巨大的设施中，那么我们能用这些数据来做些什么？

计算机只能做一件事：操作内存中的1和0。但它们能以惊人的速度和完美的准确性做到这一点。我们面临的挑战是将所有数据输入数码镜像，将我们的模拟生活复制到它们的数字大脑中。廉价的传感器和计算机将为我们做到这一点，它们的价格每年都在下降，而功能却在增加。

将强大的处理能力与传感器相结合就会创造出物种级的大脑和记忆。我们将不再是数十亿拥有各自独立知识的人，而是数十亿拥有庞大的共同智慧的人。用《黑客帝国》做比较很容易理解，但并不是很恰当。我们不是在谈论一个没有人类代理的世界，而是一个增强代理、基于信息的代理的世界。根据数据做出决策的效果要好得多。即使有人忽略了数码镜像的建议，他们也会因为知道它而变得更加富有。想象一下这种情况：你拥有一个人工智能，它不仅能告诉你应该做什么，而且能让你将自己的价值观插入决策过程。事实上，系统会从你的行为中了解你的价值观，它给你的建议会不同于它给其他人的建议，因为建议应该是不同的。如果知识就是力量，那么根据定义，这样的系统就是授权的终极目标。地球上的每个人实际上都可以比过去的任何人都更聪明、更智慧。

我相信运行这个系统是一件好事，我认为它是不可避免的。此外，还有什么可担心的？

第五节　恐惧

我们对 AI 充满了恐惧。我们担心计算机会在经济上与我们竞争，从而使越来越多的人失业。我不同意这个说法。我相信这些机器将通过创造更高薪的工作岗位来产生对工人的更多需求。很快就会出现真正的人力短缺，这将推高工资。这是成为人类的好时机。

我为什么这么认为？想象一下，如果你能回到 1/4 世纪以前，回到消费者网络的萌芽时期。假设你向某人展示了当时最流行的网络浏览器"网景导航者"，并说："25 年后，数十亿人将在他们生活的每一天都使用它。你认为这会对就业产生什么影响？"如果他们是一个特别有远见的人，他们可能会说："这对就业不利。它会伤害旅行社、股票经纪人、黄页人、购物中心和报纸。"他们说的都是正确的。但他们不会说："将会有谷歌、脸书、推特、网飞、亚马逊、eBay、Etsy、优步、爱彼迎、DoorDash、声田、Shopify、Zillow，以及几乎 100 万家其他公司。将会有社交媒体顾问、网页设计师、网红、主播，还有成千上万个甚至还没有名字的工作。"

这就是挑战，对吧？从我们的角度来看，我们只能看到技术会破坏什么，而我们缺乏想象它会创造什么。

我一直对了解工作的半衰期很感兴趣。我想是 50 年，我认为每半个世纪就有一半的工作岗位消失。那么，为什么我们通常会有近乎充分的就业呢？因为有无数的新工作机会。工作是凭空创造的，是凭想法产生的。你可以通过获取某物，为其添加劳动力或技术，从而使其价值更高来立即创造一份工作岗位。它的价值和你能让它变得有什么价值之间的区别就是工资。

因为技术使每个人都能够提高生产力，所以每个人都能够创造更多价值并赚取更多收入。这听起来可能太理想化了，但想象一下，如果你100年前住在一个小镇上。你的就业前景如何？恐怕不怎么样。那个下水管道工厂曾是小镇的命脉，但是今天呢？凭借我们所拥有的技术，我们能够为更多地方增加更多价值。有了技术，世界就是你的市场，交流基本上是免费的，你可以使用各种各样的工具，你可以为来自100个国家中的任何一个国家的公司工作。可能性真的是无穷无尽的。而且这种趋势只会越来越明显。我们现在对我们可以用技术做什么的想法比能实现这些想法的人更多——也就是说，现在我们对技术的想法比人力更多。这意味着我们确实缺人，而且随着技术理论上能做的事情与我们有足够的人力能做的事情之间的差距越来越大，这一问题将变得更加明显。

另一个问题是，人工智能将通过成倍增加能够大规模使用该技术的人（即已经富有的人）的生产力来集中财富。这是有道理的。但是，不平等本身就是坏事吗？如果技术使穷人的财富翻倍，而富人的财富增加三倍呢？虽然加剧了不平等，但每个人的财富增加了。这比现状更糟糕吗？如果你将其主要视为公平问题而不是经济问题，或许是这样，但如果是这样，那么这个问题最好通过税收和治理来解决，而不是通过限制技术来解决。

一些人认为，人工智能根本没有增加穷人的财富，恰恰相反，工资停滞不前，穷人的绝对财富正在减少。这是真的吗？答案很复杂。毫无疑问，在美国，有一大群人是这样认为的，他们感到自己被现代社会的繁荣所排斥，背负着助学贷款和低工资工作的负担，放弃了组建家庭和购买房屋的双重希望，这是美国梦的经典体现。这令人很不安。

挑战在于，虽然技术提高了人类的生产力，但这些提高带来的经济利益却流向了拥有该技术的人。如果你是一名律师，而一个新软件可以让你与之前相比减少一半的时间写一份遗嘱，那么你就可以从中获得更多的利润。如果你是一个按小时出售自己时间的收银员，那么将结账速度提高一倍的新技术对你毫无用处。这种增长进入了拥有和部署该技术的人的口袋。这不是阴谋，这只是在我们的系统下事情发生变化的方式。如果我们不喜欢它，那么，我们首先要组建政府，用美国宪法的话来说，就是"促进普遍福利"。换句话说，通过立法，我们可以打造一个我们想要的国家，以我们认为的公平方式分享提高生产力的好处。

然而，技术对工资最终影响的问题并不那么明确，部分原因是我们衡量繁荣程度的方式现在已经过时了。就在不久以前，只有世界上最富有的人才能在做饭时听到音乐，在夏天吃冰激凌，不用步行就能旅行，或者享受现代世界为我们大多数人提供的其他1 000种事物。而且没有人，即使是富人，也不能以音速在空中飞行，观看世界其他地方发生的事件，也不能和任意人在任意地方交谈。在我们的财富计算中，这些在哪里得到衡量呢？这并不是说，"那就叫他们吃科技吧！"① 因为如果你付不起房租，你就不会因为网速

---

① "那就叫他们吃蛋糕吧！"（Qu'ils mangent de la brioche!）是一句法语短语，通常被认为是法兰西王国最后的王后玛丽·安东妮（Marie Antoinett）所说的，但没有可靠的正式记录表明她曾经说过这句话。有人告诉她说农民没有面包吃了，她回答说："那就叫他们吃蛋糕吧！"在这里，"cake"（蛋糕）一词被"tech"（科技）一词取代。——译者注

快而感到宽慰。相反，我是对使用 GDP 作为衡量国家成功的主要衡量标准进行批评，因为这种标准将所有生产者都视为积极的，不考虑所生产的具体内容。罗伯特·肯尼迪（Robert Kennedy）在半个世纪前就提出了这一批评，他指出 GDP 计算了我们门锁的产量，以及为了监禁打破这些锁的罪犯而建造的监狱数量。它计算了红杉的破坏和我们在混乱中失去的自然奇观。它计算了凝固汽油弹和核弹头以及警察镇压城市骚乱的装甲车。他说，它讲述了"关于美国的一切，除了为什么我们为自己是美国人而感到自豪"。因此，我们可能衡量的是错误的事物，而应该找出一种量化社会幸福和健康的方法。不要误会我的意思：按照这些标准，情况可能会更糟，但至少我们会着眼于正确的标准。

对人工智能我们还有更多的担忧。它们包括算法偏差、自主武器、网络犯罪、缺乏透明度、数字战争，以及可能最重要但最不被提及的，它使我们的文明变得更脆弱，更容易出现完全的系统性失败。对人工智能的担忧如此之多，以至于它们足以编写（并且确实编写）好几本书。与其解决所有这些问题，不如缩小我们的关注范围，专注于对数码镜像的担忧，尤其是对廉价传感器和处理器的担忧。

第一个担忧是，这种信息可能会导致专制主义过于普遍，你甚至无法自由思考自己的思想。我不担心这个。我害怕它。我们在整个历史上所拥有的隐私和自由在很大程度上受到了保护，因为我们有这么多人，没有一个国家可以监视每个人，对吧？没有一个政府可以监听每一通电话，阅读每封信，让所有人随时处于监视之下。好吧，现在他们可以了，而且相当容易。令人不安的事实是，我们为寻找癌症早期迹象等崇高目的而构建的人工智能工具很容易被用于邪恶的用途，例如在社会中寻找持不同政见者。我们不必担心计算机霸主，那只是一个科幻小说的情节。只有人类，如果他们有这样的系统，就可以用它来永远控制别人——正如乔治·奥威尔在《1984》中所写的那样："我们知道，没有人愿意将到手的权利拱手相让。"

数码镜像本身并不一定是压迫性的。数据不需要集中，可以匿名化，不当使用数据可能会受到处罚甚至刑事定罪。我们如何才能避免反乌托邦版本呢？这并不容易。长期以来一直有人说，自由的代价是永远保持警惕，因此我们必须时刻勤奋地监视守望者。不过，停止建立数字镜像并不是一个可行的选择。它已经在建立中。我们似乎非常想要它。演员凯思·罗威尔·赞臣（Keith Lowel Jensen）的一条推文总结道："奥威尔没有预料到的是我们会自己买相机，而我们最大的恐惧是没有人在看。"

对于像"数码镜像"这样的系统还有第二个担忧。有了足够的数据，它将能够对你生活的许多方面提出自信的建议。它会看到你的未来，或者你可以做出的各种不同选择的可能未来。它会告诉你应该在哪里吃午餐、应该点什么以及什么时候应该返回工作岗位。你可以听它的建议，你会发现当你听从它时生活会更好。如果你把金属探测器带到海滩，它开始发出哔哔声，指示金币埋在哪里，你会不会对它说"你不是我的老板，我想在哪儿挖就在哪儿挖"？当然，你可以在海滩上任何你想挖的地方挖，也许你会很幸运，但金属探测器的重点在于它可以准确地告诉你在哪里挖能获得金币。

机器会推荐你应该去哪里上大学，你应该学习什么，你应该接受什么工作，你应该嫁给谁，你应该给长子起什么名字。它会投资你的钱，推荐你的下一辆车，为你的下一个假期选择一个地点，并权衡数据可能有用的每一个决定。在这样的世界里，我们是否会变得精神迟钝呢？大概会。我们旧石器时代的祖先可能总是保持警惕，敏锐地适应他们的环境。随着我们的自我驯化，我们变得更像家猫，而不像老虎。我们可以接受吗？也许我们并不满意，但我们的孙辈将生活在那样的世界里，他们不希望有其他选择。

数码镜像可以显示的内容是有限制的。混乱总是接踵而来。构建一个足够灵敏的传感器来收集克服混乱所需的数据是不可能的——我用"不可能"这个词来表达其最直接的意义。以19世纪物理学家的名字命名的普朗克尺度是宇宙最基本的粒度，就像构成现实的像素一样。没有传感器能够测量那个层面，甚至在许多数量级内都不行。数码镜像不会是无所不知的，也不会是近乎完美的。它只是比我们更强大，因此我们将逐渐依赖它。

数字镜像也永远不会预测它以前从未见过的东西，因为它没有想象力。它只能根据过去的数据为决策提供信息，并且只能在未来与过去一样的领域发挥作用。

最后还有一个关于数码镜像的担忧。有一个关于铁路工人约翰·亨利（John Henry）的民间故事，他的工作是在岩石上打出小洞，在其中插入炸药，为铁轨扫清道路。有一天，一种蒸汽动力钻机被发明出来，约翰·亨利向它发起了一场挑战。他赢了，但他付出了沉痛的代价，最终力竭而亡时手里还拿着锤子。

这个故事通常被解释为19世纪机器对人类劳动的经济竞争的表现。但事实并非如此。约翰·亨利没有考虑钱。他本可以得到一份更好、更轻松的操作蒸汽钻机的工作。但他觉得这台机器削弱了他的人格。在一次讲述中，他告诉蒸汽钻机的发明者："一个人并非一无是处。在我让你的蒸汽钻机打败我之前,我宁愿手里拿着锤子死去。"

在《危险边缘》竞赛中,一台名为沃森(Watson)的 IBM 计算机击败了世界上最好的人类选手肯·詹金斯(Ken Jennings)。詹金斯的评论与约翰·亨利的评论相呼应。当詹金斯看到 IBM 工程师描绘的一张图表,展示了沃森在与詹金斯对决中日益提高的能力时,他评论道:"我意识到,这就是未来来临的样子。它不是终结者的瞄准器,而是一条逐渐靠近你能力所及的事情,是唯一让你感到特别的事。"

所以最后一个问题是,我们是否在数码镜像的世界中在某种程度上变得不那么人性化了,在这个世界里,机器的未来是清晰的,我们是否会依靠它来指导我们自己?我们是否遗漏了约翰·亨利得出的结论——当机器做我们的工作时,它不会使机器变得高贵,反而会削弱人类的能力?今天,我们大多数人不像约翰·亨利那样被电动工具所困扰。但是,如果机器在某个领域比我们做得更好,那么还有什么事情是我们不愿意交给机器去做的吗?或许在某种情况下,我们希望停止使用计算机并宣布:"到此为止吧!如果计算机都可以做这些事,那么我们的生活会因此变得更差!"

如果计算机能成为比人类更好的法官会怎样?更好的治疗师呢?更好的医生呢?更好的政客呢?更好的朋友呢?更好的配偶呢?更好的父母呢?是否有一天让我们可以用甘道夫标志性的声音对人工智能说"你休想过"?

对社会来说,我们不知道这个问题的答案。虽然机器成为更好的父母或配偶还有很长的路要走,但人工智能的许多最受期待的用途是为老年人提供陪伴和协助日托。

1966年，人工智能先驱约瑟夫·维森鲍姆（Joseph Weizenbaum）创造了一个简单的人工智能，称为"ELIZA"，也就是我们今天所说的自然语言聊天机器人。为 ELIZA 创建的模块之一是一种治疗师，旨在鹦鹉学舌地模仿你所说的任何问题。如果你输入"我感到难过"，它会回答"你为什么感到难过"。如果你回答"因为我妈妈"，它就会说"你妈妈怎么让你难过了"等。

尽管该系统非常简单，毕竟那是在 1966 年，但许多人对这个程序产生了浓厚的兴趣，全心全意地投入其中，相信它所做的不仅仅是重复他们在问题形式中所说的话的变体。看到这一点，约瑟夫·维森鲍姆转而反对他自己的发明，后来又写了一本名为《计算机力量与人类理性》（Computer Power and Human Reason）的书，其中他认为任何需要同理心的工作都不应该由计算机来完成。这包括从养老到客户服务的一切。他坚持认为，与模仿人类同理心的机器互动会对我们产生腐蚀作用，让我们感到被贬低和孤立。

维森鲍姆还区分了决定和选择，他坚持认为决定是一项适合机器的计算任务，例如决定从 A 点到 B 点的最短路径。选择涉及价值，不应该委托给机器。一个人应该选择将他们自己的汽车开到树上以避免撞到孩子。

威尔·史密斯（Will Smith）在电影《我，机器人》（I, Robot）中所扮演的角色斯普纳警探解释了他为什么讨厌机器人时就承认了这一区别。他讲述了自己的汽车与另一辆汽车相撞、交叉在一起并从桥上掉入水中的故事。他独自一个人在他的车里，但另一辆车里有一个已经死去的司机和一个像他一样被困的 12 岁女孩。水进入两辆车里，很快就把他们俩都淹没了。但是附近有一个机器人目睹了这一切，并在刚刚来得及试图拯救一个人的时候跳入水中。但是哪一个？它计算了每个人的成功概率并做出了决定。

警探斯普纳："我是合乎逻辑的选择。它计算出我有 45% 的生存机会。莎拉只有 11% 的机会。那是那个司机的孩子。一个人类会知道，11% 已经足够了。机器人指着自己的心……这里什么都没有，只有灯光和发条。"

维森鲍姆担心我们将来会受到诱惑，想要把我们的人性委托出去，而这种趋势源于"将自己视为计算机而导致的人类精神萎缩"。回想一下，在我的 AI 播客中，97% 的客人都认为自己是机器。

我们最好的本能促使我们对所有能感受到痛苦、拥有"自我"的事物表现出同情和善意。计算机没有自我，但我们已经制造出了能用人类声音说话并拥有人类名字的计算机。我认为这是有问题的。我曾经将一只机器狗带回家一周，为了完成一篇文章对它进行了测试。这只小狗有一双大眼睛并会发出可爱的"汪汪"声，它会四处走动探索我的房子。我的孩子们会与它互动，抚摸它，就像爱抚一只真正的小狗一样。

作为一个物种，我们必须经过长期艰苦的斗争才能变得文明并培养对其他生物的同情心。但是想象一下，如果你有一个人工智能机器来帮助你照顾年迈的爷爷。假设它看起来像一个人，有一个名字，还有人的声音，我们就叫它"阿尔弗雷德"吧。阿尔弗雷德不会是通用人工智能，只是一个真正加强版的 ELIZA。它会一遍又一遍地听爷爷讲的故事，也会讲述自己的故事，帮助爷爷在家里走动，提醒他吃药等。

如果阿尔弗雷德在厨房滑倒摔坏了，我们能把它扔进垃圾填埋场吗？可能不能。人们希望损坏的机器人被修复，而不是被替换，所以你只能想象爷爷会想要他的阿尔弗雷德回来。但是如果我们真的把它扔掉了呢？你能想象一个散落着一堆破碎的阿尔弗雷德的垃圾填埋场吗？看起来像你和我的东西，躺在那里，被遗弃了。然后，如果爷爷在浴缸里滑倒摔断了髋骨，我们现在更愿意把他扔掉吗？维森鲍姆担心我们会这样做。

第六节　遥远的未来

当某地的某人学会用语言思考时，我们在第三章的表演就开始了。那个人将该基因传给了下一代，并在整个群体中传播。我们学会了表达我们的想法并相互分享。这就是人类的诞生。从解剖学上讲，智人已经存在了很长时间，但完全现代的人类是全新的东西，不再只是动物。

我们的大脑还允许我们随意回忆过去的特定事件。这也是新的能力。硬币的另一面是我们可以想象未来的具体事件。我们可以考虑可能的未来并选择一个来尝试实现。我们成了这个星球毫无疑问的统治者。幕布在第一章落下。

第二幕始于文艺复兴时期，当时我们的社会日益繁荣，产生了有足够能力专注解决世界重大问题的科学家。他们的祖先曾仰望夜空，心生疑惑，但随后就上床睡觉了，因为他们必须早起犁地。但因为新一代有足够的闲暇避开田野，所以他们醒来时也会想到这些问题。他们问了和以前一样的问题，但他们开始以不同的方式回答这些问题，通过观察、假设和实验。

他们解决的问题之一与原因有关。"为什么事情会这样发生？"紧随其后的是"你怎么能预测接下来会发生什么"。他们在一个没有人预料到的地方找到了自然界的秩序：随机性。他们对未来有了不同的概念，一种概率的概念。在那之后，接下来的300年都在反复研究这个科学真理。他们的方法的复杂性发展到需要机械帮助认知才能进一步发展的地步，所以他们建立了一个电子神经元。至此，第二章的幕布完美落下。

第三章很有趣。它不是基于对世界的新发现，而是基于一项新发明。我们仍然使用20世纪所使用的相同技术，但我们已经构建了一个设备，以前所未有的规模使用这些技术。利用这种强大的处理能力，我们已经开始将我们的集体知识整合到一个全球大脑中，并使其能够随着时间的推移自行发展。这是与过去的彻底决裂，除了大纲之外，很难看出它将带我们走向何方。

我已经说过几次，这本书是关于展望未来的，但今天我们的雄心壮志已经超越了这一点。不再满足于仅仅展望未来以便我们能够影响它，我们现在想要控制它。在电影《阿拉伯的劳伦斯》（*Lawrence of Arabia*）中，有一个反复出现的事件主题，那就是命中注定要发生。但有一天，奥马·沙里夫（Omar Sharif）饰演的谢里夫·阿里（Sherif Ali）惊叹地说："对于某些人来说，除非他们自己书写命运，否则命运中没有任何事情是注定的。"我们想要书写自己的命运。

从整体上看我们这部戏剧，我们看到了过去5万年来一直存在的某些趋势，尽管偶尔会遇到挫折。这些是什么？它们是寿命更长、更自治、更自由、更自主、更多教育、更多识字率和更高生活水平的趋势。此外，饥饿、贫困、疾病、犯罪、暴力和战争逐渐减少。我们不再为了大众娱乐而折磨人，而且在大多数地方，我们也禁止虐待动物。

我们还有很多事情要做。我们创造了人权的概念，但还没有将它们应用到每个人身上。我们已经消除了合法的奴隶制，但非法的奴隶制仍然存在。妇女在许多地方实现了法律上的平等，但在另一些地方，她们仍被视为动产。在大多数国家，童工已被取缔，但在其他国家，儿童经常过劳致死。我们面临的挑战是继续纠正我们周围的错误，直到有一天，我们发现自己身处一个最终能实现我们最崇高愿望的世界，在这个世界里，用埃斯库罗斯的话来说，我们能够"驯服人类的野蛮，让这个世界的生活变得温柔"。

这本书是关于预见未来的，这就是我为我们所有人预见的未来。这不是梦想，也不是愿望，也不是希望——这是一个自信的预测。

结 语

有时事情直到故事结束才变得有意义。

在过去的8万多字中,我试图回答的问题是:我们是如何花费了8万多代人的时间使用那些永不改变的阿舍利手斧,然后在短短2 500代人之后不知何故从它发展到了iPhone?我们身上发生了某种戏剧性的变化,让我们拓展了我们的眼界,使我们能够在精神上超越时间,并将时间从过去到现在再到未来的流动视为一个充满意义和重要的无限故事,而不仅仅是一系列事件,是一场持续了138亿年的宇宙多米诺骨牌集会。我们每个人的生活绝不是枯燥无味地叙述大约25亿秒内所发生的事件。

早些时候,我们研究了故事的20个目的。但是还有一个——我隐瞒了第21个。这一点很特别:故事赋予生活意义。关于我们存在的一个故事是,人类是由包含化学反应和电信号构成的袋子,在空间中碰撞其他化学反应的袋子，然而有一天我们消失了，我们毫无意义的生命溶解为虚无，并迅速被遗忘。这是对生命最悲观的看法，因为从宇宙的角度来看，它使我们的存在变得毫无意义。这是决定论、纯粹理性主义的逻辑结论。这种世界观可以用一个词来概括：世事难料。

但是还有另一个故事，大多数人真正相信的故事，即使他们无法理性地捍卫它，他们也知道它是真的。重要的是我们的生活，每个人都有尊严和价值，我们都是为了一个目的而来的。生活中最真实的真理不是方程式，因为正如诗人穆里尔·鲁凯泽（Muriel Rukeyser）所写的那样："宇宙是由故事组成的，而不是由原子组成的。"

这不仅仅是诗中可以表达的想法。科学告诉我们一个奇妙的事实，那就是我们每个人都是由无数年前燃烧殆尽的恒星碎片组成的。正如卡尔·萨根（Carl Sagan）所说，我们是"明星产品"。尽管这种想法如此令人惊奇，但它忽略了我们的真正本质。我们每个人都是一个故事，这意味着我们生活中的事件不仅通过因果关系联系在一起，而且通过意义联系在一起，而意义必须由讲故事的人赋予。因此，为了回答"生命的意义是什么"这个古老的问题，我们可以用一个略微不同的问题来答复，即："谁在讲你的故事？"

致　谢

我要感谢我的家人（我的妻子莎伦和我们的四个孩子）在本书写作的整个过程中一直以来给予我的支持和鼓励。另外，我还要感谢我的杰出编辑阿历萨·史蒂文森的惊人见解和反馈；我的出版商格伦·耶费特——坚信胜利，不言放弃；当然还有我的经纪人和好朋友斯科特·霍夫曼，他在旅程的每一步都始终提供明智和有见地的建议。此外，罗伯特·布鲁克和埃利斯·奥格尔斯比对手稿提出了宝贵的意见；南希·沃特金斯仔细阅读了整本书两遍，并提出了数百处修改意见；格雷戈里·牛顿·布朗对文本进行了彻底的通读和深刻的编辑；斯科特·卡拉马尔对副本进行了审慎和深思熟虑的编辑；雷切尔·马萨罗帮助进行事实核查；得克萨斯大学的杰森·阿布雷亚在周末和我 Zoom 通话，帮助我完成本书第二章的部分；还有我的眼科医生汤姆·沃尔特斯博士，他在一次考试中向我提出了一个有趣的问题，让整个事情变得顺理成章。此外还有：约翰·埃里克森、道格·霍胡林、巴勃罗斯·霍尔曼、杰森·霍顿、布雷特·赫特、史蒂夫·鲍曼·詹森、史蒂夫·拉尼尔、约翰·马修斯和斯蒂芬·沃尔夫拉姆。最后还有：克里斯蒂娜·贝瑞、约翰·康纳利、帕梅拉·B.欧文、戴夫·格里姆、迈克·伦佩尔、奥伦西亚·D.梅森、帕特里夏·迈耶、莎莉·纳尔逊、乔·诺斯卡特和凯文·斯坦博。

索引

（此部分内容来自英文原书）

A

Aarne-Thompson-Uther (ATU) Index, 100, 109
abstract symbols, 14
accuracy of measurement, 205
Acheulean hand ax, 8–10, 279
"The Acheulean Handaxe: More Like a Bird's Song Than a Beatle's Tune?," 9
Achilles, 131
Actual Minds, Possible Worlds (Bruner), 113
adages, 84
Adams, John Quincy, 229
Adams, Scott, 186–187
The Adventures of Telemachus, 132–133
The Aeneid (Virgil), 93
Aesop, 102–103
Africa, 22–23, 64
Against the Gods (Bernstein), 168
Agora. *see* human superorganism
agriculture, 62
AI. *see* artificial intelligence
Air Force, 231
Al-Kāshī, Jamshid, 154
Alkon, Paul, 231
Altamira, Spain, 15
American Academy of Matrimonial Lawyers, 77
American Sign Language, 52
Anderson, Stephen R., 54
animal(s)
   cognition, 2, 71–74, 76–80
   communication, 49–54
   lack of knowledge, 83, 87
annuities, 199, 202–203
ants, 38–39
apes, 35, 52–54, 72, 76–77
"The Ape That Captured Time" (Thompson), 70
Apollo, 140
Apollo 11 Cave (Namibia), 23
Apple, 132
Arabic numbers, 168–169
archetypal stories, 109–115
"Are Animals Stuck in Time?" (Roberts), 73
"Are Inventions Inevitable?," 62–63
Arendt, Hannah, 131
Aristotle, 60, 112, 135, 185, 222
arrow of relationship, 84
artificial intelligence (AI), 251–258
   explainability in, 257–258
   fears about, 265–274
   general, 252–254
   narrow, 254–258
   recommendations from, 270
   and sensors, 259–264, 268–270

The Art of Conjecturing (Bernoulli), 198
astrology, 143–144
astronomy, 144
Atlantic magazine, 53, 222
Atropos, 139–140
Aujoulat, Norbert, 17
Aulicus his Dream, of the Kings sudden coming to London (Cheynell), 231
Australia, 24
automobile accidents, 216–217
averages, 219–221
Awakening, 21–25, 27, 55–64, 243
   Chomsky position on, 57–63
   incremental hypothesis, 63–64
   synchronicity hypothesis, 62–63
axioms, 84
Aymara people, 70

B

Babylonians, 173
Bacon, Francis, 144
The Basic Patterns of Plot (Foster-Harris), 111
Bastide, Françoise, 121
Bayes, Thomas, 214
Bayesian probability, 187–188
Bayes theorem, 214
BBC, 125
"Beauty and the Beast," 100, 101
Bechtel Corporation, 120
becoming human, 10–19
behavioral modernity. *see* Awakening
Bellhouse, David, 162–163, 165
Bell Labs, 231
Belloc, Hilaire, 133
Belskie, Abram, 220
Beltran, Robert, 17
Belyayev, Dmitri, 77
Benford's law, 181
Berger, John, 12
Bernoulli, Jacob, 197–198
Bernstein, Peter, 168, 226–228
Bierlein, J. F., 124, 130, 172

Big Dipper, 98, 100
binomial distributions, 208
The Black Swan (Taleb), 84
Blake, William, 139
Bloom, Paul, 126
Bloom County (comic strip), 129
body measurement, 219–220
Booker, Christopher, 110
The Book on Games of Chance (Cardano), 160
Books Ngram Viewer, 232
Borges, Jorge Luis, 2
Borneo, 13
Boston University, 60
Botswana, 89
bottomry, 163–164
Brahe, Tycho, 143, 205–206
brain enlargement, 59–61
Briggs, Jean, 125
British Science Association, 128
Brown, Donald, 64
Bruner, Jerome, 113
Bryson, Bill, 62
Buddha, 122
bulls, 72
Butler, Pierce, 229
butterfly effect, 176

C

Calvin, William H., 47–48
Calvin and Hobbes (comic strip), 141–142
Campbell, Joseph, 111–112, 124, 127, 129
campfires, 89–90
Cardano, Gerolamo, 152, 154, 160–161, 163
Carson, Johnny, 48
Case Western Reserve University, 67
causal chains, in stories, 80–85
cautionary tales, 133
Cautionary Tales for Children (Belloc), 133
cave art, 12–17, 22–25, 27, 62, 143

Ceres (dwarf planet), 210–211
Cervantes, Miguel de, 105
Challenger explosion, 93
Chandler, Raymond, 100
chaos, 270
chaos theory, 176
Chauvet, Jean-Marie, 12
Chauvet Cave (France), 12–13, 19, 25, 27
chess, 192
Chevalier de Méré, 152–153
children, as storytellers, 88
China, 104, 173, 269
China Daily, 269
Chinese Communist Party, 269
Chinese room (thought experiment), 249–250
Chomsky, Noam, 32, 33, 53–55, 57, 146
Chomsky position, on Awakening, 57–63
Cicero, 145, 183
circadian oscillators, 72
cities, 40
City Dweller era, 99–102
Civilization and Writing era, 102–105
Civitas Solis, 132
Clotho, 139–140
Clottes, Jean, 16
Code of Hammurabi, 163–164
cognates, 59
cognition, animal, 2, 71–74, 76–80
cognitive biases, 233
Cognitive Revolution. *see* Awakening
Cohen, Adam, 228
coin toss, 151–156, 182–184, 186, 206–207
Columbia University, 32
Columbus, Christopher, 234
communication
  among animals, 49–54
  among plants, 49
complexity of events, 234–235

Computer Power and Human Reason (Weizenbaum), 272
computers, 3–4, 107, 245–250
Condamine, Charles-Marie de la, 213
Confucius, 122
consciousness, 79–80
contranyms, 42
cooperative eye hypothesis, 77
coordination of action, 129
Copernicus, Nicolaus, 157
correlation coefficient, 226
Cortés, Hernán, 247
Cosimo II de' Medici, 162
Creative Revolution. *see* Awakening
culture, creation of, 124

D

damnatio memoriae, 131
dark matter, 147
Darrow, Clarence, 223
Dartmouth College, 251
Darwin, Charles, 225, 228
Darwin, Erasmus, 225
data collection and storage capacity of humans, 233
David, F. N., 145, 162
deafness, 29, 33–34
Debt (Graeber), 122
deciding, choosing vs., 272–273
Delphic oracle, 140
Democritus, 141
de Moivre, Abraham, 184, 208–209, 221
Denisovans, 64
Dennett, Daniel, 81–82
Department of Energy, 120
Descartes, René, 141
Detective Spooner (fictional character), 273
determinism, 141, 147, 175–177, 222–223, 279
Devlin, Keith, 154, 192
de Witt, Johan, 202–203

Dialogue Concerning the Two Chief Systems of the World—Ptolemaic and Copernican (Galileo), 206
Diamond, Jared, 21, 57
dice, 161–162, 169, 183–184, 191–193
"Different Languages, Similar Encoding Efficiency," 43
divination, 143–145
DNA, 242–243
The Doctrine of Chances (de Moivre), 208
dogs, 71–72, 77–78
dolphins, 72
Donald, Merlin, 67–68, 74
Don Quixote (Cervantes), 105
"Don't Change Color, Kitty" (song), 121
Doyle, Arthur Conan, 227, 229
dualism, 141, 146
Duke University, 92–93
Durant, Will, 241
Durham University, 14

E
Eclipse, Halley's, 142
Egyptians, ancient, 173
Einstein, Albert, 173–174, 182
The Elements of Eloquence (Forsyth), 41–42
ELIZA (chatbot), 272
elves, 148–149
"Embers of Society: Firelight Talk Among the Ju/'hoansi Bushmen" (Wiessner), 88–89
emergence, 38, 57, 61, 105, 148, 155, 248–249
"The Emergence of Intelligence" (Calvin), 47–48
The Emergence of Probability (Hacking), 155, 188
empathy, 125–126, 272, 273
Emperor X, 121
energy, 241–242
Engel, Susan, 88

Enigma machine, 181
Enlightenment, 142, 149
entertainment function of stories, 128
epic poetry, 93
Épigone, histoire de siècle futur (Guttin), 231
episodic memory(-ies), 74, 119
escapism, 128
Eskimo people, 125
eugenics, 221, 223, 225–229
Euler, Leonhard, 214
Europe, 23–24
Everett, Daniel, 31–32
Everything about Arithmetic, Geometry, and Proportions (Pacioli), 152
evidentialism, 187–188
expansion of knowledge, 118–119
expert systems, 254
explanation of the world, 130
Explore/Create (Garriott), 256

F
Fabbri, Pablo, 121
Fahrenheit 451 (Bradbury), 232
fairy tales, 99–102
Fairy Tales from the Brothers Grimm (Pullman), 99
fate, 139–140
Faulkner, William, 110
Fermat, Pierre de, 152–161, 169, 197, 257. *see also* Pascal-Fermat correspondence
Fermi paradox, 54
fiction, 126
fire, 242
Fitzgerald, F. Scott, 269
FMH. *see* fully modern humans
Forbes magazine, 33
forced sterilization, 229
Forestani, Lorenzo, 152
Forsyth, Mark, 41–42
fortune, 140
Foster-Harris, William, 111
foxes, 77

France, 14
Franklin, James, 165, 169
free will, 147–148
frequentism, 187–188
fully modern humans (FMH), 21–25, 55, 58, 275
futuristic fiction, 231–232

G

Gaia hypothesis, 63
Gaiman, Neil, 120, 128
Galilei, Galileo, 143–144, 162, 163, 173, 205–206, 208
Galton, Francis, 211, 221, 225–228
Galton board, 207–209, 216–217, 221–222, 226
gambling, 160–165, 169, 196, 208
Games, Gods and Gambling (David), 145, 162
games of chance, 151
Garriott, Richard, 256
Gaunt, John, 199–201
Gauss, Carl Friedrich, 210–211
Gaussian Distribution, 211
Genesis, 61–62
Georgia Institute of Technology, 180
Gidwitz, Adam, 101–102
Gilbert, Daniel, 81–82
Glenn, Joshua, 127
Godin, Seth, 126–127
God's Debris (Adams), 186–187
Goethe, Johann, 110
Goodman, Andy, 126
Good to Great (Collins), 84
Gorroochurn, Prakash, 156
Gottschall, Jonathan, 121, 124
government data, 215–216
Gozzi, Carlo, 110
Graça da Silva, Sara, 100
Graeber, David, 122
graph paper, 214
graph theory, 214
gravity, 146
Great Leap Forward. *see* Awakening

Greece, ancient, 92, 93, 96, 103–104, 122, 131, 139–140, 164, 173
Greek mythology, 103–105, 139–140
Green, Melanie, 123
Greenberg, Joseph, 58
Grimm's Fairy Tales, 99–102
Gua (chimpanzee), 35
Guo Shoujing, 154
Gutenberg, Johannes, 105, 234
Guttin, Jacques, 231

H

Hacking, Ian, 155, 159, 188
Haidt, Jonathan, 68
Halley, Edmond, 142, 201–203, 208
handprints, 14–15
Harari, Yaval Noah, 21, 57–58
Harris, Paul L., 79
Harry Potter (book series), 80
Harvard University, 79, 113, 125
hausmannite, 15
Hawaiian religion, 130
Hegdahl, Doug, 131
Heider, Fritz, 114
Herbert, Frank, 133
Herod, King, 143
hero's journey, 111–112
The Hero with a Thousand Faces (Campbell), 111–112
Herzog, Werner, 12
heuristics, 234
Highwater, Jamake, 17
Hill, Theodore, 180–181
Hillis, Danny, 249
A History of the Mathematical Theory of Probability from the Time of Pascal to That of Laplace, 159
Hobbes, Thomas, 141
Hohle Fels, Germany, 17
Holmes, Oliver Wendell, 229
home ownership, 267
Homer, 93, 140
Homo erectus, 8–11, 19, 27, 31–32, 64
Homo floriensis, 64

Homo sapiens, 17, 22, 56, 58, 64, 275
honeybees, 37–40, 51–52, 245
hookworm, 262
Horace, 117
Houdini, Harry, 227
"How Could Language Have Evolved?" (paper), 58
How the Mind Works (Pinker), 18
How to Create a Mind (Kurzweil), 81
human(s)
    becoming, 10–19
    brain, 245
    fully modern, 21–25, 55, 58, 275
    limited ability of, to see the future, 231–235, 261
    memory capacity of, 234
Human Interference Task Force, 120
Human Revolution. *see* Awakening
human superorganism, 96, 102, 103, 106, 117, 135, 242–243, 260
Human Universals (Brown), 64
Hungary, 75
Hunt, Lynn, 106
Hunter, Ian M. L., 92
hunter-gatherer societies, 121
Huygens, Christiaan, 196–197, 200

I

I, Robot (film), 273
"I, Pencil" (Read), 242
Iceland, 148–149
icons, 46
The Iliad (Homer), 93, 140
imagining the future, 132
Imbeciles (Cohen), 228
incremental hypothesis, on Awakening, 63–64
incunabula, 105
"In Defense of Real Fairytales" (Gidwitz), 101–102
indexes, 46
India, 173
Indiana Jones (film series), 263
Indonesia, 13

inner monologues, 65–68, 71, 74–75
In Search of Excellence (Peters), 84
insurance, 163–165
Internet, 107
Inuit people, 125
Inventing Human Rights (Hunt), 106
iodine deficiency, 261–262
iPads, 132
iPhones, 9, 279

J

Jack, A. Fingland, 164–165
"Jack and the Beanstalk," 80, 100, 101
Jacob, François, 28
jays, 72
Jefferson, Thomas, 215
Jennings, Ken, 271
Jensen, Keith Lowell, 270
Jeopardy!, 271
Jesus, 122, 143
jobs, 265–266
John Henry (fictional character), 271
Johnson, Samuel, 147
Ju/'hoansi Bushmen, 88–89
Julian the Apostate, 140
Jung, Carl, 63, 143

K

Kammerer, Paul, 63
Kanzi (bonobo), 52
Keller, Helen, 29, 65
Kellogg, Donald, 35
Kellogg, Luella, 35
Kellogg, Winthrop Niles, 35
Kelly, Kevin, 95
Kennedy, John F., 229
Kennedy, Robert, 268
Kepler, Johannes, 144, 205
Ket language, 98
knowledge
    accumulated, 240–243, 264, 276
    animals' lack of, 83, 87
    dissemination of, 118–121

of existence of past and future, 2, 55, 81
passing down of, 9, 90
of probability, 159–162, 169–170
and theory of mind, 69, 74–76
Kobayashi, Hiromi, 77
Kohshima, Shiro, 77
Koko (gorilla), 52–53
Korba, Rodney, 41
Kroeber, A. L., 91
Kubrick, Stanley, 132
Kumulipo (creation chant), 130
!Kung Bushmen, 88–89
Kurzweil, Ray, 81

L

Lachesis, 139–140
language(s), 242
    communication vs., 45–46
    dealing with time, 70–71
    displacement in, 48–49, 51, 52, 69
    essential characteristics of, 46–49
    evolution of, 58–59
    foreign, 33
    innateness of, 31–35, 75
    multilevel nature of, 47–50
    nonhuman, 45–54
    origins of, 27–29
    and power of thought, 29
    productivity of, 48, 50–52
    spoken, 37–43
language acquisition, 2, 31–35
"The Language of Chance" (Bellhouse and Franklin), 165
Laplace, Pierre-Simon, 142, 188, 208–211
Lascaux, France, 14–15
law of large numbers, 197
Lawrence, T. E., 276
Lawrence of Arabia (film), 276
lead poisoning, 262
leafcutter ants, 38–39
Leibniz, Gottfried Wilhelm, 197, 201
Leonardo da Vinci, 152

Leucippus, 141
levels of confidence, 186, 198
Lévi-Strauss, Claude, 132
Lewis, C. S., 123, 128
life expectancy, 200–203
linguistic rules, 41–42
The Literary Mind (Turner), 65
livers, 144–145
London, England, 199–200
Lonewolf, Greg, 17
Long Now Foundation, 120
Lord, Albert Bates, 113
The Lord of the Rings (Tolkien), 56, 80
Lorenz, Edward, 175–176
Louisiana State University, 98
Lovelock, James, 63
Löwenmensch figurine, 17
Lubang Jeriji Saléh, 13, 19, 25, 27
Lucas, George, 112
luck, 140
Lynn, Christopher Dana, 89–90

M

machine learning, 254–255
magic, 141–142
magnetism, 146
Mahabharata, 118
"The Man in the Hathaway Shirt" (ad campaign), 127
Maori people, 122
Marconi, Guglielmo, 11
Margenau, Henry, 186
Martin, George R. R., 85
Marx, Karl, 222
Massachusetts Institute of Technology (MIT), 59
Mass Media era, 106–108
mathematics, 151–157, 192, 232
The Mating Mind (Miller), 18
Matrix (film series), 174, 264
Maxwell, James, 222
Mayan people, 131
McCarthy, John, 251
McKenna, Terence, 56

McLuhan, Marshall, 247
McWhorter, John, 32
media consumption, 106–107
meerkats, 70–71
memory(-ies)
    episodic, 74, 119
    human capacity for, 234
    procedural, 74
mental exercise, 119
meteorology, 175–176
Miller, Geoffrey F., 18–19
Millett, Paul, 164
Milton, John, 106
MIT (Massachusetts Institute of Technology), 59
Miyagawa, Shigeru, 59
mnemonic devices, 119–121
monarch butterfly, 63
Mongolia, 98
monism, 141
monkeys, 73
Montgomery, Sy, 76
More, Thomas, 132
Morin, Roc, 53
mortality data, 199–203
mortality tables, 200–203
The Mother Tongue: English and How It Got That Way (Bryson), 62
Movable Type era, 105–106
movies, 107
multiple viewpoints. *see* theory of mind (ToM)
music, 17–18
Muslim world, 173
mysterium tremendum et fascinans, 128
"The Mystery of Language Evolution," 54
myth, 67–68, 103–105, 139–140

N

Namibia, 22–23, 89
Napoleon, 142, 209
narrative fallacy, 83–85
National Lampoon's Vacation (film series), 129
National Public Radio (NPR), 228
National Science Foundation, 143
Native Americans, 91, 120
The Nature of Physical Reality (Margenau), 186
Navajo language, 98
Nayirah, 126
Nazis, 181
Neanderthals, 24, 64
necessity. *see* determinism
Nelson, Willie, 129
nematodes, 245
Neumann, Caspar, 201
Never in Anger: Portrait of an Eskimo Family (Briggs), 124
Newly Awakened era, 97–99
Newton, Isaac, 146, 149, 172, 197, 198, 208, 219
New Yorker, 16
New York Times, 126
niacin deficiency, 262
Nicaragua, 34
Nielsen studies, 106–107
Nightingale, Florence, 222
night sky, 97–99
9/11 attacks, 92–93
1984 (Orwell), 132, 231
99% Invisible (podcast), 121
Nollet, Jean-Antoine, 198
nominative determinism, 42
Norma and *Normman* (statues), 220–221
normal distribution, 219–224
Norns, 140
Norris, Barnaby R. M., 98
Norris, Ray P., 98
Norse mythology, 140
"No Word for Art in the Tewa Language—Only Meaning" (Lonewolf), 17
NPR (National Public Radio), 228

nuclear semiotics, 120
numbers
  Arabic, 168–169
  idea of, 172–173
  law of large, 197
  random, 181
  Roman, 168–169
numerical precision, 174

O
objectivism, 187–188
octopi, 130, 245
The Odyssey (Homer), 93
Oedipus, 140
Ogilvy, David, 127
On Divination (Cicero), 145
"On Fairy Stories" (Tolkien), 128
On Reasoning in Games of Chance (Huygens), 196–197
On the Revolution of Heavenly Spheres (Copernicus), 157
oral storytelling, 87–93, 243
Origins of Futuristic Fiction (Alkon), 231
Orwell, George, 132, 270
Ouija board, 227

P
Pacioli, Luca, 152–153
"Palaeolithic Cave Art in Borneo" (paper), 13
Paradise Lost (Milton), 106
Parallel Myths (Bierlein), 124, 130, 172
Parcae, 140
Pascal, Blaise, 152–161, 169, 188, 196–197, 257
Pascal-Fermat correspondence, 3, 154–155, 157, 163, 192, 196
past and future, in stories, 69–74
Patroclus, 140
pattern-matching, 255–257
Patterson, Francine "Penny," 52–53

PCMs (phylogenetic comparative methods), 100
Pearson, Karl, 226
Perelandra (Lewis), 123
personal computers, 107, 247
personal ethics, 123
personhood, 271–272
persuasive function of stories, 126
Pettitt, Paul, 14
Phaedrus (Plato), 92
phonemes, 47, 51
phylogenetic comparative methods (PCMs), 100
physical probabilism, 187–188
Piazzi, Giuseppe, 210–211
pie chart, 214
Pied Piper of Hamelin, 101
Pierce, Charles Sanders, 47
pigeons, 83–84
Pinker, Steven, 18, 34
Planck scale, 270–271
planetary motion, 172
planning for the future, 135
plant communication, 49
Plato, 92, 140
Playfair's Commercial and Political Atlas, 214
Pleiades star cluster, 98–99
plots, 109–115
points, problem of, 151–156
poker, 162
polls, 197–198
Polti, George, 110
The Possible and the Actual (Jacob), 28
prairie dogs, 50–51
prediction of future events, 81–83
prefrontal synthesis, 61
preliterate cultures, 91–93
preservation of history, 130–131
The Primal Mind (Highwater), 17
printed books, 105–106
privacy, 268–269
probabilistic thinking, 185–189

probability
  before 1654, 167–170
  Bayesian, 187–188
  and data, 213–218
  and determinism, 175–177
  in gambling, 159–166
  in games of chance, 151–157
  and mortality data, 199–203
  and normal distribution, 205–211
  and numbers, 171–174
  and possible futures, 191–193
  and probabilistic thinking, 185–189
  and randomness, 179–184
  uses of, 195–198
procedural memory, 74
Protestant Reformation, 234
Pullman, Philip, 99

Q
Quetelet, Lambert Adolphe, 217–222
Quintus, 145

R
radio, 107
radioactive decay, 181–182
random discoveries, 262–263
randomness, 179–184, 208
rates of error, 198
ravens, 72
Read, Leonard, 242
reasoning ability, of humans, 233
regression to the mean, 226, 228
Renaissance, 234, 275
Roberts, William A., 73
Robson, David, 125
"The Role of Roguery in the History of Probability" (Bellhouse), 162–163
Rolls-Royce, 127
Roman mythology, 140
Roman numbers, 168–169
Rome, ancient, 104, 140, 173, 182
Romulus and Remus hypothesis, 61

Rose, Todd, 222
Rowling, J. K., 88
Rozin, Paul, 129
Rubin, David, 92–93
Ruhlen, Merritt, 59
Rukeyser, Muriel, 280
"Rumpelstiltskin," 100, 109
Russell, Bertrand, 49

S
Sagan, Carl, 280
St. Peter's Cathedral (Rome), 73
sample sizes, 198
Samsung, 132
Santorio, Santorio, 198
Sarpedon, 140
Schafer, Bradley, 98
Schank, Roger, 83
Schiller, Friedrich, 110
Schrödinger, Erwin, 182
Science Advances, 43
science fiction, 107, 118, 132–133
The Science of Conjecture (Franklin), 165
The Science of Storytelling (Storr), 82, 104
Scientific American, 47
Searle, John, 249
Sebeok, Thomas, 120–121
Seeing into the Future (van Creveld), 148
sensors, 259–264, 268–270
The Seven Basic Plots (Booker), 110
Seven Mohave Myths (Kroeber), 91
sexual selection, 18–19
Shakespeare, William, 106, 115, 165
shaping of behavior, 122
Sharif, Omar, 276
Shepard-Kegl, Judy, 34
Sherif Ali (fictional character), 276
Significant Objects (experiment), 127
sign language, 29, 34
silent films, 107
Simard, Suzanne, 49

Simmel, Marianne, 114
Simonides, 92
Skinner, B. F., 83–84
Slobodchikoff, Con, 50–51
smartphones, 259–260. see also iPhones
Smith, Daniel, 121
Smith, Will, 273
"The Smith and the Devil," 100–101
Smith College, 114
Snow, John, 222
social cohesion, 124
social norms, 121
social physics, 219
South Africa, 22
speleology, 12
Spell of the Tiger (Montgomery), 76
spiritual enlightenment, 127–128
Stamets, Paul, 56
standard deviation, 226–227
Stanford University, 192
Star Trek: Voyager, 122–123
Star Wars, 112
statistics, 192, 206–209, 215–217, 219–224, 227
Stoned Ape hypothesis, 56
stories, 2–3
   archetypal, 109–115
   causal chains in, 80–85
   from City Dweller era, 99–102
   from Civilization and Writing era, 102–105
   inner monologues, 65–68, 71, 74–75
   from Mass Media era, 106–108
   from Movable Type era, 105–106
   from Newly Awakened era, 97–99
   past and future in, 69–74
   purpose of, 95–96, 117–133, 279
   and theory of mind, 74–80
   told, 87–93, 243
The Stories Children Tell (Engel), 88
Storr, Will, 82, 104

The Storytelling Animal (Gottschall), 121
Stumbling on Happiness (Gilbert), 81
subjectivism, 187–188, 214
Sugiyama, Michelle Scalise, 118
Sulawesi, 13
superorganisms, 38–40
Supreme Court, 229
Sweden, 73
Symbolic Thinking Revolution. see Awakening
symbols, 46–47
synchronicity, 142–146, 147
Synchronicity hypothesis, on Awakening, 62–63
synchronism, 235

T

Talarico, Jennifer, 92–93
Taleb, Nassim Nicholas, 84
Tartaglia, Niccolò, 152–154
Taylor, Dennis E., 242
teaching through stories, 119
technological innovation, 18
technological progress, 239–243
Tehrani, Jamshid J., 100
Tei Ringa (character), 122
television, 107
"telling the bees," 39
temporal sequence, 81
tense, in stories, 69–74
theft of fire, 113, 115
Theoria Motus (Gauss), 210–211
theory of mind (ToM), 74–80, 89
therapeutic function of stories, 128
The Thirty-Six Dramatic Situations (Polti), 110
This American Life, 95
Thompson, Tok, 70–71, 87
Thoreau, Henry David, 125
Thucydides, 148
Thwaites, Thomas, 243
Tibetan monks, 145
time, awareness of, 2

timekeeping, 174
Tobias, Ronald B., 110
Tolkien, J. R. R., 88, 128
ToM (theory of mind), 74–80, 89
The Tonight Show, 48
transfer learning, 256
Transistor Digital Computer (TRIADIC), 231
transistors, 245–246
A Treatise on Man and the Development of His Faculties (Quetelet), 220–222
Treaty of Versailles, 234
Treebeard (fictional character), 56
TRIADIC (Transistor Digital Computer), 231
trickster character, 121–122
Trombetti, Alfredo, 98
Turing, Alan, 248
Turner, Mark, 65
Twain, Mark, 66
20 Master Plots (Tobias), 110
2001: A Space Odyssey (film), 132

U

Ultima Online (role-playing game), 256
The Unfinished Game (Devlin), 154
unintended consequences, 234–235
Universal Grammar (UG), 32
University of Adelaide, 111
University of Alabama, 89
University of Buffalo, 123
University of Cambridge, 164
University of Chicago, 111
University of Hertfordshire, 128
University of Manchester, 164
University of Pennsylvania, 129
University of Pisa, 162
University of Utah, 89
University of Vermont, 111
"The Unreasonable Effectiveness of Mathematics in the Natural Sciences" (Wigner), 174

Upper Paleolithic era, 12–19
Upper Paleolithic Revolution. *see* Awakening
uranium-238, 181–182
utopian literature, 132

V

van Ceulen, Ludolph, 247
van Creveld, Martin, 148
Venus of Hohle Fels, 17
verbatim recall, 92
Versailles Treaty, 234
Virginia, 229
vocalization, 41
"Voices from the Past" (Ruhlen), 59
Voltaire, 213
Vonk, Jennifer, 72
Vonnegut, Kurt, 110–111
Vyshedskiy, Andrey, 60–61

W

Waddell, Laurence, 145
Walker, Rob, 127
Washoe (chimpanzee), 53
wealth, concentration of, 266–267
Weizenbaum, Joseph, 272–273
Wiessner, Polly W., 88–89
Wigner, Eugene, 174
Wired magazine, 95
Wiseman, Richard, 128
World War II, 234
writing, 62, 243
Wundt, Wilhelm, 222

Y

Yale University, 54
You Are Not So Smart (podcast), 123

Z

Zen koan, 118
Zeus, 140